나를   찾아가는   여행

나를 찾아가는 여행

초판 1쇄 발행 2022년 11월 11일

지 은 이 박병주
발 행 인 권선복
편   집 권보송
디 자 인 최새롬
전 자 책 서보미
발 행 처 도서출판 행복에너지
출판등록 제315-2011-000035호
주   소 (157-010) 서울특별시 강서구 화곡로 232
전   화 0505-613-6133
팩   스 0303-0799-1560
홈페이지 www.happybook.or.kr
이 메 일 ksbdata@daum.net

값 20,000원
ISBN 979-11-92486-26-0 03190

도서출판 행복에너지는 독자 여러분의 아이디어와 원고 투고를 기다립니다. 책으로 만들기를 원하는 콘텐츠가 있으신 분은 이메일이나 홈페이지를 통해 간단한 기획서와 기획의도, 연락처 등을 보내주십시오. 행복에너지의 문은 언제나 활짝 열려 있습니다.

나를 찾아가는 여행

완전한 행복에 이르는 길

박병주 지음

도서
출판 행복에너지

차례

머리글

　우리가 사는 21세기는 인공지능을 주축으로 하는 4차산업혁명 시대이며 고도로 발달한 첨단과학기술시대이다. 하루가 급변하는 초스피드시대에 이성과 논리가 인간의 정서를 지배하고 무력화시키고 있는 것이 사실이다. 이제 인문사회과학은 그 실용적 가치를 상실하였다. 이제 돈이 신인 후기 자본주의 시대에 중심을 잃고 심하게 흔들리고 있다. 특히 문학, 역사, 철학을 중심으로 하는 인문학 전공자들의 의식주 해결을 위한 취업의 길이 과거보다 매우 힘들어졌고 단지 과학기술을 뒷받침하는 교양 정도의 역할을 하고 있다. 그 역할마저 희미해져 인문학 서적들, 시, 소설, 수필이나 역사, 철학 서적들은 거의 팔리지 않는다. 오히려 〈주식투자나 부동산 투자 성공비결〉과 같이 돈벌이가 되는 실용서적들이 서점가의 베스트셀러 명단에 오르는 판국이다.

　그렇다면 과연 인간의 행복도 과학기술의 발달과 더불어 급속도로 성장하고 있는가? 결코 아니다. 우리가 사는 시대를 '피로사회(burn-out society)'라고 진단하는 것만 보아도 행복지수가 높아지고 있다고 보긴 매우 어렵다. 자살률의 증가와 각종 사회범죄에서 보여주듯이 21세기를 사는 현대인들은 과거보다 더 정신적으로 힘든 생활을 하고 있는 것이 사실이다. 칼 맑스의 경제결정론처럼 돈이 인간의 모든 정신활동을 지배하는 것은 아니다. 오히려 일정 수준의 경제력이 확보되면 정신이 물질을 지배한다. 인간은 유일하게 사유하며 가치와 의미를 성찰하는 존재이기 때문이다.

건강한 사회의 초석은 개인의 튼튼하고 건강한 정신적 부에 있다. 제아무리 과학기술이 발달해서 인간의 물질적 삶이 편리해졌더라도 개인의 정신적 건강이 흔들린다면 병든 사회가 된다. 개인의 행복이 건강한 육체와 건강한 정신의 조화에 있듯이 건강한 사회가 되려면 과학기술의 발달로 인한 물질적 부와 개인의 정신건강에 토대를 둔 정신적 부가 동반되어야 한다. 또한 개인의 사회적 성공과 완전한 행복에 이르는 길은 건강한 자기존중감 개발에 있다. 필자는 이런 목적에 다소라도 기여한다는 의미에서 이 책을 집필했음을 밝힌다.

따라서 강인한 정신력을 기르고 건강한 자기존중감을 갖고자 하는 사람들에게 이 책은 매우 유용한 필독서가 될 것이다. 모쪼록 이 책이 독자 여러분들의 풍요로운 정신적 부를 형성하는 데 다소의 도움이 된다면 필자는 더없이 기쁠 것이다.

2022년 10월
지은이 박병주

프롤로그

살아가면서 매 순간마다 경이로움을 느끼며 충만한 삶을 살 것인가? 아니면 기계의 부속품처럼 무미건조하고 지루하며 무감각한 삶을 살 것인가? 살아가면서 이러한 물음에 직면해 볼 수 있다. 물론 우리의 삶이란 한 치 앞을 모르며 다양한 색채를 띠고 있고 유기체처럼 변화무쌍한 것이 사실이다. 하지만 편의상 양 극단을 가정해 볼 때, 두 가지 삶의 방식에서 누구나 바라는 삶은 당연히 전자가 될 것이다. 그럼에도 불구하고 바람직한 전자의 삶은 모두의 소망과 달리 쉽고 자연스럽게 찾아오지 않는다. 매일 경이로운 삶을 살아가려면 현명한 선택과 노력을 해야 한다. 이 책을 쓰는 가장 중요한 이유는 여러분과 더불어 매 순간마다 경이롭고 충만한 삶을 살아갈 수 있는 길을 찾고 싶기 때문이다.

우리가 살고 있는 21세기는 첨단과학기술시대이자 돈 중심 사회이며 물질중심 시대이다. 한마디로 기계적이며 획일적인 삶을 강요받고 있는 시대에 살고 있다. 우리가 사는 사회는 첨단과학기술의 편리함과 물질적 풍요 속에 표면적으로 매우 풍요로운 사회처럼 보이지만, 아이러니컬하게도 빈부의 차는 더욱 심화되고 물질적 경쟁의식은 첨예화되어 인본주의적 가치가 점점 더 붕괴되어 가고 있으며 한 인간으로서 건전하고 올바른 방향감각을 상실한 채 개인주의와 이기주의가 만연한 불신의 시대이기도 하다. 따라서 개인은 정신적 가치 상실로 능력주의, 물질주의와 향락주의에 빠져들기 쉽고 사회는 전체주의나 집단의 이념성에 빠지기 쉽다. 지나친 개인주의나 이기주의가 만연한 시대적 상황을 잘 표현해주는 한국 드라마 〈오징어 게임〉에서 보여주듯이, 승자 독식과 패자의 수용의식을 조장해 개인의 존엄과 인간적 가치를 상실할 수도 있다. 이런 정신적 위기의 시대에 인문학, 특히 영문학 연구에 평생을 바친 필자는 시대적 상황을 극복하고 일상생활에 실제적 도움이 되는 영적(정신적) 영역의 확장 및 심리적 안정에 이바지할 수 있는 방법을 알려 실생활에 도움을 줄 수 있도록 이 책을 썼다.

다른 사람들에게 영감과 비전을 주고, 자유로운 정신세계를 경험하게 함으로써 그들의 행복에 다소나마 이바지하고 등불처럼 주변을 밝혀서 주변 사람들은 물론 나아가 국민들이 조금이라도 밝고 건강해지길 바라는 마음이 이 책 집필의 주된 동인이며 이러한 작업은 분명하게 긍정적 의미와 가치가 있다고 확신한다. 첨단 과학기술시대에 의미 있는 삶이란 무엇일까? 가치가 있고 목적 있는 삶이란 또 무엇인가? 돈이 신인 후기 자본주의 시대에 돈을 많이 버는 것만이 의미 있는 삶일까? 대통령 윤석열은 "공정하고 정의로운 사회 구현을 통해서 모두가 잘사는 바람직한 사회 건설을 위해서 정치를 한다"고 했고 정치가 안철수는

"교수로서, 의사로서 개인적 존경을 받으며 안락하게 살 수도 있지만 타인의 고통과 아픔을 공감하고 공동사회의 발전을 위해 정치를 한다"고 했다. 이처럼 사람은 누구나 저마다 의미 있고 가치 있는 삶을 창조해 나간다. 과학기술이 이성과 논리에 기반한 객관적이며 물리적 접근을 통해 인간의 행복과 안녕을 탐구한다면, 인문학적 영역은 인간 삶 전체를 아우르는 총체적 영역, 즉 과학기술과 인간관계, 가치판단과 도덕적 영역, 삶의 의미 확장과도 같은 보이지 않는 영역에 대한 정신적 접근이다. 의사가 인간의 신체적 정신적 영역의 건강과 치료를 과학적이며 기계적이고 분석적으로 취급한다면 인문학자는 인간의 신체와 정신 그리고 영적인 영역에 이르기까지 종합적이며 총체적 영역에 대한 탐색에 초점을 둔다.

사회는 공동체의 질서와 안녕이라는 이름으로 개인의 자유를 폭력적으로 억압해서 개인의 삶을 망가트릴 수도 있다. 〈오징어게임〉속의 최후의 승자가 인생의 목적인가? 많은 현대인들이 돈 중심, 출세 중심의 현실세계에 집착해서 도덕적 불감증은 물론 기존의 가치인 사랑, 우정, 윤리, 신뢰와 같은 보편적 인간 가치를 소홀히 한다. 19세기 영국시인 매튜 아놀드(M. Arnold)는 그의 유명한 시 '도버해협(Dover Beach)'에서 19세기 말 신에 대한 믿음의 상실과 도덕적, 성적 타락과 혼탁으로 불안한 사회 분위기 속에서 서로 신뢰하며 진실하자고 주장했다. 지금 21세기에 진입한 우리도 첨단과학기술의 눈부신 발전 때문에 표면적으로는 편리하고 기술의 혜택을 누리고 있지만, 빈부의 격차 심화, 획일적 경쟁구도로 인한 인간의 존엄성 상실 때문에 내면적으로는 소외, 두려움, 불안, 불확실성, 혼란 속에 살아간다. 인간관계 또한 차이와 다름을 바탕으로 한 수평적 상호존중의 관계가 아니라, 폭력적 억압에 기반한 주인과 노예, 갑과 을의 관계 속에서 개개인의 존엄성을 지닌 인간 간의 상호연결이나 상호교류의 즐거움은 상실하고 동물적 지배본능을 토대로 살아가기도 한다.

이러한 삶의 질적 퇴화는 시대적 상황과 밀접한 관련이 있다. 우리가 사는 과학기술시대에 생존하기 위해서 첨단과학기술에 보조를 맞추지 않는다면 우리는 디지털 문맹인은 물론 경제적 낙오자가 되어 노예로 전락할 수 있다. 이처럼 급속도로 변화하는 사회 환경에 적응하기 위해서 현대인들은 인문학적 지식이나 통찰보다는 디지털 기술의 습득과 자본의 증식에 중점을 두기 때문에 느림과 여유보다는 빠른 속도, 조급함과 경쟁을 추구하게 된다.

우리는 왜 사는가? 행복하기 위해서 산다고 할 수 있다. 인간은 누구나 주구장창 불행하다고 생각한다면 질식되어 죽어버릴 수도 있다. 아무리 삶이 고통스럽더라도 가끔씩 한여름 시원한 바람처럼 행복이 찾아온다. 누구나 뚜렷한 인생의 의미나 목적이 없이 세상에 내던져진 존재이지만 삶의 의미와 즐거움 그리고 행복을 찾기 위해서 오늘도 열심히 움직이고 행동한다. 교통사고로 하반신이 마비되어 성적 불구가 된 사람도 삶에 의미와 희망을 갖고 관계 속에서 행복한 삶을 즐길 수도 있다. 한편 제아무리 잘생기고 똑똑한 사람도 인생에서 의미와 목적의식, 방향감각의 결여나 혼란 때문에 행복은커녕 우울과 정서적 스트레스를 받고 심각한 질병으로 고통당하기도 하는 것이 인간이다.

이런 상황은 결국 개인으로 하여금 자신의 가치와 능력을 과소평가하고 인생의 행복을 스스로 제한하는 결과를 가져온다. 스스로 자신의 삶의 경험과 만족을 제한해서 삶이 주는 교훈을 학습하는 것을 방해하며 부정적 자아를 형성하게 한다. 첨단 과학기술을 기반으로 한 스마트 시대에 아이러니컬하게도 창의적이며 직관적이고 변화하려는 마음, 스스로 정신적 사고를 통제하는 능력이 현저하게 결여된다. 또한 무한경쟁의 소용돌이 속에서 실용주의적 사고가 팽배하고 돈벌이에 집착해서 신체활동이나 예술활동의 중요성을 경시한다. 한마디로 모두가 누에고치 속에서 고립된 존재로 스마트폰이나 디지털 기기로 소통하지만 정작 사람과 사람 사이의 공감과 소통능력은 사라지는 아이러니를 만들었다. '엄마야! 누나야! 강변 살자'라는 온화하고 평화로운 정서보다는 '누가 벤츠 타고, 누가 수천억 연봉인가'라는 경쟁적이며 폭력적 정서가 지배적이다. 인간과 자연과의 직접적 소통보다는, 가상공간에서 소통하고 디지털 중독사회에 산다. 그래서 정신적 피로는 물론 육체적 피로가 극점에 도달해서 외부적으로 매우 성공하고 출세를 했거나 엄청난 물질적 부를 축적했음에도 불구하고 마음에 여유와 평화가 없으며 자주 불안에 시달리기도 한다.

그러므로, 이러한 고통과 불행을 극복하기 위해서 역설적으로 명상과 자기성찰, 메타인식을 통해서 '마음 챙김'과 같은 인문학적 치료가 정신건강에 중요시되기도 한다. 우리가 사는 시대는 평정심을 유지해서 마음에 평화를 주고 어떤 역경과 상황에서도 쉽게 흔들리지 않는 다이아몬드 멘탈이 필요한 시대이다. 이 책은 급변하는 과학기술시대에 가치관의 상실과 방향감각의 상실로 〈오징어게임〉 같은 획일적인 프레임(Frame) 속에서 무한 경쟁을 조장하는 사회를 무너트리고, 다양성과 차이를 존중해서 앙상블을 이루는 모두가 행복한 사회를 지향하기 위해 쓴 책이다. 이 책은 우리들의 경직된 사고를 리셋(Reset)해서 좁은 프레임에 갇혀 사는 닫힌 인생을 마감하고 새로운 삶 즉 열린 마음으로 지속적 변화와 성장을 추구하는 삶을 살도록 여러분을 변화시켜 줄 것이다. 이 책이 독자에게 영감을 주고 자기인식을 통해서 정신세계를 자유롭게 하는 데 다소라도 도움을 준다면 인문학 연구에 청년과 장년 시절을 헌신한 저자는 무한한 기쁨과 보람을 느낄 수 있을 것이다.

　인간은 누구나 자신의 활동이 자신의 생존은 물론 사회에 이바지하기를 바란다. 그래서 우리는 흔히 '돈 벌어 남 주자' 또는 '배워서 남 주자'라는 교훈을 신뢰한다. 아무리 돈을 많이 벌어도 개인이 금고에 보관하고 있다면 무용지물이며 아무리 박식하고 지혜로운 통찰력을 지녔더라도 혼자서 지니고 있다면 무의미하기 때문이다. 이런 이유 때문에 영문학 교수로서 수많은 영문학에 관한 연구논문을 통해서 얻은 인간에 대한 이해와 통찰을 전수한다는 일은 매우 가치 있고 소중하다. 구슬이 서 말이라도 꿰어야 보배가 되듯이 아무리 소중한 지혜와 통찰이라도 혼자 지니고 있다면 아무런 의미가 없기 때문이다.

우리의 인생이란 결국 '나를 찾아가는 여행'이다. 물고기가 물에서 벗어나서 살 수가 없듯이 인간은 늘 사회라는 물속에서 이념을 먹으면서 살아간다. 그러니까 인간이면 누구나 미완성이며 불완전한 존재라는 말이다. 그러나, 아무리 사회의 이념(허위의식)에 물들어 정신적 감옥에 갇혀 살더라도 지속적인 각성과 깨달음으로 무한한 틀 짜기(Frame-making)와 틀 깨기(Frame-breaking)를 반복하면서 평생 동안 자아를 찾아가는 '자기발견의 여정'에 꾸준히 헌신한다면 누구나 성공적이며 행복한 인생을 살아갈 수 있다. 그래서 나는 단언컨대 인생의 가장 중요한 지상명령은 '나를 찾아가는 여행'이라고 말할 수 있다. 만일 우리가 사회의 이념적 감옥에 갇히거나 자신의 정신적 틀을 지속적으로 깨는 과정이 우리 인생이라는 것을 전혀 모른다면, 자아를 상실한 채 평생 좁은 세계에 갇혀 아집 속에 살다가 우물 속 개구리처럼 세상을 떠날 수도 있다. 이러한 상태로 한평생을 보낸다는 사실은 생각만 해도 매우 끔찍한 일이다.

우리는 누구나 지적인 능력에서 차이를 보이더라도 개성적 존재로 태어난다. 그러나 사회교육의 영향으로 보편화되는 과정에서 또는 사회의 구조 때문에 결국 점차적으로 자아를 상실한다.

주변 어린 아이들의 행동을 관찰해 보라. 어린 아이는 누구나 자기의 감정과 정서에 충실하며 자기주장을 분명히 한다. 그러나 성인이 되면서 자아를 상실하면 결국 타자나 사회가 요구하는 대로 사회에 보여주기 위해 산다. 이런 사람들은 거짓된 이념에 함몰되어 보이지 않는 인간적, 실존적 가치를 상실하고 돈과 지위, 권력과 명예 등 외형적이며 허구적 가치를 얻기 위해 불나방처럼 살다가 일생을 보낸다. 독립적이고 주체적으로 내 자신의 노래를 부르는 것이 아니라, 사회의 잣대에 의해서 자신을 평가하고 사회의 시선을 의식해서 마침내 자아를 완전히 상실한 삶을 산다.

그래서, 이런 사람들은 정신적 자유를 향유하기보다는 자율성을 상실한 채 사회적 가치만을 맹종한다. 그런 사람들은 스스로 생각하고 판단하거나 논리적이나 합리적 사고를 할 줄 모르며, 오로지 이기적이고 동물적인 충동과 본능에 따라 살아가기도 한다. 그들은 오로지 목적 달성을 위해 수단 방법을 가리지 않고 타자의 존엄성을 파괴하며 타자를 교활하게 이용할 수도 있다. 문제는 자아를 상실한 대부분의 사람들이 스스로 잘 살아가고 있다는 허위의식 속에 강하게 사로잡혀 있다는 점이다. 지능만 뛰어난 교활한 사람은 매우 자기중심적이어서 선하지만 어리석은 자를 이용하고 학대하고 노예처럼 간주할 수도 있다. 결국 인문학적 가치를 무시하고 타인을 이용하며 물질적 가치만 추구한다면 선하고 아름다운 모습은 상실하고 악하고 추한 모습으로 남게 된다. 그러므로 이런 사람들은 결코 진정한 행복(bliss)과 기쁨(euphoria)을 맛볼 수 없다. 이러한 인간 삶의 모습은 주객이 전도되고 본말이 전도된 형상이다.

인간사 모든 중요한 것은 당신의 내면의식 안에 있다고 흔히들 말한다. 하지만 당신이 정말 하고 싶은 일을 위해서 손에 흙을 묻히며 이마에 땀방울을 흘리지 않으면 변화와 성장 그리고 참된 행복은 결코 찾아오지 않는다.

우리는 사회적 성공과 출세에도 불구하고 불쾌한 감정(disphoria)이나 불만의 노예가 되어 살기도 한다. 사회적 성공을 위한 무한 질주는 탈진과 죽음에 이르는 병이다. 우리의 심적 상태가 평온함과 여유로움이 없기 때문에 늘 불안과 초조에 사로잡혀 있다면 아무리 겉모습이 훌륭해도 실패한 인생이다. 비록 외형적 성공과 부는 이루지 못했더라도 늘 자신에 대해서 좋은 감정과 좋은 느낌을 지니며 선한 생각과 행동으로 현재에 몰입하는 삶을 산다면 우리의 삶은 성공적이며 청춘의 샘과 같이 늘 설렘과 활력이 동반할 것이다. 이 책을 읽은 사람은 누구나 어떤 상황에서도 현재의 삶을 아름답고 의미 있게 볼 줄 아는 혜안을 키우며 행복한 삶을 살아갈 것이라고 확신한다.

과학 기술이 급속하게 발전하는 포스트휴먼시대에 디지털 기술과 유전공학 기술로 인간의 기계화와 스마트화가 가속되며 인간의 우울증은 더욱 심해지고 있다. 스마트 시대는 아이러니컬하게도 바보시대이기도 하다. 디지털 정보는 넘쳐나지만 기기의 편리함으로 우리의 기억력은 쇠퇴해서 디지털 치매가 생기고, 인간이 살아가면서 행복한 삶을 경험하는 데 가장 중요한 사고력, 비판력, 판단력과 창의력도 날로 쇠퇴하고 있다. 결국 자아를 상실하고 사회의 틀에 맞추어 살거나 수단과 방법을 가리지 않고 자신의 이익을 추구하는 괴물이나 악마로 전락하고 말기도 한다.

이러한 시대적 상황을 잘 보여주는 영화가 있다. 필자가 좋아하는 영화 〈기억전달자(The Giver)〉에서 보여주는 사회는 회색이다. 비록 첨단 과학 기술로 모든 사회시스템이 구조화되어 고통과 기쁨을 모르는 사회로 보이지만, 사실은 유토피아 세계를 가장한 기계적이며 인공적인 디스토피아 세계이며 심지어 출산하는 일조차 전담부서가 따로 있다. 인간의 개성이 존중되는 다양한 색깔로 이루어진 수채화 같은 삶이 아니라 획일적으로 선 그어진 회색의 삶, 인간은 거대한 기계의 부속품이 되어 기계적으로 살며 전혀 활력이 없다. 이 사회에서는 감정과 정서를 없애주는 주사를 개발해서 모든 사회 구성원에게 약물을 투입한다. 모든 구성원들이 사회가 주는 규칙에 맞게 살고 있다. 표면적으로는 고통과 질병이 없기에 유토피아 세계에서 산다고 할 수 있지만 사실상 인간의 개성과 자유가 존중되는 다채로운 모습을 상실한 디스토피아 사회이다. 또한 철저히 개인의 개성과 자유가 말살되어 자아를 상실한 획일적 전체주의 사회이기도 하다. 이처럼 이 영화는 첨단 과학기술이 거대한 물질과 권력과 만나 개인의 자유를 구속하는 획일적 사회를 만들 수도 있다는 것을 비판적으로 보여주고 있다. 인간은 인공지능을 지닌 우수한 로봇이 아니다. 주인공 조너스(Jonas)처럼 우리는 언제나 인문학적 상상력과 경이감을 가지고 깨어 있음으로 획일적 전체주의 사회에 저항해서 투쟁하는 용기가 필요하다. 그래서 인공지능 시대, 디지털 시대에 인문학과 행복철학의 중요성이 더욱 대두되며 행복강의가 인기를 누리는 것이다.

생김새와 지적 능력이 모두 다르듯이, 행복한 삶의 모습은 천의 얼굴을 하고 있다. 그러면 성공적 인생이란 무엇인가? 이런 물음에 정답은 없지만 필자는 누가 아름다운 생각, 선한 생각 그리고 아름다운 행동, 감동적인 행동을 많이 하였는가에 달려 있다고 본다. 결국 성공적 인생을 사는 사람이란 긍정적 자기 이미지로 현재의 자아에 매우 만족하고 현재의 삶에 충실하며 변화와 성장을 하는 사람이다. 인생이란 결국 내가 쓰는 이야기이다. 마치 화가가 그림을 그리듯이 내가 붓과 색깔을 선택하며 그리고 싶은 그림을 그려 완성해야 한다. 어떤 그림을 그릴까 하는 결정은 전적으로 당신의 선택에 달려 있다. 그림은 칙칙하고 추하지 않고 눈부시게 아름다운 풍경이 되어 모든 사람들에게 감동과 경이감을 주어야 한다. 그러려면 선택과 몰입이 필요하다. 총체적 교육의 일차적 목표는 자기변화이다. 일평생을 살면서 지속적인 변화와 성장을 통한 이상적 자아실현의 모습은 우리가 추구해야 할 가장 값진 목표이다.

1

언어와 인생:

언어의
노예인가 주인인가?

건강한 신체와 정신을 지닌 사람에게 인생에서 가장 소중한 것 두 가지는 무엇일까? 나는 분명하게 자기존중감과 언어라는 마법 지팡이라고 말할 수 있다. 이 두 가지는 세상에서 가장 값비싼 것임에도 불구하고 공짜이며, 누구나 자신의 내면에 이것들이 존재한다는 것을 인식한다면 완전한 행복에 이르는 길을 발견한 셈이다. 인생이란 내면에 강력한 자기존중감을 지니고 언어라는 마법 지팡이를 들고 모험을 떠나는 오디세이이다.

언어는 인생의 마술사이다. 우리의 정체성은 고정되지 않고 유동적이다. 우리의 존재를 이루는 것은 의식적이든 무의식적이든 우리 스스로 자신에게 송출하는 언어의 구조물이기 때문이다.

인생이란 지금 이 순간 나의 선택이며 화가가 그림을 그리듯이 내가 쓰는 이야기이다. 따라서 누구나 자신의 인생이 멋지고 아름다운 불후의 명작이 되길 꿈꾼다. "나의 인생은 그저 내가 타고난 팔자에 따라 정해질 운명이다"라고 말하는 사람은 자신의 주체적 삶을 포기하고 부정적 의식에 사로잡힌 이이다. 반면에 "나는 운이 좋은 사람이며 행복한 사람"이란 표현은 주체적이고 능동적인 이가 하는 자기표현이다. 누구나 한 번뿐인 내 인생, 연습이 없는 인생을 아름답고 멋진 이야기로 만들고 싶어 한다. 필자의 경험에 따르면, '언어→생각(이야기 또는 서사)→행동→기쁨'이 완전한 행복에 이르는 과정이다. 좋은 사고와 현명한 판단력으로 자기 자신과의 내면적 대화를 통해서 좋은 습관을 형성하면, 가장 이상적인 자아모습을 그려 나갈 수 있다.

그러나 어떤 이는 부정적이고 어두운 습관적 사고와 행동이 족쇄처럼 자신을 감금시켜 어두운 감옥에 갇혀 스스로 슬픈 운명을 만들어 가기도 한다. 마치 포크너의 소설 『소음과 분노』의 지식인 퀜틴(Quentin)처럼, 내면의 자의식 속에서 비현실적 환상에 갇혀 산다든지 백치인 벤지(Benjy)처럼 나이는 30이 넘었어도 아무런 가치 판단 능력이나 삶의 목적과 의미를 모르고 오로지 현재 순간에 만족하며 동물적 본능에 따라 산다든지 하는 인생이 그러하다. 또 『팔월의 빛』의 등장인물 조 크리스마스(Joe Christmas)처럼 평생을 흑인인가 백인인가 하는 자아 정체성의 혼란으로 살인을 저질러 경찰의 추적을 받는 불행한 인생을 살 수 있으며, 하이타워(Hightower) 목사처럼 과거의 영광에 갇혀 현재의 삶을 무의미하게 만드는 인생이 될 수도 있는 것이다. 우리의 삶도 환경에 따라 순간의 실수로 오랜 시간을 고통과 트라우마로 점철된 어두운 삶을 살 수도 있는 것이다. 그럼에도 불구하고 누구나 모든 면에서 내가 되고 싶은 나의 이미지를 반복해서 행동으로 실천에 옮기면 행복이 저절로 동반된다.

잘 알다시피 인생은 당신의 선택에 달려 있다. 의식적이든 무의식적이든 당신 자신이 현재의 당신을 만들었다는 이야기이다. 멋진 인생, 후회가 없는 인생을 만들고 싶은 것은 인류의 꿈이다. 그러나 누구나 자신의 삶이 아름답고 후회가 없는 인생이라고 단언할 수는 없다. 자신이 주인이 되어 자신의 욕망을 통제하지 못하고 아무 생각도 없이 이기적이고 동물적인 욕망과 충동에 사로잡혀 산다면 그 인생이 어둡고 더러우며 실패한 인생이 되는 것은 명약관화한 일이다.

한 번뿐인 인생이 아름답고 후회 없는 삶이 되도록 하는 가장 중요한 도구는 엄청남 재력이 아니고 바로 언어이다. 언어로 내자신의 가치를 풍성하게 만들고 커다란 성취의 기쁨을 누릴 수 있다. 한마디로 언어로 내 자신의 정체성을 구성한다고 볼 수 있다.

행복이란, 언어로 자신의 멋진 이야기를 쓰고 꿈과 목적의식을 지니며 그 것을 성취했을 때의 기쁨을 말한다. 구체적 예를 들어보면 어떤 학생이 "비록 내가 학교성적이 중간이지만 열심히 해서 전교 수석을 해봐야지"라는 이야기로 목적의식을 분명히 하고 상위권에 진입했다면 수석이 아니라도 커다란 성취감을 맛볼 수 있다는 말이다. 이것이 하나의 작은 성취의 기쁨이다. 좀 더 영역을 확장하면, 사랑하는 부모가 질병으로 심한 고통을 당하다 돌아가신 모습을 생생하게 목격한 소년이 "나는 반드시 성인이 되면 고통당하는 사람을 치료하는 의사가 될 거야"라는 이야기와 꿈을 지니고 강력한 추진력으로 목표를 달성하고자 한다면 공부는 저절로 잘하게 될 것이다. 영어학습도 마찬가지이다. 영어를 잘하려면 동기유발이 무엇보다 중요하다. 왜 내가 영어를 잘해야 하는가? 라는 물음에서 시작해야한다. 이것이 강한 추진력이 되어 영어학습의 역경을 재미있고 신나게 만들어 줄 것이다. 그래서 자녀들이 사회적으로 성공하길 바라는 부모는 누구나 자녀와 함께 소통하고 상호 교류를 통해서 언어로 좋은 이야기를 만들며 좋은 꿈과 훌륭한 목표를 함께 생각해보고 만들어 주어야 한다. 그렇게 한다면 저절로 자녀의 성공이 이루어질 것이다.

이처럼 언어란 우리의 꿈과 희망을 만들어주는 재료이기 때문에 풍부한 어휘는 보다 아름답고 가치 있는 생각을 만들어 낼 수 있으며 보다 좋은 행동과 기쁨을 유발한다. 한마디로 어휘력이 부족한 사람보다는 풍부한 사람이 더욱 좋은 기분과 행복한 느낌을 받을 확률이 높다. 이 말은 내면의 언어로 생성된 생각이 자신의 기분을 결정한다는 말이다. 그래서 우리는 늘 언어로 상상력을 발휘해서 아름답고 멋진 이야기를 써나가야 한다. 이것이 우리가 좋은 생각만 해도 기분이 좋아지고 유쾌해지는 이유이다. 그럼에도 불구하고 우리는 부정적 사고나 행동들에 지나치게 무의식적으로 잠식되어 우울증에 빠지며 신체를 병들게 만들기도 한다. 이런 이유 때문에 부정적 생각은 자신이 스스로 만들어낸 허구이며 단지 생각에 불과하다는 메타인식을 해야 한다. 메타인식이란 자의식적인 자기성찰이며 마음챙김이나 명상의 과정에서도 생겨난다. 부정적 생각은 깊이 하면 할수록 너욱 더 악화되고 마침내 거기에 사로잡혀 마치 잔인한 귀신이 달라붙어 찰거머리처럼 피를 빨아먹듯이 여러분 자신을 스스로 망가트린다. 이런 사람들은 심하면 우울증이나 조현병 등 심한 정신질환을 앓아 정신과의 치료를 받아야 한다. 따라서 우리는 부정적 생각을 멈추는 일을 습관화하고 현재의 삶에 충실해야 한다. 그렇게 한다면 즐거운 기분을 유지할 수 있을 것이다.

부정적 언어로 부정적 생각에 사로잡혀 언어의 노예가 될 것인가? 아니면 스스로 긍정모드로 전환해서 언어의 주인이 될 것인가? 운명은 여러분의 의지에 달려 있다. 오늘 지금 이 순간을 몰입해서 즐길 수 있는 능력, 마치 순진무구한 어린아이처럼 살아가는 것이 중요하다. 그러나 성인이 되어서 순진무구한 어린아이의 그것과 똑같을 수는 없다. 그래서 영국 낭만주의 시인 윌리엄 블레

이크(William Blake)는 어린아이의 순진무구한 삶을 지나서 경험의 세계를 거치더라도, 보다 높은 순진무구(higher innocence)의 삶을 강조한다. 그는 인간의 성장과정을 3단계로 보고 어린아이의 순진무구한 세계를 양처럼 순박한 세계로 표현했으며(착한 바보), 성인이 되면서 경험하는 세계를 악의 세계로 그리면서 호랑이의 세계(사악한 지배자)로 비유한다. 그러나 경험세계보다 더 높은 세계가 있다. 바로 악의 세계를 인식하면서도 순수성을 지키는 선한 세계(예수님처럼 강하면서도 선한 사람)이다. 이 세계는 악의 세계를 알지만 거기에 매료되지 않고 선한 세계를 유지하는 단계이다. 성인이 악을 모르면 유아단계에 머무는 것이며, 순수한 것이 아니라 순진한 것이고 악의 희생자가 된다. 자신의 독립된 사고가 없이 남의 비위를 맞추고 그에 의해 조정당하는 '착한 사람'은 어리석은 사람이고 포식자의 먹잇감이 된다. 정도가 심하면 '가스라이팅(gaslighting)'이라는 용어가 보여주듯이 악이 당신을 마음대로 조정해서 악의 희생자가 될지도 모른다.

우리는 타인의 간섭과 사회적 규범이나 가치가 아니라 내가 생각하고 판단해서 나를 주장할 수 있는 독립적 사고를 함으로써 진정한 자유인이 된다. 행복은 출세나 돈 벌기와 같은 외부적 요인에 있는 것이 아니라 내면의 마음의 상태에 있다. 우리는 누구나 자신만의 가치관이나 생각의 감옥에 갇혀 살고 있다. 그래서 모든 사람들에게 똑같은 말을 전달했음에도 불구하고 이에 대한 반응은 모두가 각기 다르다. 물론 1차적 정보에 해당하는 언어는 객관적 사실을 전달하기 때문에 반응도 대체로 비슷한 것이 사실이다. 그러나 인간은 정보전달 언어나 이성적이고 논리적 언어로만 살 수가 없고 정서적으로 소통과 공감이 필요한 존재이다. 그래서 타인과의 관계를 향상시키고 지도자가 되려면 타인의 말을 들어주고 이해하는 공감이 필요하다. 옳고 그름을 논리적으로 따져서 언제나 승리하려고 하면 인간관계는 단연코 단절되고 그는 고립되고 말 것이다.

인간의 정체성이란 무엇인가? 언어의 구조물이다. 의식적, 무의식적으로 그 사람이 생각하고 말하는, 그리고 행동하는 존재가 바로 자신의 정체성이다. 그러니까 A는 이런 사람이고 B는 서런 사람이라고 단정 짓지 말고 판단을 유보해서 서로를 존중하는 사람과 지내야 한다. 모든 사람이 이처럼 열려 있는 것은 아니다. 많은 사람들이 닫힌 생각으로 경직되어 고집불통이거나 결코 변하려는 의지가 없으며 무조건 자기만 옳다고 주장한다. 이러한 사실을 자각하고 언제나 자아와의 긍정적 대화를 이어나가야 한다. 많은 사람들이 무의식적으로 자아와의 부정적 대화를 시도하고 있기 때문에 불행한 것이다. 이는 잠재력 개발에 커다란 장애물이 되기도 한다. "나는 참으로 잘생기고 멋있다. 뛰어난 두뇌에 날카로운 비판력, 기발한 창의력, 매우 합리적인 사고를 하는 인류 최고의 걸작품이다."라고 스스로 긍정적인 내면의 대화를 매일 지속적으로 반복한다면 그런 언어 구조물이 바로 당신이란 이야기이다.

수학천재로 알려진 허준이 교수는 39세에 한국인으로서 처음

수학의 노벨상이라고 불리는 필즈상을 수상해서 한국을 떠들썩하게 했다. 그는 "자신의 편견과 한계를 이해하되 아이를 키우듯이 자신을 친절하게 돌보라"고 말했다. 늘 자신을 사랑하고 아끼며 어린아이 돌보듯이 자신을 돌보면 언제나 긍정모드로 지낼 수 있다. 우리는 수학을 이과의 과목으로, 국어와 영어는 문과의 핵심 과목으로 이해해서 마치 서로 대척 지점에 있는 듯 사고한다. 많은 사람들이 이처럼 이분법적 사고를 하지만 허준이 교수는 "수학은 인문학이며 시를 쓰는 일과 수학 문제를 해결하는 것이 유사하다"고 말했다. 창의력과 논리력을 발휘해서 추상적 개념의 구조를 발견하고 말과 글로 표현하는 능력은 그를 수학천재로 만들었다. 지금도 시를 좋아한다는 수학자의 모습에서 우리의 편견과 한계를 다시금 반성한다. 많은 사람들은 허준이 교수가 학부(물리천문학부)시절 교과목성적이 나빠서 6년이나 학교를 다녔다는 사실을 알면 깜짝 놀란다. 우리는 너무 성급히 "너는 안 돼. 너무 늦었어"라고 부정적 편향에 사로잡혀 가혹하게 자녀들을 판단한다. 부정적 언어로 자녀의 잠재력을 싹둑 자른다면 얼마나 큰 죄를 지은 부모가 될까?

타인의 시선이나 반응이 두려운 나머지 자신의 기분이나 느낌과 생각을 표현하지 못하는 것은 매우 잘못된 것이다. 타인의 부당한 강요에도 거절이나 부정을 하지 못하고 그것을 그대로 수용한다는 것은 착한 것이나 선한 것이 아니라 나쁜 것이며 악이다. 만일 타인에게 부당한 대우를 받는다든지 자기존중감을 무너트리는 기분 나쁜 말을 듣는다면 바람처럼 흘려보내든가, 그 자리에서 역반응을 논리적이며 합리적으로 보여주고(이때 화를 내면 상대의 먹잇감이 되기 쉽다) 지속적으로 당신을 괴롭히면 강력한 역반응(유머나 위트, 풍자는 최고의 무기)을 품위 있게 보여주고 단연코 절교할 필요가 있다. 당신 인생에 아무런 도움이 되지 않고 오히려 큰 해가 되기 때문이다.

많은 사람들이 '나는 할 수 있다'라는 문장을 반복해서 자신에게 수없이 되풀이해 말하지만 결코 이루어지지 않아 낙담을 하곤 한다. 그러면 분명하게 큰 소리로 수백 번 수천 번 나는 '멋쟁이'라고 외치는데 결코 변하지 않고 '못난이' 상태에 머무는 이유는 무엇인가? 알다시피 '나는 할 수 있다'를 백 번 천 번 소리쳐 외친다고 소망하는 일이 이루어지는 것은 결코 아니다. 기존의 경직된 의식을 깨는 고통, 각성과 깨달음을 통해 자아의 변화가 동반되어야 하는 것이다. 이러한 각성과 깨달음은 깊은 사색과 성찰로 인한 의식혁명에서 생기며, 단순히 시중의 베스트셀러 자기개발서(Self-help Book)를 읽는다고 얻게 되는 것이 아니다. 이런 이유 때문에 시중에 나와 있는 수많은 자기개발서적들을 엄청난 돈을 들여 구입해서 읽었더라도 사실 별반 이렇다 할 효과가 없고 대부분이 돈과 시간의 낭비로 끝나고 만다. 이런 결과의 주된 이유는 책들에서 제시하는 방법처럼 우리의 인생이 기계적이고 이론적이지 않기 때문이다. 삶은 생명체처럼 수시로 변화무쌍하다. 대부분의 자기개발서적들을 비싸게 사서 읽고 실천하려 하지만 돈과 시간의 낭비가 되는 경우가 대부분이다. 긍정적인 언어를 수십 번 반복하더라도 현재의 상황을 있는 그대로 수용하지 못하고 변화의 가능성에 대한 자기진단과 평가, 그리고 행동이 없이는 이는 한낱 망상에 지나지 않기 때문이다. 깊은 사색과 성찰이 없이, 고통과 고통의 극복이 없이 '나는 할 수 있다'고 무의미하게 반복하는 것은 시간 낭비이자 바보 짓거리와 다름이 없다.

그러므로 자아의 변화 없이 단순한 이기심과 욕심 때문에 사회가 바라는 삶을 살려고 한다면 실패와 불행만 자초한다. 통렬한 자기인식을 통한 자아변화가 결코 발생하지 않았기 때문이다. 그래서 인간은 성장과 변화를 위해서 의식혁명 즉 의식구조나 인식을 송두리째 바꾸는 일을 해야 한다. 마치 신라시대 원효대사가 중국으로 배움의 길을 떠나는 길에 한밤중 해골에 담긴 물을 맛있게 마시고 다음 날 사실을 알고 역겨워 구토를 느꼈던 상황처럼, 인간의 의식이나 인식이 똑같은 현상을 두고 얼마나 다른가를 깨달아야 한다. "나는 일그러지고 못생겼으며 무능하고 잘하는 게 없어"라고 무의식에서 자신에게 부정적이고 자기혐오적인 말을 하는 것을 지속한다면, 감정적 필터가 여러분의 잠재력 구현을 철저히 방해해서 여러분은 결국 아무 일도 하지 못할 것이다. 또한 여러분이 아무리 외모가 잘생겼거나 능력이 대단하다 하더라도 스스로 자신의 평가에 인색해서 가혹하게 비판하고 만족하지 못한다면 여러분은 결코 행복할 수가 없다. 이런 사람은 소위 자기칭찬결핍증에 따른 우울증이나 자살로 생을 마무리할 수도 있다.

외적인 부나 사회적 성공과 무관하게 현재 생각하는 언어가 여러분 자신인 것이다. 혹자는 "나는 화상으로 얼굴이 일그러져 있고 태어날 때부터 못생겼는데 그래서 못난이라는 소리를 들었는데…"라고 부정적 사고를 할 수도 있다. 이런 사람은 의식의 전환이 필요하다. 있는 그대로 자신의 모습을 사랑스럽게 볼 수 있어야 한다. 수학천재 허준이 교수처럼 자신을 아기 돌보듯이 잘 돌봐야 한다.

이러한 태도는 매우 어려운 일이기도 하지만 단언컨대 극복할 수 있다. 우리나라에서도 한때 베스트셀러 반열에 오른 『오체불만족』이라는 저서로 유명한 일본의 작가는 선천성 사지 절단증과 추한 외모에도 불구하고 장애를 극복한 긍정적 사례로 매우 유명하다. 하지만 그는 여러 여자와의 성적 방종으로 가정을 파괴하기도 했다. 자아에 대한 깊이 있는 통찰이 없이 오로지 이성과 논리만을 기초한 세속적 성공에 초점을 두었기 때문이다. 물론 『코끼리 인간』이란 소설에서 보여주듯이 아무리 뛰어나고 훌륭하더라도 못생겼다는 이유로 인간을 고립시키려는 악의적 심리가 있을 수 있다. 공상과학소설의 효시로 꼽히는 메리 셸리의 공포소설 『프랑켄슈타인』 (Frankenstein)의 주인공이 창조한 괴물이 능력은 있어도 괴물로 살 수밖에 없었던 것은 추한 모습으로 주변 사람들이 모두가 싫어했기 때문이기도 하다. 그러나 현실세계에서 대부분의 인간들은 사고로 인한 극히 일부를 제외하고는 저마다 개성이 있게 잘생긴 모습을 지니고 있다. 단지 대중매체에서 획일적 잣대로 보여주는 미인상에 비교해서 자신을 열등하다고 생각하는 데 커다란 문제가 있는 것이다. 그래서 자신의 잘생긴 모습, 가령 눈이라든지 코 혹은 입술 모양 등 다른 아름다운 신체에 주목한다면, 더 나아가서 자신감에 찬 자신의 아우라를 사랑한다면 당신의 잠재력이 제대로 작동할 수 있을 것이다.

교육의 목표나 인생의 목표는 자신의 잠재력을 최대로 구현해서 다른 사람들을 돕고 사회를 발전시키는 일에 헌신하는 것이다. 누구나 이러한 목표 달성에 가까이 갈수록 더욱더 행복하다. 물론 이러한 목표의식 없이 주어진 환경에서 자연과 벗 삼아 마음이 시키는 대로 살아가도 행복할 수는 있다. 성당이나 수도원의 신부나 수녀처럼 또는 한적한 산속의 절에서 사는 수도승들처럼 백팔번뇌에서 벗어나 마음의 평화를 추구할 수도 있지만, 대부분의 사람들은 현실 사회의 치열한 각축장에서, 타자와의 관계 속에서 의미와 행복을 추구한다. 행복은 개인의 만족에 있기 때문에 이렇게 살아야 한다고 인생 공식을 제공하는 일은 매우 어리석은 일이다. 아무런 욕심이 없이 바람처럼 구름처럼 흐르는 물처럼 살아갈 수도 있다. 인생은 오롯이 당신 자신의 선택이기에 세상 사람들의 모든 삶은 십인십색이라는 말처럼 제각기 다르다.

그러나 만일 여러분이 자신의 잠재력을 최대한 발휘하려면 무엇보다도 자기존중감을 튼튼하게 형성해야 한다. 언어로 이야기를 생산하는 마법지팡이는 자기존중감과 매우 밀접한 상관관계를 지닌다. 자기존중감은 언어라는 마법지팡이와 밀접한 상관관계가 있는 몹시 중요한 행복의 열쇠이다. 앞서 언급한 바처럼 인간 삶에서 가장 중요한 것은 교육이며 교육이란 개인의 잠재력 개발에 초점을 둔다. 개인의 잠재력 개발은 바로 자기존중감이라는 탄탄한 반석에서 자라난다. 그러나 사람은 누구나 지적능력과 선호도가 개인마다 다르기 때문에 우수한 자와 열등한 자의 구별이 생기며 사실 이러한 구별은 허위의식이기도 하다. 왜냐하면 인간의 재능은 다양한 분야의 다양한 잣대로 평가해야 하는데 주로 학업성취과 업무성취라는 두 가지 잣대를 사용하기 때문이다. 우리는 이러한 표면적 차이로 인간의 존엄성 자체를 무시하고 다른 면은 고려하지 않고 학업성취도만으로 우수한 자와 열등한 자를 구분한다.

이러한 허위의식에서 벗어나 남과 비교하지 말고 자신의 지적능력과 취향에 알맞은 일을 해야 할 것이다. 그래서 자기가 하는 분야에서 최고가 되려고 노력한다면 대부분 만족할 만한 수준의 성취가 이루어진다. 18세 천재 피아니스트 임윤찬은 "오로지 산에 들어가 피아노만 치고 싶다"고 했다. 국제 피아노 대회에 나온 이유는 "그동안 내 실력이 어느 정도 향상했는지 알고 싶어서"라고 했다. 수학의 노벨상이라고 불리는 필즈상을 한국인으로 최초로 수상한 허준이 교수는 "수학은 유희이자 즐거움"이라고 했고 수학자로서 인생에 매우 만족하며 살아간다. 그는 인생이라는 무목적적인 여행에서 추구할 만한 가치를 발견했기에 행복한 사람이다.

우리나라는 주입식, 암기식 교육으로 사람을 점수화하고 시험

성적이라는 하나의 잣대로 인간의 우열을 가리는 정도가 심하다. 사람을 점수로 표시한다는 것은 아주 잘못된 일이다. 최고 점수인 자에게는 우월감을 조장하고, 최하 점수인 자에게는 자기혐오나 부정을 형성하기 때문이다. 지금도 세계의 대부분의 나라가 우수한 대학과 열등한 대학을 구분해서 사람들을 고정된 시각에서 평가하고 억압하기도 한다. 마치 소의 엉덩이에 품질의 등급을 표시하는 도장을 찍듯이 사람을 수시로 변하는 유기체로 생각하지 않고 고정된 존재로 평가해서 등급을 매긴다. 이 얼마나 인간에 대한 잘못된 언어적이며 물리적 폭력인가?

나는 "인생에서 가장 잘한 일이 서울대를 자퇴한 일"이라는 사람을 알고 있다. 마치 하버드를 중퇴한 빌 게이츠처럼. 이 사람은 서울대라는 간판이 주어지는 상징성에 노예가 되지 않고 주체적이며 독립적 사고를 할 수 있어서 그런 말을 했다고 본다. 피아노가 좋아서 오직 피아노만 쳐서 타인과 소통하고 싶다는 피아노 천재를 보라. 지금은 방대한 지식이나 복잡한 수식계산은 컴퓨터나 계산기로 누구나 쉽게 처리한다. 인생에서 가장 중요한 문제는 사고력, 창의력 그리고 비판력과 같은 유연한 판단능력이다. 특히 비판적 사고력과 올바른 판단을 내리는 데 개인의 독립성과 자율성은 매우 중요한 요인이 된다.

따라서 상업적 광고에서 보이는 획일적 미인상에 세뇌당하지 말고 있는 그대로의 자신의 개성적 모습을 사랑해야 한다. 누가 보아도 평범하고 오히려 못생긴 편이더라도 나는 이 세상에서 하나님 다음으로 예수님 다음으로 잘생겼다고 이야기하는 호연지기를 지닌 사람을 알고 있다. 하지만 많은 사람들이 무의식적으로 자신을 비판하고 혐오하며 학대한다. 도심지에서 볼 수 있는 수없이 많은 성형외과들을 보라. 누가 봐도 미인인데 이리 째고 저리 째서 오히려 개성이 없는 얼굴로 만든 사람들이 존재한다. 특히 내면보다는 외면을 중시하는 표피주의 문화가 발달한 오늘날 얼굴의 이목구비는 물론 몸 자체를 개조하는 인조인간들이 지속적으로 늘어나고 있다.

그러나 표피적, 외면적 아름다움에 아무리 집착하더라도 내면에서 발하는 정신적 아름다움을 능가할 수는 없다. 대머리이기 때문에 가발을 쓴다든지 노인이라 백발을 검은색으로 염색하는 사람들이 얼마나 많은가? 심지어 몇 개의 점이 매력적일 수도 있으련만 얼굴의 점은 물론 온몸의 점을 모조리 빼버리려는 것은 자기파과적 본능이다. 요즘 얼굴에 모든 점들을 빼는 것이 대유행이다. 내가 잘 아는 동료교수도 60이 훨씬 넘었어도 얼굴에 수십 개의 점을 모두 빼냈다. 외모에 자신감을 갖고 내면의 정신적 자신감을 개발하려는 의지는 바람직하고 권장할 만하다. 그럼에도 불구하고 지나친 외모지상주의와 자기 몸의 개조는 정신적 개조나 정신적 불구로 이어질 수 있다. 인간에게 있어서 몸과 정신은 하나이기 때문이다.

자기부정과 자기비난이 바로 고통과 비극의 단초가 된다는 사실은 보편적 진리이다. 이래서야 결코 행복한 인생을 보낼 수 없다. 행복하기 위해서 가장 먼저 해야 할 일, 그 초석은 자신을 스스로 존중하고 나를 매력적이며 괜찮은 사람이라고 생각하는 자기존중감을 쌓는 것이다. 이러한 자기존중감은 경직된 사고, 똥고집이라고 불리는 자존심과는 근본적으로 다른 것이다. 자존심은 자기중심적인 에고로 단단한 갑각류의 껍질 속에 갇혀서 닫힌 사고 내에 존재한다. 이에 반해서 자기존중감이란 열린 사고와 궤를 같이한다. 자신을 있는 그대로 사랑하고 존중하며 타자도 자기처럼 존중하는 의식을 포함하는 것이다. 인생의 행복에 가장 중요한 역할을 하는 것이 자기존중감이다. 만일 여러분이 강철처럼 단단한 자기존중감을 형성하지 못하면 여러분의 잠재력은 아무 쓸모가 없으며 결코 완전한 행복의 기쁨을 경험할 수가 없다.

나는 언제나 자연스런 내 자신의 모습 자체를 좋아한다. 있는 그대로 내 자신을 가장 사랑하기 때문이다. 내 자신의 모습을 거울에서 보거나 그리는 것만으로도 흐뭇하다. 필자가 교수 생활을 하면서 수많은 제자들에게 〈영미문학개관〉을 강의하면서 수없이 되풀이했던 말은 19세기 미국 시인 월트 휘트먼(Walt Whitman,1819-1892)의 장시 '내 자신의 노래(Song of Myself)'이다. 에머슨(Ralph Waldo Emerson), 소로(Henry David Thoreau)와 더불어 대표적 초절주의자(미국적 낭만주의)인 그는 이성보다 직관을 더 중시했다. 직관이란 순간적으로 내 마음속에 떠오른 진리이며 계시나 암시이다. 그의 지적처럼 "이 세상에 하나님 이외에 당신 자신보다 위대한 사람은 없다(Nothing, Not god, is greater than the self is)" 그래서 누구나 자신만의 노래를 불러야 한다고 주장하는 휘트먼의 글을 학생들에게 읽어주면서 "Just be yourself"를 강조했던 참으로 행복했던 순간을 기억한다.

알다시피 언어는 양날의 검이다. 밝고 아름다운 천사의 언어를 사용할 것인가 어둡고 사악한 악마의 언어를 사용할 것인가는 전적으로 당신에게 달려 있다. 물론 천사의 언어 즉 이상적인 언어 사용은 품격이 있고 향기가 있는 언어를 사용하는 일이며 결코 쉬운 일이 아니다. 언어는 의식적일 뿐만 아니라 무의식적으로 쉽게 통제할 수 없기 때문이다. 평소에 자기부정과 사회혐오나 인간불신에 사로잡힌 사람들은 언제나 수단과 방법을 가리지 않고 사신의 이득을 취하려고 하니 얼굴의 상을 악마로 만들고 사용하는 언어가 거칠고 악의적이며 공격적이다. 자기도 모르게 악마의 언어를 사용해서 결국 자기파멸에 이르며 마침내 자아를 상실한다.

우리의 인생에서 언어와 이야기가 얼마나 중요한가? 하는 문제를 살펴보자. 우리가 영국소설가 제임스 조이스(James Joyce)의 대작 『율리시즈』(Ulysses)를 읽었다면 평범한 일상인인 우리 자신이 하루를 영웅처럼 살 수도 있다는 생각을 할 수 있다. 나는 언제나 하루에도 몇 번씩 율리시즈의 주인공 레오폴드 블룸(Bloom)처럼 나 자신이 된다. 나는 윤석열 대통령도 안철수 의원도 허준이 교수도 아닌 진정한 내 자신이 된다. 이런 삶은 내가 『율리시즈』를 읽고 이해해서 생긴 일이며 언어로 이야기를 만든다는 자체가 나를 행복하게 한다는 반증이기도 하다. 그래서 이 책의 제목도 자아발견을 찾아가는 영웅의 여정이라는 생각에서 『나를 찾아가는 여행』
이라고 정했다. 우리의 삶이란 매일매일이 영웅의 여정이며 나를
찾아가는 여정이다. 지금 사방이 고요한 한밤중에 내가 쓰고 있는
이 책을 읽고 자아에 대해서 성찰하는 시간을 지니는 시간도 그러
한 여정이고, 죽는 날까지 자기존중감을 지니고 변화와 성장을 지
속한다면 누구나 영웅이란 이야기이다. 『율리시즈』의 주인공 레
오폴드 블룸처럼 나도 나에게 주어진 하루를 영웅의 여정으로 생
각하며 자유롭고 행복하게 살 수 있다. 그래서 나는 늘 오늘 하루
가 내 인생이라고 생각한다. 아침에 태어나서 자정이 되면 죽고
그리고 불사조처럼 다음 날 아침 또다시 태어나는 게 인생이다.
오늘 하루 24시간이 나에게 주어진 전부이다. 얼마나 소중한 시간
들인가? 이 24시간을 내가 경험해야 하는 모험적 여정으로 채워야
하며 경이감과 도전 그리고 아름다운 이야기로 채워야 한다. 이
이야기가 멋지고 아름답기 위해서 나의 선택과 행동이 필요하다.
이 선택과 행동은 나만의 사고력과 비판력 그리고 창의력에 의존
한다. 그래서 우리는 어릴 때부터 단순한 지식의 암기가 아니라
더불어 생각하고 비판하고 새로운 아이디어를 만들어 내는 훈련
을 해야 하는 것이다.

　우리가 아무리 평범하고 보잘것없어도 상상력에 의해서 우수
한 허구를 창조하는 일은 우리를 행복하게 해준다. 어떤 이에게는
지극히 평범하고 지루한 상황이라도 재미있고 신나게 언어라는
마술지팡이를 사용해서 새로운 세계를 만들어 낼 수도 있는 것이

다. 이것이 낭만주의자들이 그렇게 중시하는 개인의 상상력이며 그래서 언어는 인생의 마법지팡이이자 마술사이기도 하다는 것이다. 당신이 지니고 있는 눈에 보이지 않는 마법지팡이가 생성하는 언어로 당신은 언제나 매 순간을 기쁨과 경이감으로 살아갈 수가 있다. 그러나 많은 사람들이 이 언어라는 마법지팡이를 자신이 지니고 있는 줄조차도 모른다. 왜냐하면 그것이 눈에 보이지 않기 때문이다. 따라서 그들에게 사람은 누구나 세상에서 제일 비싼 보물을 지니고 있다고 말하면 헛소리, 미친 자, 망상자, 시간 낭비자, 바보라고 외친다. 소중한 보물을 지니고 있음에도 눈에 보이지 않는다고 없다고 말하는 것이다. 이처럼 인간의 삶이란 언제나 지독한 아이러니(반어법)와 패러독스(모순)로 가득 차 있다.

우리는 누구나 순응주의자가 되는 것을 싫어한다. 그럼에도 불구하고 자신이 순응주의자인지도 모르는 사람들이 많다. 사회의 보편적 인식이나 틀에 맞추어 남의 눈을 의식하며 사는 사람들이다. 물론 누구나 사회의 규칙과 질서를 지키며 살아가야 한다. 그러나 완전히 자아를 상실해서 사회나 타자에 의해 움직이는 로봇과 같은 사람이 된다는 것은 인간이길 거부한 모습이다. 실제로 이런 인물을 잘 형상화한 미국소설이 있다. 소설 『파친코』의 저자인 한국계 미국인 이민진이 좋아하는 미국 소설가 싱클레어 루이스(Sinclair Lewis, 1885-1951)의 소설 『배빗』(Babbitt)의 주인공 배빗은 전형적인 순응주의자이다. 사업가인 그에게 기계는 진리이자 미의 상징이다. 그의 인생철학은 슈퍼마켓 진열대의 제품과 같이 기계적이다. 자신이 타는 벤츠가 다른 사람이 타는 쉐보레보다 비싸고 우수하니 자신이 다른 이보다 우월하다고 보는 사고방식을 가지고 있다. 그러니까 나는 대장이고 학장이고 총장이며 국회의원, 장관이기 때문에 다른 사람들보다 대단한 존재로 착각한다. 이런 부류의 사회적 성공자들은 허름한 노동자나 경비원, 요양사보다 자신이 무척 우월하다는 헛된 망상을 지니며 산다. 마치 내가 60억 자산가이고 너는 10억 자산가이니까 내가 너보다 더 훌륭하다는 식이다. 갑질이란 바로 이러한 잘못된 인식에서 생겨난다.

　인간은 수치나 획일적인 잣대로 평가할 수 있는 존재가 결코 아니다. 대부분의 사람들이 일반적으로 하는 착각이 생산성이나 사회적 성공이 보다 높은 가치라고 여기는 것이다. 언제나 전투태세로 전력 질주하는 수천억 갑부보다도 삶을 즐길 줄 아는 평범한 소시민이 보다 높은 가치를 지닐 수 있다는 사실을 알아야 한다. "스스로 즐거워서 하는 일에 과분하게 필즈상을 주셔서 감사하다"고 말하는 허준이 교수처럼 자기가 하는 일을 즐길 줄 알아야 한다. 나는 능동적이고 주체적이기 때문에 타인도 주인공으로 볼 줄 알아야 하며, 그래서 모든 인물들이 소설 속의 주인공이 될 수 있음을 알아야 한다. 혹자는 벤츠나 아우디, 제너시스를 타야 품위가 있다고 주장하지만 자동차와 사람의 인격이 비례하는 것이 결코 아니다. 이 자동차는 하위그룹의 차라 내 품격과 어울리지 않는다고 생각하는 배빗과 같은 사람이 되어서는 안 된다. 배빗은 전형적인 순응주의자이다. 평생 동안 자신이 원하는 일을 하나도

해보지 못한 사람이다. 오로지 사회가 요구하는 기준에 맞춰 사는 순응주의자, 오로지 돈벌이만 생각하는 교양과 품위가 없는 속물이다. 이런 사람은 서열과 숫자 놀이를 좋아해서 남과 비교해서 제 잘난 맛에 산다. 평생 자신이 속물의 표본인 줄도 모르며 사는 철저히 어리석은 헛똑똑이다.

행복한 사람이 되기 위해서는 누구나가 의식적으로 어느 정도까지는 상상력이 풍부한 낭만주의자가 되어야 한다. 미국 초절주의자의 선구자인 에머슨(R. W. Emerson)은 『자기신뢰』(Self-Reliance)라는 글에서 "너 자신 이외에 그 무엇도 너에게 평화를 줄 수 없다(Nothing can bring you peace but yourself)"라고 말하면서 인간은 누구나 자기 자신의 별(his own star)임을 강조했다. 그렇다. 우리는 누구나 독립적으로 반짝이는 소중한 별이다. 에머슨은 일찍이 '자기신뢰'의 중요성을 깨닫고 인간 개개인이 지닌 독립된 영혼의 소중함을 간파했다. 사람은 누구나 정직하고 완벽한 사람이 될 수 있는 영혼의 소유자이다. 그럼에도 불구하고 주변에서 가혹한 언어폭력으로 당신의 잠재력을 시들게 하고 있다. 개인의 성공과 행복은 외면의 물질세계가 아니라 내면으로부터의 정신세계에서 나오며 풍요로운 정신세계는 언어로 구성된다. 이것이 바로 언어의 중요성이다. 미에 대한 사랑은 인생을 풍성하게 한다. 인생은 아름답다. 그래서 우리는 누구나 일상의 삶 속에서 아름다움을 느끼면서 살아야 한다. 에머슨이 "진선미는 똑같은 것에 대한 다른 얼굴이다(Truth, and Goodness, and Beauty, are different faces of the same)."라고 표현했듯이 진선미의 추구는 언제나 보편적 진리이다.

　낭만주의는 고전주의와 대립되는 용어로 사회나 질서 그리고 규칙보다는 개인의 개성과 자연, 상상력을 중시하는 서양문예사조이다. 참된 낭만주의자는 이성과 논리로 질서에 순응하기보다는 직관에 의존하며 언어의 마법지팡이로 자기만의 세계를 스스로 창조해서 높은 가치의 허구를 창조한다. 이것이 20세기 미국 시인 월러스 스티븐슨(Wallace Stevens,1879-1955)이 말하는 '우수한 허구(Supreme Fiction)'의 창조이다. 이 용어는 우리가 인생을 살면서 의미의 창조가 매우 중요하다는 말이다. 우리는 우리 스스로 우리의 인생에 의미와 가치를 창조해서 무의미하고 건조한 상태를 즐겁고 경이로운 상태로 바꿀 수 있다. 우리의 인생에 의미를 제공하는 우수한 의미의 창조가 인생에서 굉장히 중요하다는 말이다. 세상의 무미건조함과 황량함을 경이로움과 즐거움으로 변화시키기 위해서 언어로 우수한 허구를 창조한다면 늘 인생이 아름다울 수 있다. 언어는 마법지팡이이기 때문에 어떻게 어떠한 표현으로 언어를 전달하느냐에 따라 단점이 장점으로 바뀔 수 있다. 결국 문제는 마법지팡이를 사용하는 사람의 상상력과 인품이다. 첨단 과학기술을 이용해서 우수한 인공 지능을 만들어 내도 사이보그(cyborg)나 인조인간을 조정하는 인간의 인품이 중요하다는 이야기이다. 따라서 품격 있는 언어를 앵무새처럼 외워서 사용하는 사람보다는 인격이 몸에 배어 자연스럽게 그런 표현을 쓰는 사람의 숨은 의도가 중요하다. 이런 이유 때문에 특정 언어를 사용한다고 해서 이성과 논리로 획일적인 잣대를 사용해서 이분법적 판단을 내릴 수 없는 것이 인생이다. 언어의 힘은 생각보다 엄청 커서 평범한 상황도 매우 매력적으로 만들 수 있다.

이러한 마법의 지팡이는 인생에서 가장 값진 것이면서도 동시에 공짜로 누구에게나 주어진다. 사람도 살리고 죽일 수 있는 것이 언어다. "당신 재주는 그것밖에 없어"라는 표현보다는 "그것이 최고의 매력 포인트" 또는 "가장 좋은 점"이라고 표현해서 마법의 단어를 사용하면 타자를 행복하고 기쁘게 할 수 있다. 이러한 언어적 표현이외에 몸짓언어는 의사소통의 중요한 역할을 한다. 특히 얼굴표정은 대표직 몸짓언어이다. 냉담하고 화난 얼굴이 아니라 운이 따르는 얼굴, 늘 미소를 짓는 얼굴은 큰 행운을 가져온다.

미국소설가 코진스키의 소설 『그곳에 머물기』(Being There)의 주인공 챈스(Chance)는 글을 읽고 쓸 줄 모르는 문맹인이며 부잣집 정원사로 40세까지 일하면서 주로 정원에서 나무를 돌보며 정원 일만 하고 시간이 날 때마다 텔레비전만 시청해서 사회의 이념성에 물들지 않은 자기만의 독특한 개성을 지닌 사람이다. 이름처럼 전적으로 우연에 의해서 부자인 주인이 사망해서 외부세계에 노출되며 독특한 개성으로 월가의 부유층 사회에서 성공하는 이야기이다. 그는 획일적이고 기계적인 사회규범에 물들지 않았기 때문에 "당신이 정원을 사랑하면 정원을 가꾸는 일은 결코 일이 아니며 마치 봄이 되면 앙상한 나뭇가지에서 싹이 나듯이 인생은 기다림이다"라는 말을 해서 주변 사람들을 놀라게 한다. 만일 챈스가 자기 자신이 주인집 정원사에 불과하며 무식하고 문맹이라는 자기 부정에 갇혀 있었더라면 그는 여전히 도심지의 거지나 부랑아로 살았을 것이다. 그는 정원사로서 계절의 변화와 정원의 식물들과 더불어 살며 정원을 사랑하고 정원사로서 직업을 사랑했기 때문에 행복했다. 자신의 독특한 자아를 유감없이 발휘한 경우이다.

영웅의 여정에서 언제나 가장 중요하며 엄청난 힘을 발휘할 수 있는 내면의 무기는 자기존중감과 마법지팡이다. 표면상으로는 아무런 무기도 없이 한가하게 빈손으로 떠나는 나그네이지만 그의 의식에는 언제든지 자기존중감과 언어지팡이가 있다. 누구나 강하고 튼튼한 자기존중감이 있어야 독립적이고 주체적이며 자신만의 노래를 부를 수 있다. 현대의 영웅은 그리스 로마 신화의 주인공처럼 초인간적인 싸움꾼이나 한 분야의 최고의 대가나 최고의 부자가 결코 아니다. 현대의 영웅이란 신체적으로나 정신적으로 자신을 지극히 사랑하고 신뢰하며 내재된 잠재력의 무한한 가능성을 믿으며 변화와 성장을 지속하는 독립적이며 자율성을 지닌 사람이다. 자기를 강력하게 사랑하는 힘 즉 자기존중감이 인생이란 여정에서 행복의 가장 중요한 원천인 것이다.

또 하나의 중요한 무기는 마법지팡이다. 마법지팡이란 다름 아닌 언어능력이며 험난한 모험을 성공적으로 이끄는 가장 강력한 무기이다. 우리가 바라는 삶이란 내가 영웅이 되어 영혼의 자유로운 여행을 하는 것이다. 이러한 여행에 가장 중요한 도구이며 필수 중에 필수인 것이 마법지팡이이며 돈으로 따지면 이 세상에서 가장 비싼 것이기도 하다.

그럼에도 불구하고 대부분의 사람들이 이러한 마법지팡이가 있는 줄도 모르고 사용법도 잘 모른다. 신비한 언어를 송출하는 마법지팡이는 얼마든지 어둡고 황량한 지역에서 높은 가치와 의미를 만들어 낸다. 이처럼 언어의 마법지팡이는 다양한 이야기와 멋진 이야기를 만들어내는 마법을 지니고 있지만 결코 눈에 보이지 않기 때문 그 가치를 제대로 인정받지 못한다. 눈에 보이지 않기 때문에 이면을 볼 줄 아는 통찰력이 필요하다. 많은 현대인들이 이 언어를 송출하는 마법지팡이를 모르는 것은 21세기 디지털 시대에 살기 때문이다. 디지털 정보의 홍수, 디지털 치매, 디지털 추론 등 스마트폰이나 인터넷 검색으로 인간 고유의 사고능력을 마비시키는 부작용이 엄청 크기 때문이다. 많은 사람들이 디지털 도파민 중독에 걸려 있기 때문에 자신이 디지털 시대에 잘 적응하는 사람으로 착각하기도 한다.

많은 사람들이 유튜브에 접속해서 본능적이며 사악한 세계의 달콤한 유혹에 빠져 결국 타락하고 스티븐슨(R. L. Stevenson)의 소설 『지킬박사와 하이드』(Dr. Gekyll and Mr. Hyde)에서 나오는 하이드처럼 괴물이 된다. 또한 어떤 사람들은 대부분의 시간을 수동적으로 텔레비전 시청이나 유튜브의 쓰레기 이미지에 보내기 때문에 주체적이고 능동적인 사고력과 판단력이 마비되고 만다. 그래서 스마트 시대를 역설적으로 바보시대라고 하지 않는가?

현대 사회는 지속적으로 인간을 획일적으로 만든다. 허준이 교수는 "사람은 환경의 함수"라고 했다. 어떤 환경에서 자라느냐가 그의 인생을 결정한다는 말이다. 우리가 사는 사회환경이 지속적 언어폭력에 의해서 우리의 잠재력을 말라 시들게 한다는 사실을 알고 이러한 언어폭력에 저항하며 자기만의 길을 가야 한다.

우리가 사는 시대는 수입의 양에 따라서 능력을 정하며 돈이 신인 시대다. 그러나 인생은 돈 버는 사업이 아니다. 인생은 환유이고 비유이다. 상업주의나 능력주의라고 부르는 허상에 사로잡혀 주눅이 들거나 우쭐할 필요가 전혀 없다. 인생의 행복이라는 열매를 맛보기 위해서 창의력, 사고력, 논리력, 그리고 판단력을 배양하는 일은 언어의 힘에 기초한다. 그래서 성공적인 인생을 살려면 언어와 글쓰기 능력이 몹시 중요한 것이다. 상상력이 우리 삶에 미치는 힘은 우리가 생각하는 이상으로 굉장하다.

『지킬박사와 하이드』는 인간의 양면성을 극대화해서 멋지고 아름다운 사람과 추악하고 잔혹한 사람을 한 인간 안에서 동시에 형상화하고 있다. 낮에는 훌륭한 지킬박사이고 밤이면 악마인 하이드의 모습. 이 작품에 대한 일반적 해석은 인간이 지닌 선악의 양면성이지만 한걸음 나아가 멋지고 아름다운 모습으로 살 것인가 추악하고 악마 같은 모습으로 살 것인가는 바로 여러분 자신에 달려 있다는 것을 알레고리적으로 보여준다. 사실 지킬 박사는 선량하고 품위 있는 삶에서 벗어나 스스로의 잘못된 생각 다시 말해서 망상에 사로잡혀 악마가 되었고 마침내 자신을 파멸로 몰고 갔다. 오로지 자신이 스스로 선택해서 악마가 된 것이다. 우리는 이 반면교사를 통해 인간이 어느 정도까지 사악하고 잔인할 수 있는 가를 알 수 있고 어두운 반자아가 참된 자아를 어떻게 죽음이나 파멸로 몰고 갈 수 있는가를 본다. 그러면서 선의 추구, 진선미의 추구가 왜 중요한지를 깨닫게 된다.

그러한 깨달음을 얻음에도 불구하고 또 시간이 지나면 당장 물질적 이득이 없다고 정신적 가치를 소홀히 하기도 한다. 그래서 공정과 정의, 신뢰나 윤리의식이 사라지고 수단과 방법을 가리지 않고 오징어 게임에서 승자가 되는 것에만 집중하고 승자 독식 사회를 당연한 것으로 인식한다. 그러나 마이클 샌델(Michael Sandel)이 주장하듯이, 능력주의나 성과주의는 비인간적인 갑과 을의 관계를 촉진시킬 수 있으며 소통부재를 유발한다. 『정의란 무엇인가』의 저자인 그가 주장하듯이 능력주의자들이 간과하는 것은 타자의 도움으로 자신이 성공했다는 점이다. 필자가 교수생활을 잘 끝내고 학장 임무를 성공적으로 수행할 수 있었던 것은 주변의 여러 사람들이 열심히 도와주었기 때문이다. 대통령이 국정을 잘 수행할 수 있는 것은 유능한 참모와 무명의 수많은 성실한 국민들의 협조가 있기 때문이다.

필자는 대학원에서 영미 포스트모던 소설의 서술방식을 연구해서 박사학위를 받으면서 데리다(Derrida)의 해체론(Deconstructive Criticism)을 공부할 기회가 있었다. 포스트모던 소설의 출현 배경에는 '언어가 실재를 지칭해서 인간 삶의 진실을 재현할 수 있는가?'라는 기존 문학형식에 대한 도전과 반란이 있다. 포스트모더니스트들은 기존의 서술방식으로 실재와 가상현실이 뒤섞인 복잡한 현대의 삶을 언어로 재현하기가 불가능하다고 주장한다. 간단히 말하자면 언어의 진실 재현성에 대한 불신이다. 특히 '언어가 인간에게 어떻게 영향을 주나? 과연 언어란 것이 실재를 지칭할 수 있는 것인가? 우리는 언어의 꼭두각시로 살아가는 것은 아닐까? 우리가 언어의 주인이 아니라 노예로 살고 있지는 않은가? 언어가 인간 삶에 어떻게 영향을 주나?'와 같은 의문을 제기한다.

그래서 필자는 전공 탓에 언어와 의미에 매우 민감하다. 언어란 당신의 삶을 구속하거나 자유롭게 할 수 있다. 언어가 우리의 삶을 구속해서 우리는 경직되고 한정된 삶을 산다. 대개 사회가 또는 주변의 환경이 당신의 위대함을 무너트린다. 우리는 늘 언어의 폭력성을 경계해야 하며 언어폭력에 심각하게 반응할 필요가 없다. 언어는 공기와 같이 실재를 지칭하지 못하고 늘 부유하기 때문에 여러분 자신에게 나쁜 말 공격적인 말을 한다 하더라도 심각하게 깊이 새길 필요가 전혀 없다. 그냥 스쳐 지나가는 바람이라고 가볍게 넘기면 상대도 저절로 시들해진다. 당신이 심각하게 반응하니 재미있어서 더욱 당신을 괴롭힐 수도 있다. 인간은 누구나 생물학자 도킨스의 주장처럼 이기적 유전자에 의해서 행동한다. 자신의 이익 달성을 위해서 다양한 전략을 구사하며 상대를 이용하기도 한다.

그래서 우리는 늘 언어의 유희성을 명심해야 한다. 어떤 권위적인 의사 선생이 당신의 척추는 90세의 노인처럼 부실하다고 진단하며 상당히 무책임한 말 한마디로 당신을 위축시키고 주눅이 들게 할 수도 있다. "당신은 왜 그렇게 못생겼느냐" 또는 "내가 너보다 더 잘생겼다"고 하는 말도 얼마나 진실과 거리가 먼 것인가? 이런 문제로 시간을 낭비하는 것은 참으로 부끄러운 일이다. 문제는 사실에 대한 판단이 우리 자신에게 달려 있다는 것을 모르고 타인의 시선과 판단에 의존하는 데 있다. 이래서야 어떻게 주체적이고 능동적이며 독립된 삶을 살 수가 있을까?

주체적이고 독립적 삶을 산다는 말은 'just be yourself'와 동일한 의미이다. 미국시인 휘트먼이 그렇게 강조했던 '내 자신의 노래'를 부르라는 말이다. 어느 누구도 여러분의 신성한 존엄성을 무시할 수 없다. 단지 여러분 자신 이외에는. 하지만 여러분 스스로 여러분의 자기존중감을 상실한다면 여러분은 타인의 노예가 되어 가스라이팅의 희생자가 될 뿐이다. 결코 비굴하게 똥강아지처럼 돈이나 권력 앞에서, 눈앞의 이익 때문에 자아를 상실하지 말라. 허리를 곧게 펴고 눈을 마주치며 보부도 당당하게 너의 삶을 살아가라.

한편 언어에 대한 통찰을 제대로 하면 언어는 우리를 자유롭게 하고 우리의 잠재력을 무한히 확장시킬 수 있다. 우리 스스로 언어를 통제하고 언어의 주인이 될 때 언어의 유희성을 통찰해서 맹목적 비난이나 모함에 상처받지 않고 마음의 평정을 유지할 수 있고 우리 자신을 진정으로 사랑할 수 있다. 언어를 자신의 발전에 유용하게 사용하는 일이 매우 중요한 이유이다.

요리사가 훌륭한 요리를 만들어 낼 때 재료가 매우 중요한 것처럼, 언어는 우리의 인생을 만들어 가는 가장 소중한 재료이다. 언어가 우리의 인생을 만들어 간다고 해도 과언이 아니다. 우리 자신에 대해서 우리가 어떻게 언어로 표현하느냐는 매우 중요한 문제이다. 인생에서 제일 소중한 재산인 자기존중감의 형성도 바로 언어라는 마법지팡이의 구사로 이루어진다. 미국의 초절주의자 휘트먼이 "하나님 이외에 나보다 중요한 사람은 없다"고 말한 바처럼 우리는 누구나 매우 개성적인 존재로서 세상의 유일무이한 존재이다. 그래서 당연히 우리는 누구나 내 자신의 노래를 불러야 한다. 학생들에게 영미문학개관을 강의하면서 늘 강조하던 부분이다. 이 부분을 강의할 때면 늘 나도 모르게 신나고 열정과 생동력이 살아나서 몰입하게 된다. 한 여학생이 나에게 이런 나의 모습을 넌지시 알려주던 때를 기억한다.

결국 자기존중감이란 자기를 어떤 언어로 규정하느냐에 달려 있다. 애석하게도 우리는 우리 스스로가 아니라 타인에 의해, 사회에 의해 우리를 규정짓는다. 노인, 늙은이, 아줌마, 얼간이, 꺼병이 이런 말로 상대를 모멸하고 억압해서 지배하려고 한다. 이러한 표현은 말할 수 없이 잔인한 언어폭력이다. 이러한 말도 안 되는 언어를 들으면 그냥 공기를 따라 허공에 사라지게 해야 한다. 그리고 반드시 역반응을 보여야 그 사람이 다시는 당신을 공격하지 않는다. 이때 주의할 것은 대부분의 사람들이 그러하듯이 즉시 심각하게 화를 내거나 성낼 필요가 전혀 없다는 것이다. 상대편에서 보내는 악의적 언어는 새빨간 거짓이기 때문이다. 아이들이 흔히 자기에게 부정적인 말을 하면 "반사"라고 하듯이 부정적 언어가 오면 상대편에게 되돌아 가도록 하는 태도를 지녀야 한다. 물론 애정 어린 비판이나 자신이 모르는 부정적 습관을 지적해주면 감사히 수용하고 변화와 성장을 도모해야 할 것이다. 의사, 교수, 과학자 등 각 분야의 전문가들의 전문지식을 무시할 필요는 없지만 그렇다고 맹목적인 추종이나 맹신은 자신을 노예로 만들고 문제를 악화시킬 수도 있음을 알아야 한다. 사회적 전문가의 권위를 맹목적으로 따르기보다는 객관적으로 판단하고 자기만의 의견과 견해를 지닐 수 있어야 한다. 아무개 박사, 아무개 국회의원, 교수 이런 딱지들이 사람을 판단할 때 편견을 갖게 하는 요인임을 명심해야 한다. 성별이나 사회적 지위와 상관없이 그 사람이 어떤 사람인가를 판단하는 것은 매우 중요하다. 사회생활과 인간관계를 하면서 감정적, 정서적 편견이나 오해는 늘 상존한다. 그래서 우리는 늘 팩트(사실)만 객관적으로 묘사하길 원한다. 그러나 인간 삶의 객관적 사실을 문맥이나 상황을 고려하지 않고 일부만 진술할 경우 팩션(fact+ fiction)이 되기 쉽다. 대부분의 평가는 감정이나 정서가 들어가 부정적 시각이나 긍정적 시각으로 채색될 수 있으니까.

우리는 우리를 부정적으로 말하는 사람들에게 부드럽지만 단호히 대응해야 한다. 감정 활용과 뇌의 유연성을 토대로 부드러우면서도 간결하고 명료하게 맞대응을 해야 한다. 그 사람에 대해서 비난하지 말고 그 사람이 저지른 행동에 대해서 비판해야 한다. 오히려 언어의 유희로 상대를 바보로 만들어 줄 수도 있다. 따라서 여러분 자신에 대한 부정적 표현을 심각하게 받아들일 필요는 전혀 없다. 언어의 유희성을 늘 간직하며 사는 것이 행복의 중요한 요소 중 하나이다. 언어의 유희성이란 언어에 대해 너무 심각하게 받아들이지 말라는 이야기이다. 진정한 충고나 조언이라면 몰라도 악의적 비난이나 기선 제압을 위한 욕설은 전혀 대응할 필요가 없고 유머로 넘기며 그런 사람들과의 교제나 관계를 단절하면 된다. 인간관계에서 가지치기가 필요한 이유이다. 모든 사람들과 좋은 관계를 유지하기는 불가능하다. 만나는 사람들 중 20~30%만 당신을 좋아해도 매우 성공한 인간관계이다.

자성예언이라는 말도 있듯이 언어는 자기 인생을 좌지우지한다. 같은 의미도 수없이 다양한 표현이 있고 '아' 다르고 '어' 다르다는 말이 있듯이 억양과 비언어적 표현에 따라 의미는 전혀 달리 전달된다. 말 한마디로 천 냥 빚을 갚는다는 표현처럼 적절한 언어사용은 소통의 기본 요소이다. 부드럽고 긍정적이며 상대편의 존엄성을 인정하지만 강요하거나 직설적 비판은 금물이다. 이렇게 하려면 언어와 의미의 유동성을 이해해야 한다. 한마디로 언어의 유희성과 진지성을 동시에 이해하는 것이 올바른 소통과 인간관계의 성공적 비결이다.

"왜 사는가 물으면 그냥 웃지요"라는 싯귀가 있다. 우리가 사는 이유에는 목적이 없다. 그저 죽지 않고 생명이 있기 때문이다. 무슨 일이든지 행동하면서 살아가야 한다. 그래서 미국 소설가 포크너는 "인생이란 움직임"이라고 했다. 베케트의 희곡『고도를 기다리며』에서 등장인물 블래디미르(Didi)와 에스트라곤(Gogo)의 기다림이 인생이다. 고도를 만날 것이라는 맹목적 희망만큼이나 인생이란 무목적적이며 부조리하다. 따라서 어떤 삶도 최선의 길이 될 수는 없다. 자신만의 철학과 비전을 가지고 삶을 구상화하고 높은 차원의 허구를 창조해야 한다. 사소한 일이라도 의미 있는 일을 스스로 만들고 실천해야 한다. 늘 삶에 감사하고 건강한 신체와 정신에 감사해야 한다. '지금 나 자신이 최고로 좋아'라는 자기 존중감으로 있는 그대로 자신을 인정하고 타인과 비교하지 말며 살아야 한다. 문재인이나 윤석열처럼 대통령의 길을 갈 수도 있고 의사가 되겠다는 꿈을 지니고 열심히 공부해서 의대에 진학해서 의사가 될 수도 있다. 또한 조수미처럼 음악적 재능을 발휘하여 세계적 성악가가 되기도 한다. 또한 '성자가 된 청소부'처럼 인간 삶의 쓰레기를 치우며 봉사하는 사람이 될 수도 있다.

그러나 우리 모두가 그들처럼 살 필요가 없고 그렇게 해서도 안 된다. 우리는 각자 자신의 독립된 섬으로 주체적이며 능동적으로 자아발견의 여정을 지속해야 한다. 그래서 나는 교수시절 총장이나 청소부에게 똑같이 대하고 행동했다. 혹자는 학장이 청소 아줌마와 복도에서 학생들 직원들 보는 앞에서 대화를 하느냐고 비아냥거릴 수 있지만 나는 각자의 존엄성을 충분히 인식하고 있었기 때문에 아무런 불편이 없었다. 학장시절 같이 근무했던 행정직원들도 그들을 자유롭고 편안하게 해주어서 나를 좋아했던 것 같다. 나는 행정직원들에게 늘 "자유롭고 편안한 분위기에서 일하되 맡은 일은 최고로 수행하라"고 말하곤 했다. 참된 지도자는 구성원 각자의 자율성과 독립성을 최대한 존중해주고 팀의 목표와 목적 그리고 방향을 분명히 제시해서 신나게 목표를 달성하게 한다.

언어라는 주제를 가지고 이 책을 쓰기 시작하는 일은 상당히 의미가 있다. 언어는 그 사람의 인생을 결정한다. 말 습관, 어떤 언어를 사용하는가는 그 사람의 품격과 인격을 보여준다. 그럼에도 불구하고 언어보다 행동이 훨씬 중요한 것이 사실이다. 행동이 없는 언어는 무용지물이며 성경에서도 행동하지 않는 자는 아무리 하나님 말씀을 외우고 살아도 무용지물이라 한다. 이렇듯 행동의 중요성을 인정하지만 언어도 못지않게 중요하다. 한 인간의 정체성이란 결국 언어의 구조물이기 때문이다. 긍정적 사고와 언어는 서로 밀접한 상호연관성이 있기 때문에 언어로 이야기를 만들어내는 마법지팡이가 성공의 열쇠이다. 언제나 미소 지으며 멋지다, 아름답다, 신난다, 즐겁다고 외치면 저절로 그렇게 된다. 자성예언이란 말, 말이 씨가 된다는 말을 기억하라. 항상 긍정적이고 희망찬 언어, 신나는 언어 사용은 인생 자체를 변화시킨다.

이처럼 바른 언어 사용은 불합리한 모순과 억압에 저항할 수 있는 강한 힘이 된다. 삶의 모든 유의미한 일과 인간관계는 언어의 사용에서 이루어지기 때문이다. 그래서 좋은 인간관계를 위해 좋은 언어를 사용해야 하는 것이다. 말 한마디의 힘은 생각보다 엄청난 위력을 갖기도 한다. 언어로 한 사람의 운명을 좌우하기도 하며 때론 언어를 가지고 타인을 억압하거나 폭력을 가해서 지배하기도 한다. 가스라이팅이란 말은 상대의 인격을 무시하고 내 마음대로 조정하는 사람에게 쓰는 말이다. 심지어 내가 사용하는 언어는 타인을 살해하기도 한다. 그래서 칼보다 무서운 것이 언어이고 오뉴월 무덤보다 더 싸늘한 것이 언어이다. 악담은 죽을 때까지 비수로 꽂혀 타인을 멸망에 이르게 하고 자신도 파멸에 이르게 한다.

내 마음에 안 든다고 악담과 독설을 내뿜는다면 타인은 물론 나도 파멸로 가는 지름길이다. 우리는 우리 자신의 이기적 속성 때문에 우리의 모습을 카멜레온처럼 자주 바꾸며 언어와 행동 사이의 괴리를 만들기도 한다. 따라서 인간은 언제나 타인보다 항상 우위를 점하는 습성을 경계해야 한다. 바람직한 인간관계는 상호 존중에서 출발한다. 잘나고 못나고 멋지고 추하고를 떠나서 그 인간의 고결성은 자체적으로 인정해 주어야 한다.

눈이 마음의 창이듯이 언어는 마음의 거울이다. 언제나 언어 사용 시 신중해야 하며 동시에 언어를 너무 진지하게 받아들여 마치 돈의 노예가 되어 자아를 상실하듯이 언어의 노예가 되어 자아를 상실해서는 안 된다. 우리가 행복한 삶을 위해서 돈을 조정하듯이 언어의 유희성을 인식하고 언어를 조정하며 지배해야 한다. 악의적 비판이나 언어적 폭력은 무시하라. 그 언어에 놀아나거나 조종될 필요가 없다. 당신에게 마음의 상처를 주는 언어는 전혀 사실이 아니기 때문에 가짜뉴스, 악성 루머로 단정해서 유머를 사용해서 단호히 반격해야 한다. 오만한 망상주의자나 지속적으로 빈

정대는 사람, 나의 자아를 자신의 자아에 종속시키려는 사람은 단호하게 만남을 제거하고 단절해야 한다. 늘 만나서 기분 좋은 사람, 서로 상생적으로 발전할 수 있는 사람과 관계에 집중해야 한다. 좋은 사람이란 만나고 나서 시간과 돈이 아깝지 않고 기분 좋은 느낌이 드는 사람이다.

흔히 '인간이란 무엇인가'에 대해 논할 때 '도구를 사용하는 생산자'나 '언어를 사용하는 동물'이라는 말을 언급한다. 도구를 사용한다는 말은 과학 기술의 개발자라는 뜻이며 언어를 사용한다는 말은 언어로 의사소통을 한다는 뜻이다. 이 두 가지는 인류 문화 생산의 원동력이다. 이처럼 언어는 도구의 생산자라는 특징 못지않게 인간의 삶을 총체적으로 구성하며 그 중요성은 상상을 초월한다. 나는 누구인가 하는 문제도 결국 언어사용으로 규정된다. 그래서 언어는 그 사람의 품격이나 한 나라의 품격을 규정하기도 한다. 혹자는 인간의 지능과 성격은 유전자 DNA에 의해 결정되기 때문에 인간의 의지나 노력으로 변경 불가능하다고 주장한다. 서양에서도 이런 점에 주목해서 17세기 영국의 극작가 벤 존슨은 기질희극(comedy of humor)에서 보여주는 것처럼 실제 인간보다 정형화된 인간을 보여주었다. 이런 점 때문에 존슨의 인물들이 셰익스피어의 인물보다 비현실적이고 감동을 주지 못하는 것이 사실이다.

하지만 세상에 고정 불변의 절대 진리는 없다. 최근의 뇌 과학에서도 인간의 지능이란 가소성이 있어서 죽을 때까지 지속적으로 변화가 가능하며 성격도 문화나 환경의 영향으로 변화가 가능하다고 본다. 인간을 이해하는 데 가장 중요한 개념은 차이(다름) 그리고 변화와 성장이다. 그럼에도 불구하고 인간은 이성에 의해서 모든 인간을 획일화하려는 강한 지배본능이 있다. 언어의 폭력성이다. 이처럼 언어는 인간의 자아를 해방시키는 동시에 인간을 가두는 족쇄가 되기도 한다.

조지오웰(George Orwell)의 소설 『1984년』에서 보여주는 오세아니아 사회는 이런 모습을 극단적으로 보여준다. 절대권력의 독재화, 이러한 과정에서 가장 중요한 수단이 되는 것이 언어다. 언어로 인간을 억압해서 자아를 상실하게 만든다. 사회의 모든 구성원은 사회의 프레임과 이념에 의해서 구성원의 고유의 자아를 상실하고 기계화되어 간다. 모든 구성원들은 빅브라더(Big Brother)를 정점으로 하는 경직된 전체주의 사회의 수동적인 이념의 수행자가 된다. 이처럼 언어는 의미 있는 가치 창조의 도구이지만 때론 덫을 놓아 자아를 상실케 할 수도 있다.

우리의 정체성이 곧 언어의 구조물이며 우리가 쓰는 이야기이다.

가령 'I am ＿＿＿.'이라는 문장 빈칸에 어떤 단어를 쓰느냐에 따라서 우리의 정체성은 달라진다. 정체성이란 고정되고 불변하는 것이 결코 아니다. 우리는 흔히 "그 사람은 이렇다"라고 단정해 버리고 그 사람 또한 사회의 시선에 맞게 알아서 행동한다. 이것은 참으로 어리석은 일이다. 위 영어문장 빈칸에 언제나 긍정적 표현들 단어들을 늘 열거하고 반복해 큰 소리로 읽어 보아라. 그러면 신기하게도 마술지팡이처럼 여러분의 인생은 말대로 실현된다.

참으로 재미있고 경이로운 마법지팡이가 언어로 생성된 이야기이다. 그래서 늘 새롭게 태어나고 변화하며 성장을 지속해야 한다. 우리는 누구나 죽는 날까지 변화와 성장에 도전하는 영웅 율리시즈와도 같다. 자신을 믿고 사랑하며 나의 삶을 살아야 한다.

　스스로 나는 잘생기고 똑똑하다(사실은 지극히 평범한 사람이다), 나는 학장이다, 나는 영문학 교수이다, 나는 권위 있는 학회에서 최우수 논문상을 탔다. 이런 말을 되풀이하기만 해도 저절로 기분이 좋아지고 품격이 있는 행동을 하게 된다. 그러나 빈칸에 무의식적 반자아가 어둡게 자리해서 "나는 늙은이, 나는 무능력자, 나는 재능이 없고 잘하는 게 없어, 나는 참 못난이, 바보야"라고 반복하면 그대로 된다. 그래서 "만사가 네가 생각한 대로 될 수 있다(Everything can be done as you think)"라는 말이 생겨났다. 우리는 누구나 즐겁고 유쾌한 인생의 창조자가 되어야 한다. 그러기 위해서 늘 자신과 내면의 대화를 해야 한다. 지금 이 순간 기분이 상쾌해야 한다. 지속적으로 끈질기게 찾아오는 어두운 반자아를 몰아내고 진정한 나를 찾아가는 여행이 인생이다. 이것은 유쾌한 창조자의 모습이며 참된 영웅의 여정이다. 영웅의 여정은 초원에 편안하게 누워서 종일 푸른 하늘을 처다보며 매일 아무 수고도 없이 지내는 것이 아니다. 영웅의 여정은 스스로 수많은 모험을 창조하며 손에 흙을 묻히고 이마에 땀방울을 흘리며 온갖 모험에 도전하고 역경을 극복하는 과정이다.

　"나는 참으로 멋진 사람이며 모든 사람들의 귀감이다. 만사가 잘될 것이다(Everything will be ok)."라고 반복적으로 되새기면 실제로 그렇게 된다. 물론 모든 것이 바라는 대로 이루어지는 것은 아니지만 적어도 자신을 사랑하고 자신을 소중히 여긴다면 그리고 몰입과 실천을 통해 욕망을 달성한다면 어느 정도 성공적으로 목표가 달성된다. 설령 목표에 도달하지 못했더라도 즐거움과 기쁨이 찾아온다. 최선을 다했고 그것을 즐겼으니까. 늘 매일매일 충만한 기쁨과 즐거움으로 순간순간 기분 좋게 살면 성공과 행복한 삶을 달성할 수 있다.

이처럼 언어란 자아를 변화시키는 가장 강력한 무기이다. 언어의 마법을 이해할 필요가 있나. 아이들이 성장하면서 친구들을 놀리거나 왕따를 시키는 것도 언어적 폭력에 의해서이다. 사회가 언어로 나라는 자아를 억압하고 폭력으로 주눅이 들게 하여 무기력한 바보가 되게 만든다. 어떤 이유라도 당신을 비난하고 공격하고 모욕을 주어 괴롭힐 수 없다. 당신 자신은 더욱이 자신을 사랑해야 한다. 당연히 여러분은 자아를 억압하는 외부세력에 분노하고 항의하며 저항해야 한다.

미국소설가 허먼 멜빌(Herman Melville, 1819-1891)의 소설 『빌리버드』(*Billy Budd*, 1924)는 그의 사후 30년이 지나서 출판된 마지막 작품이지만 매우 중요한 작품으로 간주된다. 이 소설의 주인공 빌리(Billy)는 인간 심성의 선을 대변하지만 악의 세력인 클래가트(Claggart)에 의해 교활하게 누명을 쓰고 이용당해 죽었다. 클래가트는 교활하게 빌리에게 누명을 씌우고 거짓을 증언한다. 빌리는 억울해서 참지 못하고 그를 때려서 살해한다. 빌리는 당시가 전시라는 이유로 선상재판에서 처형되어 결국 악이 선을 파멸시킨다. 클래거트가 빌리를 자극시킨 것도 바로 언어이다. 따라서 우리는 클래거트 같은 악의 세력이 던지는 악의적 표현에 순진하고 솔직하게 분노로 대항하지 말고 그의 의도를 간파해서 유머와 위트나 역설로 제압해야 한다. 이러한 대항방식은 쉽게 악의 세력을 물리칠 수 있다. 또한 지속적으로 그런 사람과 거리를 두어야 하며, 더욱이 신체에 폭력을 가하면 여러분의 신체를 보호하기 위해서 강력하게 저항하고 항거해야 한다. 여러분을 죽이려고 덤비는 사람이 있다면 여러분이 살기 위해 먼저 공격해야 한다. 정당방위이다. 아무런 저항이 없이 얻어맞고 죽을 수는 없는 일이다. 여러분 자신이 악에 의해서 파괴되거나 사회 속에서 선이 악에 의해 파괴되어선 결코 안 되기 때문이다.

유명한 한 정치가는 "나는 먼저 공격하거나 인격모독을 결코 하지 않는다. 하지만 부당한 공격을 받으면 바로 강하게 역공한다"고 말했다. 그러나 온갖 술수와 전략이 난무하는 정치현장에서 솔직하게 이야기한다고 다른 사람의 입장이나 상태를 고려하지 않고 그 사람을 비난한다는 것은 인격모독이 될 수 있다. 솔직해서라고? 솔직하다는 것은 그저 말을 할 줄 모를 뿐이라는 사실을 반증한다. 생각나는 대로 다 말하는 것은 매우 어리석은 행동이다. 비록 그 말이 모두 사실에 근거하고 논리적으로 옳다 할지라도, 말을 생각 없이 다 표현하는 것은 타인을 해치거나 실수로 인한 오해를 쌓게 하기 마련이다. 인간은 생명이 없는 이성과 논리로 무장한 인공지능이 아니다. 그렇다고 불의나 비윤리적 행동과 타협하라는 말이 아니다. 이 세상 어느 누가 죄로부터 완전히 벗어나 순백의 삶을 살 수 있을까? 성경에서도 하나님께서 이르길 "너희들 중 죄가 없이 깨끗한 자가 있다면 간음한 이 여인에게 돌을 던져라", "네 눈의 들보는 못 보면서 남의 눈에 티를 지적하느냐?"라고 말씀하셨다. 내가 하면 로맨스고 남이 하면 불륜인가?

말 한마디로 천 냥 빚을 갚는다는 이야기는 언어의 힘을 보여준 단적인 표현이다. 태양같이 밝게 빛나는 사람과 블랙홀처럼 타인을 파멸로 이끄는 사람은 말하는 법의 차이에서 생겨난다. 칭찬은 사람에게 하고 평가는 일 자체에 초점을 두라. 사람은 누구나 독특한 기질이 있다. 그 기질을 바꾸려고 애쓰지 마라. 이것은 언어로 바꿀 수 있는 것이 아니다. 타고난 제1의 천성이고 언어로 바꿀 수 있는 것은 습관적 사용 즉 제2의 천성이다. 타인에게 호감을 얻는 손쉬운 방법은 상대를 존중하고 그의 말에 경청하면서도 알랑거린다는 느낌이 없이 우회적, 간접적으로 실수에 대해 지적하는 것이다.

내가 뱉은 말이 내 인생을 구속한다. 여러분이 사랑하는 여인과 포옹을 하면서도 딱 한마디 "사랑해"가 아니라 다른 여성의 이름 '순희'를 말하는 순간 이제껏 수십 년 이어온 사랑이 순식간에 무너진다. 모든 것이 순식간에 파괴되고 파편화되어 공중분해된다. 이런 이유 때문에 가슴을 찌르는 언어의 사용은 절대 피해야 한다. 그러나 상대편이 나를 부당하게 지배하려 할 때는 당연히 날카로운 반응으로 부당함을 표현해야 한다. 때론 그런 언어도 필요하다고 본다. 부드럽고 우회적 표현은 나를 약한 사람으로 보이게 하여 다음에도 또 나를 같은 방식으로 대하게끔 만들 수 있기 때문이다.

자신이 만든 틀을 언어의 사용으로 뛰어넘을 수 있다. 어제의 내가 아니라 늘 새롭게 태어나기 위해서 변신해야 한다. 상상력 부족이 당신을 가난하게 만든다. 우리의 삶을 생동력 있게 만드는 것이 바로 낭만적 상상력이다. 낭만적 상상력의 재료는 언어이다. 우리는 지속적으로 우수한 허구를 창조하려고 노력해야 한다. 내 자신이 얼마나 뛰어난 걸작인가를 인식해야 한다. 아무리 주변에서 여러분을 구속하고 평가절하한다 할지라도 여러분도 덩달아 여러분 자신에게 인색해서 자아비판이나 심판을 해서는 결코 안 될 것이다.

자신을 구속하는 말이 무의식적으로 여러분 내면에 스며들 수도 있다. 이러한 반자아(다음 장에서 자세히 설명함)는 내면의 어두운 그림자이며 허구이기 때문에 이에 대해서 반복적으로 깊이 생각하지 말라. 더욱이 이성과 논리로 애써 물리치려고 하지 말고 지나가는 바람처럼 무시하고 냉담하면 저절로 사라진다. 떠오르는 즉시 바로 부정적 생각을 중단하라. 무기력, 절망, 무의미, 바보, 쪼다, 못난이 같은 부정적 자기혐오는 자신을 좁은 틀에 가두어 결국 자신을 상실하게 만들고 죽음에 이르게 한다. 그래서 우리는 언제나 '틀 세우기'와 '틀 깨기'를 지속적으로 반복해서 죽는 날까지 변화와 성장을 도모해야 한다.

아무리 불가능한 일처럼 보여도 누군가를 쉽게 설득하는 방법이 있다. 이는 언어라는 마법지팡이를 사용하면 된다. 스마트폰으로 언어 사용방법이나 예의범절에 대한 지식을 검색해서는 절대 불가능하다. 상상력이 풍부한 사람은 언어로 새로운 세계를 지속적으로 만들어 갈 수 있다. 상대를 변화시키는 언어는 정답이 정해져 있지 않기에 상황에 맞게 여러분이 창조해내야 한다. 그래서 21세기는 상상력과 창의력이 몹시 중요한 시대이며, 이것이 바로 인문학의 힘이다. 한마디로 상상력의 빈곤이 일상을 따분하고 불행하게 만든다.

모든 인간관계는 언어모델에 따라 결정된다. 자녀 교육이 그렇고, 인간관계도 그렇다. 상대를 책임을 떠넘기는 사람으로 만들든, 아니면 책임감 있는 사람으로 만들든, 퇴보하게 만들든, 아니면 발전하게 만들든, 그와의 거리가 멀어지든 가까워지든, 이 모든 것은 온전히 당신의 언어 모델에 따라 결정된다. 세상사 모든 인간관계는 언어에 의해서 이루어진다. 인문학은 개인에 방점을 두고 사회과학은 모두가 행복한 사회에 방점을 둔다.

개인에만 초점을 두면 행복한 이기주의자가 바람직할 수 있다. 하지만 늘 옳은 것은 아니다. 사회에만 초점을 두면 규범을 준수하고 제도에 따라 살아가는 순응주의자가 되고 자유의 희생자가 될 수도 있다. 때문에 개인과 사회의 균형이 잡힌 시선이 몹시 중요하다. 훌륭한 정치가나 군인이 되기 위해 선공후사 정신을 강조하기도 하지만 자신의 개인적 삶을 송두리째 희생하는 것은 바람직하지 않고 해서도 안 된다. 개인의 행복과 모든 구성원의 행복을 동시에 추구하는 것이 쉽지는 않다. 전자를 중시하면 자유방임주의가 되고 후자를 강조하면 전체주의가 되어버린다. 중세에서 르네상스로 넘어가는 시기에 토마스 모어(Thomas More)가 쓴 『유토피아』도 개인의 자유를 억압하는 공산주의적 요소가 많이 담겨 있다. 인간의 잔인하고 이기적인 속성 때문에 국가의 간섭이 불가피하다는 주장이다. 이상적 사회건설을 위해서 개인의 자유와 사회의 규범이 동시에 필요한 이유이다.

언어는 인간이 합의한 기호이다. 〈기표(signifier)〉와 그 의미를 지닌 〈기의(signified)〉로 구성된다. 20세기 초까지만 해도 기표는 기의와 절대적으로 일치해서 언어로 절대적 진실이나 진리를 표현할 수 있다고 믿었다. 그러므로 이성중심주의에 입각해서 언어가 절대적 진리를 표현해 줄 수 있다고 믿었다. 그러나 프랑스 철학자 데리다(Derrida)는 미국 홉킨즈 대학 학술세미나에서 "중심은 중심이 아니다(Center is not center)"라는 유명한 말로 언어의 미결정성을 지적했다. 우리가 중심이라고 믿고 있는 실체는 사실 중심이 아니라는 의미이다. 언어는 기호이다. 기표와 기의로 구성되었으며 기표가 기의를 정확하게 전달해준다는 생각은 무너졌다. 거울에 사물의 이미지가 비치듯이 기표가 기의를 생산하지 않는다. 기표와 기의 사이에 불가분의 관계가 존재하지 않으며 지속적으로 분리와 결합을 되풀이한다.

그러나 기호는 자의적이며 차이의 속성에 의해서 구별된다. 〈차이〉는 포스트모던 언어관을 이해하는 가장 중요한 개념이다. 절대적 진리란 표현 불가능하며 의미의 생성이란 오로지 〈차이〉에 의해서 드러나는 것이다. 해체비평의 원조인 니체는 일찍이 진리란 〈차이에 대한 폭력적 동일화〉라고 보고 진리란 은유의 수사적 행위라고 말했다. 해체론을 체계적으로 완성한 데리다의 언어관은 기표가 기의에 이르지 못하고 의미의 미결정성 무수히 진행되는 〈차이〉의 놀이가 된다. 언어란 지속적으로 의미의 차이를 생성해 내기 때문에 대체사슬로 해체되고 차이들의 유희를 보여준다. 니체, 하이데거, 데리다로 이어지는 해체주의 철학자들은 탈중심화 사유 체계로 의미의 잠정성을 발견했다. 이 말은 해석의 절대적 진실성은 존재하지 않으며 모든 의미는 잠정적이란 생각이다. 그러니까 이 세상에 절대적 진리는 결코 존재하지 않으며 우리는 늘 미완성된 잠정적 진리 속에 살아간다는 말이다.

그런데 마치 사회가 나의 모습을 멋대로 규정해서 사실인 것처럼 오도하는 것이다. 문제는 대부분의 사람들이 언어가 실재인 양 믿고 화내고 살인하고 자기를 비난하며 스스로를 한계에 가둔다는 사실이다. 그래서 의미의 오류로 수많은 사람들이 고통당하며 언어의 속박에 갇혀 생활하고 있다. 결국 나를 표현하고 나를 발견하기 위해 사용되어야 할 언어가 나를 상실하게 하고 사회의 규범이나 요구가 내가 되게끔 한다. 그래서 똑같은 행동에 대해서 내 편과 네 편을 나누어 우리 편에 유리하도록 허구를 창조해서 미화하며, 상대편은 적으로 간주해서 파멸로 몰아간다. 틀 짜기 프레임으로 한 인간을 구속해서 파멸에 빠트리기도 한다. 가령 내가 아내를 버리고 다른 여자와 사랑에 빠지면 로맨스이고 타인이 아내를 버리고 다른 여자와 사랑에 빠지면 불륜이며 도덕적 불구자이다. 즉 내로남불이다. 이러한 태도는 진리추구를 본업으로 하는 학자의 태도가 아니다.

20세기 영국소설가 조지오웰의 정치적 소설 『동물 농장』에서처럼 혁명과 운동권 세력으로 공정과 정의를 외치면서 오히려 타락하는 내로남불 상황이 된다. "모든 동물들은 평등하다. 그러나 어떤 동물들은 더 평등하다"라는 돼지들의 주장에 오웰의 날카로운 사회비판의식이 깔려 있다. 더 나아가 오웰이 『1984년』에서 보여주는 상상의 공간 오세아니아 사회는 공식언어로 뉴 스픽(New speak)을 사용해서 평화가 전쟁이 되고 전쟁이 평화가 된다. 기존에 사용하던 표준영어인 old speak은 완전히 사라졌다. 특히 『1984』에서 주인공 윈스턴 스미스는 그 사회 주류층에서 벗어난 아웃사이더이다. 마치 율리시즈의 주인공이 평범한 소시민인 블룸인 것처럼. 일기 쓰는 것이 불법인 오세아니아 사랑부(Love Department)는 역설적으로 남녀의 사랑을 규제하고 통제하는 곳이다. 신의 대행자 빅 브라더의 전제주의 사회주의국가에서 진리부라는 신조어는 뉴 스픽(New Speak)이며 거짓과 선동부의 다른 이름이다. 이 소설은 언어문제에 대해서 깊이 있게 천착하는데 주민들을 상류(the High),

중류(the Middle), 하류(the Low)로 표현한다. 'New speak'은 정치와 언어 사이의 깊은 관계를 보여준다. 우리는 지속적으로 뉴 스픽을 만들어 내서 타자를 억압하고 억압된 세계에서 개인의 자유는 말살되고 소외된다. 당의 슬로건처럼 전쟁은 평화이고 자유는 노예화이며 무지가 힘이 되는 것이다. 이런 점에서 볼 때 조지오웰은 포스트모더니스트는 아니지만 일찍이 언어의 유희성을 간파한 사람이라고 볼 수 있다.

자본주의 사회의 공정한 기회와 능력주의는 또 다른 허구를 만들어 낸다. 능력중심주의 사회에서 승자나 패자는 모두 자신의 승패를 당연시하며 내가 잘나고 똑똑해서 너보다 잘 먹고 잘 산다는 착각에 빠지기 쉽다. 개인의 이기주의가 만연한 승자독식 사회는 무한경쟁을 조성하고 타인의 인격을 침해하며 무시한다. 이런 상황에서 벗어나 팀플레이를 하고 협조하며 더불어 사는 삶이 중시되어야 한다. 가치관과 철학, 비전의 문제이다. 그래서 사회에서 통용되는 언어의 질이 그 사회의 질이 된다. 마치 한 개인의 언어가 그 사람의 품격과 자질을 반영하듯이 사회에서 통용되는 언어가 그 사회의 질을 반영하는 것이다. 그 사회의 언어가 그 사회의 품격을 반영하기 때문에 사회 구성원을 통제하기 위해서는 그 사회에 통용되는 언어를 통제하면 된다. 이런 이유 때문에 언론이 사회의 여론 조성에 매우 중요하다. 언론인들의 역사적 사명 의식을 지녀야 하는 이유이다. 언론이 사회의 정신을 통제하고 조절하기 때문이다.

결국 인간의 정체성은 언어의 구조물이 된다. 우리 인생이 말하는 대로 이루어진다는 말은 이러한 사실의 반증이기도 하다. 그러나 언어를 맹신할 필요는 없다. 가령 노인이나 시니어라는 말은 우리를 무의식적으로 위축시킨다. 암병동이니 죽음의 병동, 장례식장과 같이 직설적 표현들도 우리를 암울하게 만든다. 60부터 80까지는 신중년이며 인생의 황금기고 제2의 인생이라는 표현은 활력을 불어넣어 준다. 똑같은 사실도 긍정적 표현이냐 부정적 표현이냐에 따라 엄청난 차이를 만든다. 마치 검은 얼굴을 "새까맣다"라고 하는 것보다 "건강미 넘친다"라고 하는 것이 호감을 주는 것과 같다. 따라서 해서는 안 될 말과 해야 할 말을 분명하게 구별해서 사용해야 한다.

인성과 능력이 면접에서 평가받을 때 중요한 요소가 그 사람의 언어적, 비언어적인 소통 능력과 메시지 전달이다. 면접학습에서 기획하는 획일적 방법이 아니라 자기만의 목소리로 겸손하면서 강력한 힘을 지니며 사람을 자석처럼 끌어당기는 매력을 지녀야 한다. 〈면접 필살기〉 〈면접 쪼개기〉와 같은 책을 외워서 입사에 성공하기란 매우 어렵다. 오히려 주체적이며 독립적으로 자신만의 성실성을 표현하기 위해서 긍정적 마인드와 낙관주의적 태도는 물론 도전과 열정적 행동이 중요함을 보여 주어야 한다.

앞서 언급한 현대미국소설가 폴 오스터(Paul Auster)의 『뉴욕삼부작』(New York Trilogy)에서 주인공은 수많은 정체성을 지니며 지속적으로 변하는 모습을 보여준다. 2부의 '유령들(ghosts)'이라는 제목이 시사하듯이 인간의 정체성이란 고정불변의 것이 아니라 지속적으로 변하는 언어의 구조물임을 극명하게 형상화한 작품이다. 우리는 수천 개의 가면을 쓰고 필요에 따라 카멜레온처럼 환경에 맞추어 변하면서 산다. 행복의 비결은 긍정적인 마음챙김이나 철학적 사유보다는 이러한 사고에 따른 실천과 행동에 있다. 언어가 긍정적이고 자기존중감을 고취시키는 기능을 수행하지만, 이러한 내적 통찰을 통해 실천과 행동을 하지 않으면 행복의 열쇠는 가질 수 없다. 그래서 심사숙고를 한 후 현명한 선택을 하면 곧바로 행동에 돌입해야 한다. 행동에 옮겨 실천하지 않는다면 이론이란 아무런 의미가 없다.

우리는 늘 도전과 응전 속에서 앞으로 진척한다. 즉 지속적으로 위험에 도전하고 실패하고 성공하며 또다시 실패하고 성공하기를 반복하면서 변화와 성장을 해야 한다. 인생의 최대의 위험은 편안한 환경에 안주해서 아무 일도 하지 않는 것이다. 그러면 우리의 인생은 망가지고 자아는 상실되어서 나를 잃어버린다. 우리는 언제나 자신의 고유가치를 인식하고 다른 사람과 차별되는 나로서 지속적으로 어려움에 도전하며 변화와 성장을 죽을 때까지 지속해야만 하는 것이다. 우리의 인생이란 끊임없이 새로운 자아를 찾아가는 여정이다. 성공적 인생이란 긍정적 경험과 즐거움, 성취감, 자신감을 생성하는 지속적 과정이다. 교육이란 힘들고 고통스럽게 해야 하는 것이 아니라 즐겁게, 긍정적 경험과 성취감 그리고 행복감을 동반하며 자발적으로 해야 한다. 수많은 사람들의 다양성과 개성 존중, 개개인의 잠재력을 개발해서 그들만의 길을 갈 수 있도록 해 주어야 하며 수직적 줄 세우기가 아니라 수평적이며 다양한 개성을 인정하는 사회가 되어야 한다. 이러한 교육이 평균의 종언이며 죽음의 종언이다.

언어의 신중한 사용이 무엇보다도 절실히 요구되는 사회이다. 긍정적이며 희망을 주고 품격을 높여주는 것이 바로 언어이다. 언어의 향기라는 표현이 있다. 매사에 투쟁적이고 남을 지배하려는 언어 사용은 자기중심적이며 이기적 자아의 관점에서 벗어나지 못하고 자기주장만 하는 사람에게서 자주 발견된다. 막말과 쌍욕으로 남을 압도하고 지배하려는 교활한 사람도 있다. 한번 뱉은 말은 주워 담을 수 없다. 우리는 진선미를 추구하고 윤리적이며 상호신뢰에 기반한 인간적 도리를 지키면서 살아야 한다. 언어의 잠정성을 인정하더라도 기본적 품위나 향기를 유지해야 하는 이유이다. 언어 사용 시 신중한 태도를 취하고 언어의 진지성과 유희성을 동시에 인식하고 사용해야 한다. 소중한 시간에 헛소리하며 시간을 낭비할 필요는 없는 것이다. 우리는 천 개의 가면을 쓰며 상황에 따라 적절히 대처해야 인간관계가 무난해질 수 있다. 나만의 개성 있는 목소리로 인생을 살아가야 한다. 내 인생은 내가 쓰는 이야기이다.

말과 글의 중요성은 아무리 강조해도 지나치지 않는다. 사고력, 현명한 선택과 행동, 의사결정능력, 자기결정권, 자기주도권이 있어야 하며 전문적 능력보다도 인간으로서의 품격이 중요하다. 또한 상대편의 대화에 숨은 메시지를 파악하는 능력을 개발해야 한다. 재치 있게 거절하고 공감하며 인간관계 형성에 지대한 영향을 끼치는 인간에 대한 존엄성을 근거로 언어스킬을 발달시켜야 한다. 비유나 궤변으로(언어의 유동성) 표현되는 언어의 실체와 윤리감각을 파악해서 선제적 공격이나 말실수를 수정해야 한다. 우리는 늘 언어를 다루는 마술사가 되어야 한다. 우리는 언어에 의해 조종당하는 꼭두각시가 아니라 언어를 조절하고 통제하며 언어를 사용해서 무한한 이야기를 만들어내는 마법사가 되어야 한다. 좋은 언어를 선택해서 운명의 종속자나 노예가 아닌 운명의 주인이자 창조자가 되어야 한다.

우리는 종종 허구적 진실을 마치 하나님 말씀처럼 신봉해서 자신을 억압하고 닫힌 세계에서 산다. 우리가 수없이 자주 듣고 거짓을 마치 진실처럼 잘못인식하고 있는 말은 너무나도 많이 있다. 언어가 얼마나 허구적인 진실을 전달하는지 예를 살펴보자. 다음에 열거한 문장들은 모두가 허위의식이다.

"지능은 타고나서 정해져 있다. 너는 안 돼. 학교성적이 하류부류인데 어떻게 교수가 되겠니? 꿈 깨고 일찍 포기해라. 인간의 뇌는 10%밖에 못 쓴다. 실수는 실패다. 의사는 전교 1등만 하는 것이다. 전교 1등은 만물박사이다. 머리가 엄청 좋으니까. 아는 것이 힘이다. 노인에게 새로운 기술을 가르칠 수는 없다."

이런 말들은 모두가 사람을 고정관념 속에 가두는 폭력적 언어들이며 지독한 허구이고 사기이다. 이처럼 진실을 왜곡해서 자신에게 부정적 자아를 심어주고 잘못된 삶을 살아가도록 할 수도 있는 엄청난 힘을 지닌 것이 언어이다. 잘못된 언어사용은 부정적 자아 즉 반자아를 형성해서 자신의 잠재력 개발을 억압하고 차단한다. 만일 이러한 거짓된 이념에 사로잡혀 자아를 상실하고 닫힌 세계에서 평생을 산다면 얼마나 후회스럽고 통탄할 일인가? 자신의 잠재력이 극히 일부분만 사용되고 나머지는 사장되어 죽는다면 얼마나 억울한가?

좋은 인간관계를 유지하려면 이성과 논리로 무장해서 항상 이기고 지는 관계가 되어서는 안 된다. 인간관계는 승자와 패자를 가리는 전쟁터가 아니다. 그런 사람은 결코 좋은 인간관계를 유지하거나 지도자가 될 수 없다. 공감과 소통이 중요하다. 언어를 자유자재로 가지고 놀 수 있는 언어의 마법사가 되어 부족하고 바보같지만 이해하고 공감하며 상대를 소중한 존재로 대우해야 한다. 반어, 아이러니, 유머, 다양한 문학적 표현들이 실생활에서도 인간관계에서 윤활유와도 같은 좋은 기능을 한다. 우회적이며 간접적인 표현들이 매우 중요한 이유이다. 화내거나 욱하는 성질, 조급한 음성, 어리석음 때문에 언어에 의해 농락당하는 사람이 되어서는 결코 안 된다. 모더니즘이 언어 사용에 대해 심각하고 진지하다면, 유희적 언어는 포스트모던한 방식이다.

언어는 우리를 병들게 하거나 파괴시키기도 하고 이념이나 사회적 합의에 가두기도 한다. 또한 우리를 풍부하고 아름다운 인생을 만들게끔 도와주기도 한다. 언어의 엄청난 힘을 늘 명심해야 한다. 어떤 언어를 사용할 것인가는 전적으로 당신에게 달려있다. 우리는 누구나 언어의 주인이 되어야 한다. 언어의 노예가 되어서 스스로 언어의 감옥에 갇혀 살지 말자. 만일 누군가가 당신을 무시하고 마음을 해치면 똑같은 언어로 상대편을 무시하고 해쳐서 당신도 상대편만큼 강하고 소중하다는 점을 알게 해야 한다. 이런 방법이 싫다면 그런 사람을 냉담하게 대하든가 무시하는 것도 한 방법이다. 상사나 선배와의 관계에서도 주인과 노예의 포지션을 취하게 되면 늘 괴롭고 무시당한다. 반드시 항의하고 기분이 나쁘다는 점을 표현해야 한다. 그렇지 않으면 그는 늘 당신을 괴롭히고 파괴시킬 것이다. 착하고 친절한 사람, 좋은 사람은 때로 자신의 기분이나 정서, 생각에 충실하지 못하고, 용기가 없이 수동적이기 때문에 남의 지배를 받기 쉽다. 때론 무례한 사람에게 공격적이고 단호하게 거절할 수 있어야 한다. 네 편 내 편이라는 이분법적 사고에서 벗어나 객관적이며 합리적 판단과 행동을 보여주고 인간적으로 공감과 이해를 해주면 된다.

특히 타자와의 관계에서 언어의 의미의 유동성 다시 말해서 언어의 유희성에 주목해야 한다. 사실 언어란 진실을 결코 전달하지 못한다. 많은 사람들이 비방이나 욕설을 들으면 엄청 화내고 살인까지 저지른다. 언어의 유희성을 모르고 진지성에 고정된 나머지 공기처럼 흘려보낼 수 있는 언어를 너무 심각하게 받아들여 일어난 비극이다. 그러나 언어는 결코 나에게 어떤 영향을 줄 수가 없다. 내가 수용하지 않으면 나에게 아무런 피해를 주지 못한다. 그래서 역으로 유머나 위트를 통해서 상대편을 제압할 수 있는 것이다. 어떤 언어적 공격에 대해서도 반대적 상황을 설정해서 물리칠 수가 있다. 상대편이 여러분에게 못생겼다고 말하면 너보다 10배는 잘생겼다고 받아치면 되는 것이다. 작은 고추가 맵다는 말도 있지 않은가. 언제나 단선적, 이분법적 사고를 버리고 역선택이나 역발상을 하는 이유가 바로 이것 때문이다.

언어는 사실적 정보전달만 하는 기능 이외에 비유적이며 함축적인 기능도 지닌다. 우리는 우리 인생에서 언어라는 마법지팡이를 가지고 율리시즈처럼 영웅적인 서사로 자기만의 역사를 써야 한다. 죽는 그날까지 최고의 나를 추구하며 매일 어제보다는 오늘이 나아지도록 잠재력 개발에 몰입해야 한다. 인생 최대의 사명은 바로 이것이다. 그래서 남과 비교하지 말고 오로지 어제의 나와 비교하라는 말이 성립되는 것이다. 사회의 이념적 프레임에 갇혀 자아를 상실하고 망상과 허상을 쫓아가다 자신의 잠재력을 전혀 발휘하지 못하고 심지어 자신에게 위대한 점들이 무한하게 많다는 점을 전혀 모르면서 노인이 되어 죽는다면 참으로 어리석은 인생이 될 것이다.

2

자아의 발견:

반자아(Anti-Self)와 이별하기

인생이란 언제나 자아와 반자아의 투쟁이다. 자아가 자신이 원하는 진정한 모습 즉 밝고 아름다운 모습이라면 반자아는 자기불신과 자기비판을 조장하는 부정적이며 어두운 세계다. 자아는 긍정적이며 희망적 세계라면 반자아는 부정적이며 파괴적이다. 우리가 조금이라도 방심하면 마음속에 반자아가 스며들어 거머리처럼 달라붙어 다닌다. 결국 우리의 마음은 반자아에 시달리다 악마의 먹이가 되어 죽음에 이른다. 따라서 밤하늘 반짝이는 별의 모습처럼 자신의 긍정적 자아상 확립이 무엇보다 중요하다. 인생이란 반자아와 이별하면서 진정한 나를 찾아가는 여행이다.

우리의 인생이란 마음속에 늘 대립적인 요소들이 갈등하는 전쟁터이다. 밤과 낮이 공존하는 것처럼 미와 추함, 기쁨과 슬픔, 성공과 실패가 늘 공존한다. 그래서 이분법적으로 갈라치기하기보다는 다양한 색깔의 공존을 믿으며 차이(다름)를 중시해야 한다. 하나의 존재에 무지개처럼 수많은 색깔로 이루어져 있듯이 사람의 마음도 다양한 모습을 지닌다. 적어도 우리는 인간을 단색이나 흑백이 아니라 7색 정도 이상으로는 볼 줄 알아야 한다. 그러나 무엇보다 인생에서 가장 본질적인 것은 자아와 반자아의 투쟁이다. 우리는 무의식적으로 자아를 비난하고 거부해서 자기 부정에 시달리기 쉽다. 생각이 감정을 만들어 낸다.『생각 멈추기』의 저자는 과거 심리치료에서 제시했던 분석적 태도를 버리고 현재의 상황에 집중하라고 권한다. 대부분의 사람들에게 아무런 생각 없이 현재에 충실하며 즐기는 일은 쉽지 않다. 허나 한번 현재의 일에 몰입할 수 있다면, 이는 천재가 되는 지름길이다.

대부분의 경우 무의식적 반자아가 자아를 몰아내고 진실처럼 군림하면서 자아는 상실되고 불행을 느끼며 유쾌한 기분을 상실한다. 이런 현상이 극단에 이르면 우울증에 걸리고 자아는 완전히 상실되어 파멸과 죽음 그리고 완전한 암흑에 이른다. 이런 점에서 자아를 찾아가는 여행은 인생의 목적이기도 하다. 인생의 목적이 무엇인가? 인생의 목적은 '나를 찾아가는 여행'이라고 당당하게 큰소리로 외치며 살자. 나를 찾아간다는 말은 사회가 타인과의 비교를 강요하거나 허위의식을 지속적으로 주입시켜 자아를 상실하게 만드는 길에서 벗어나야 함을 뜻한다. 즉 이러한 거짓 프레임에서 지속적으로 탈출해야 한다는 말이다.

그러나 인간은 완벽히 홀로 살 수는 없다. 사회의 구성원으로 살아가야만 한다. 그래서 일찍이 그리스 철학자 아리스토텔레스도 인간은 사회적 동물이라고 했고 데포(Defoe)의 소설 『로빈슨 크루소』(*Robinson Crusoe*, 1719)에서도 인간이 사회적 동물임을 보여준다. 이 소설은 무인도에서의 극한 상황을 이겨내는 생존소설이다. 그러나 크루소가 무인도에서 만난 일련의 모험들을 혼자서 극복한 것은 아니다. 그가 무인도에서 구해준 프라이데이(Friday)를 자신의 종으로 삼아 큰 도움을 받았으며, 영국 과학문명의 산물인 총도 그가 생존하는 데 한몫을 하였다. 물론 데포가 이 소설에서 보여주는 사회는 오늘날 우리가 사는 사회처럼 법과 질서에 의해 움직이는 문명사회가 아닌 이기적이고 본능적 욕구에 의해 움직이는 사회지만, 크루소가 생존을 위해 혼자만의 힘으로 살아남은 것이 아님은 명료하게 보여주고 있다.

그러므로 우리는 개인과 사회와의 관계 속에서 자아문제를 살펴보아야 한다. 사회 속에서 무슨 직업이든지 자기가 하고 싶은 일을 적성과 능력에 맞게 신나고 재미있게 할 수 있어야 한다. 내 스스로 독립된 사고로 주체적이고 능동적 판단으로 의대에 가겠다고 결정해야 한다. 돈도 많이 벌고 남이 알아주니까 의사가 되겠다고 의대에 진학한다면 자아를 상실한 것이다. 같은 의사라도 돈 버는 것 외의 목적 없이 의사 일을 하는 사람과 환자의 치료와 회복에 경이감을 지니고 의사 일을 하는 사람은 천양지차이다. 전자는 무미건조하고 지루한 삶을 살 것이며 후자는 즐겁고 만족스런 삶을 살 것이다. 따라서 진학지도는 자녀의 적성과 능력 관심 여부에 따라 이끌어야지 사회에서 잘나간다고, 수입이 엄청나다고 권유하거나 강요해서는 절대 안 된다.

이 장에서 '자아'란, 자신과의 대화 속에서 느껴지는 긍정적이며 희망적이고 발전을 도모하는 모든 의식과 무의식의 총합을 의미한다. 자아는 즐겁고 유쾌한 마음이며 생동감 있는 활력을 동반한 긍정적인 생각이다. 반자아란 부정적이고 발전을 저해하고 행동을 가로막는 모든 의식적, 무의식적 자기부정의 총합이다. 한마디로 반자아란 자신을 정신적으로 감금시키는 정신적 감옥이며 어둠의 힘이다. 누구나 반자아에 사로잡히면 우울증이나 자폐증 또는 망상으로 몸과 정신이 망가진다. 궁극적으로 한 인간이 반자아에 사로잡혀 노예가 되면, 자신을 파멸로 몰고 가면서 마침내 죽음에 이르게 된다.

우리의 삶은 자아와 반자아가 내면에서 충돌하며 이루어진다. 우리가 완전한 행복에 이르려 한다면 언제나 자아상태에 머물도록 노력해야 할 것이다. 이런 상태는 매우 이상적 모습이다. 하지만 일반적으로 정도의 차이는 있지만 자아의 긍정모드와 반자아의 부정모드가 수시로 교차하는 것이 우리의 삶이다.

요즘 ADHD(주의력결핍 과잉장애) 같은 부정적 자아상(반자아)을 지닌 사람들이 늘어나고 있다. 아이들은 물론 성인들까지 어려움을 호소한다. 이들에게 획일적으로 '과잉장애'라는 부정적 딱지를 붙여 화학적 약물이나 주사로 정신적 자율성을 훼손시키기보다는, 대화나 사랑으로 자연치료를 돕는 것이 훨씬 바람직하다. 물론 의술을 부정하거나 그 가치를 부정하는 것은 결코 아니다. 물리적 치료 이외에도 심리적 치료가 필요하다는 말이다. 그러나 안타깝게도 지금은 스피드 시대이고 이러한 인문학적 배려에 투자할 시간이 주어지지 않는다. 사실 이러한 질병은 스스로 자연과 더불어 구름처럼 물처럼 바람처럼 살면 저절로 회복될 수도 있다.

아날로그 시대를 넘어서 디지털 시대에 사는 우리 주변의 모든 면이 전산화되고 기계화되어가고 있다. 물론 디지털 시대가 주는 편리함은 어마어마한 것이다. 은행에 갈 필요 없이 스마트 폰이나 컴퓨터로 금융거래를 손쉽게 해결함은 물론, 스마트폰 하나로 음식 주문은 물론 비대면 강의조차 수강할 수 있다. 그러나 모든 인간의 활동에는 양면성이 있다. 특히 우리는 디지털 시대의 편리성에 도취되어 살고 있지만 디지털 악당(Villain)이라고 불리는 어두운 면이나 부작용도 간과할 수 없다. 요즘 청소년들은 물론 2030세대도 독서와 사색하는 능력이나 글을 쓰고 자신의 목소리를 독창적으로 표현하는 능력이 상당히 결여되어 있다. 디지털 시대에 자신의 진정한 모습을 노출시키지 않고 마스크(Mask)를 여러 겹 쓴 채 개인주의와 이기주의로 살아가기도 한다. 치열한 경쟁사회와 돈 중심 문화는 소외와 고독을 조장하며 현대인을 더욱 병들게 하고 있다. 한 시대의 언어는 그 시대의 사회상이나 시민의식을 반영한다. 우리 주변의 청년은 물론 청소년들이 쓰는 용어가 얼마나 거칠고 세련되지 못한가? 그래서 현대사회를 번아웃(Burn-out, 피로에 지친 사회) 시대, 코비드 19(COVID 19)로 인한 코로나 우울증 시대로 부르며 각종 정신적 질병으로 고생하는 사람들이 늘어나고 있다.

필자가 보기에 이러한 문제는 근본적으로 긍정적이며 올바른 자아상을 확립하고 자기존중감을 높여주면 저절로 치유가 이루어질 수 있는 부분이다. 현대사회의 질병치료 특히 정신적 트라우마의 치유는 정신과 의사에게만 맡길 수 없다. 이성과 논리로만 모든 사람을 획일적으로 진단하고 치료할 우려가 있기 때문이다. 모든 정신적, 육체적 질병은 인위적 치료보다 자연적인 치료에 중점을 두어 회복 탄력성을 키우는 것이 매우 중요하다.

이 말은 우리의 정신적, 신체적 질병의 근본적 원인이 내 자신의 내면에 있다는 점이다. 즉 자기 자신에 대해 무한한 사랑과 긍정적 시선을 지니며 스스로의 잠재력을 믿을 때 우리는 기분이 좋아지고 생산적이 된다. 각종 질병도 마법처럼 사라질 수 있다. 그러나 우리는 치열한 경쟁사회, 물질만능사회 그리고 과학기술을 지나치게 우대하는 사회에 살고 있어 모든 것, 심지어 우리 자신들까지 눈에 보이는 잣대로 획일적으로 평가한다. 그래서 자신을 사랑하고 자신을 가장 훌륭한 존재로 믿기가 어려우며 자기불신과 자기부정을 반복하다가 결국 반자아의 노예가 되어 수동적이며 패배주의적인 인생을 산다.

고도의 과학기술시대 안에서 우리는 이성과 논리로 오징어 게임과 같은 승자 독식주의적인 사회를 추구한다. 많은 사람들이 타자를 억압하고 진정한 자아를 상실한 채 반자아 상태에서 이념의 노예로 살아간다. 그래서 각종 질병이 쉽게 생겨 고통을 호소하며 병원의 의사를 찾아가는 것이다. 우리 대부분이 이용하는 병원과 의원은 의사에 의존하는 전문적 치료이며 이런 의료진들의 헌신이 인류 생명연장에 커다란 공헌을 한 것도 사실이다. 하지만 이러한 과학적 치료법은 인간의 이성과 논리에 근거한 인위적 치료법이며, 이러한 치료법은 모든 인간 개개인의 고유적 특성을 무시한 채 획일적이며 기계적으로 환자를 대한다. 환자는 이에 수반되는 부작용과 잘못된 치료로 평생 고통을 받을 수도 있다.

그래서 인간의 생명을 다루는 의사들도 인문학적 통찰이 필요하다고 본다. 현대인은 대부분 자아에 대해서 잘 모르기 때문에 의사의 획일적인 진단과 평가를 강요당한다. 과학기술이 고도로 발달할수록 인간의 삶도 획일화되어간다. 여전히 많은 사람들이 사람은 나이가 들수록 변하지 않는다고 믿는다. "늙은 개에게 새로운 기술을 가르칠 수 없다"는 표현은 이런 고정관념을 잘 표현해 준다. 그러나 자아란 결코 고정 불변의 것이 아니다. 사실 우리의 자아란 지속적으로 변화하며 생성되어가는 과정에 있다. 인생의 최대 걸림돌인 반자아에도 유전적 요소가 있지만 태반은 사회에 의해서 무의식적으로 생성된다. 자기를 억제하고 자기 자신에 대해서 부정적이며 비판적으로 자기부정을 하는 것이 반자아의 일반적인 모습이다.

의식적, 무의식적 세계에 싹트는 부정적 사고는 자신도 모르게 자신을 병들게 만들며 이러한 질병은 의사의 물리적, 기계적 치료로는 결코 완치될 수 없다. 특히 약물치료는 신경가소성이나 자연적 신경 메커니즘을 파괴할 수도 있다. 우리는 무의식적으로 늘 자신을 나약하게 만드는 부정적 사고에 사로잡힌다. 마음속의 부정적 사고는 깊이 생각하면 할수록 악마에 사로잡히듯 자신의 감정을 어둡게 잠식한다. 생각이 감정을 만들어 내기 때문에 무의식적으로 안 된다는 생각에 갇혀 도전하지도 못하고 자신을 가둔다.

자신의 신체에 대해서도 부정적 사고에 사로잡혀 앞으로 나아가는 것에 지장을 초래하기도 한다. 이런 것을 감정적 필터(affective filter)라고 부른다. 만일 여러분이 집중력 부족으로 학습성과가 저조하다든지 업무 성취가 부족하다면, 대부분 이러한 정서적 필터가 방해하기 때문이다. 그럼에도 불구하고 주변 사람들이나 심지어 본인조차도 스스로 '무능한 사람'으로 딱지를 붙인다. 이러한 현상을 두고 심리학에서 '부정적 편향'이라는 표현을 쓴다. 일반적으로 자신에 대한 긍정적 요소보다는 부정적 요소를 더 인식한다는 말이다.

언제나 자신의 신체를 사랑하고 긍정적 시선을 보내면 신체의 질병조차 나아진다. 행복한 생활과 성공적 인생을 살려면 누구나 신체적, 정신적으로 자신의 모든 면에 대해 긍정적이며 흐뭇한 미소를 던져라. 자기존중감은 이러한 자아긍정성에서 출발한다. 행복이란 사회적 성공이나 엄청난 부에서 생기는 것이 아니다. 타자와의 사랑스런 관계에서, 그리고 자신과의 관계에서 비롯된다. 늘 자신을 최고로 사랑하고 자신의 가치를 최고로 믿어라. 그렇게 하면 반드시 기분이 좋아지고 매사가 잘 풀릴 것이며 지혜의 목소리가 솟아오를 것이다.

그럼에도 불구하고, 우리는 대부분 상당한 시간을 시간낭비에 불과한 쓰레기 같은 생각에 사로잡혀 보낸다. 이런 생각은 습관화되어 자신을 마약처럼 사로잡는다. 습관화된 나쁜 생각을 버리기만 해도 인생이 즐거워질 것이다. 이런 반자아 상태가 심해지면, 포크너 소설의 퀜틴처럼 과거에 사로잡혀 현재를 상실한다. 통제불능 상태가 되어 반자아의 노예로 평생을 살아가야 한다. 필자의 판단으로 이러한 상태는 인생에서 가장 비극적인 일이며 참으로 슬프고 불행한 일이다. 나쁜 생각의 대부분은 실체가 없음에도 부정적 자아, 소위 반자아를 만들어 내어 기분을 우울하게 하거나 어두운 생각으로 삶을 잠식한다. 이러한 상태가 심해지면 신체적 질병을 얻어 죽음에 이를 수도 있다. 마치 선량하고 매력적인 지킬이 하이드에 의해 악마로 변신하며 망가지듯이 자아가 반자아에 의해서 사망하고 만다.

그러므로, 우리는 언제나 생각버튼을 자아가 중심이 되는 파란불 모드로 유지해야 한다. 파란불 모드는 청신호 즉 긍정모드이다. 반자아 즉 부정모드인 빨간불 적신호는 언제나 나를 망치는 지름길이다. 생각버튼(마음버튼) 스위치를 빨간불이냐 파란불이냐로 결정할 수 있는 사람은 오로지 당신뿐이다. 허나 이 스위치가 전등을 켜고 끄는 것처럼 기계적이라면 누가 고통스럽게 살겠는가? 마음버튼의 스위치는 쉽고 간단하게 내 마음대로 움직여 주지 않는다. 심지어 대부분의 사람들은 나에게 이런 마음버튼 스위치가 있는 줄도 모른다.

우리는 지속적인 자아성찰과 자기인식을 통해 변화와 성장을 도모해야 한다. 이것이 우리의 인생 목표이며 가장 중요한 사명이다. 이런 인생 목표가 성공적으로 달성되기 위해서 마음버튼은 자동모드로 늘 청신호에 가 있어야 한다. 나는 인간이면 누구나 부정적 생각이 없을 때 늘 기분이 좋은 상태를 유지할 수 있다고 믿는다. 그러나 이것은 이상적인 상태이기에 우리는 수시로 감정의 유동성을 경험한다. 마음버튼은 곧잘 나도 모르게 빨간불로 바뀌어 있다. 대부분의 사람들이 쉽게 화를 내고 쉽게 웃는다. 내 마음의 빨간불과 파란불을 작동시키는 사람은 나지만, 자유롭게 파란불 모드를 늘 유지하기는 매우 어렵다는 말이다. 부정적 사고인 반자아가 지배하는 빨간불 모드에 사로잡혀 늘 하이드의 모습으로 괴로워하다 죽는 사람도 있다.

그러나 우리는 누구나 자기수양이나 자기인식을 통해 지속적 수련을 하여 대체로 늘 기분 좋은 마음의 파란불 상태를 유지할 수 있다. 이러한 상태는 잔잔한 바다와 같은 마음의 평정 상태이다. 마음의 평화나 고요는 성인이나 수행자들이 추구하는 최고의 상태이며 어떤 상황이나 사건이 닥쳐도 동요하지 않는 경지이다. 반자아에 사로잡혀 어둡고 우울한 생각에 빠지면 정신은 물론 육체에도 치명적 질병이 생긴다. 오로지 정신적 사유의 건강함만이 육체적 건강을 만들며, 육체적 건강은 다시 정신적 건강을 만드는 상호보완적 관계에 있다. 실제로 육체와 정신은 하나라고 생각하는 사람도 있다.

인간은 누구나 양면적인 모습을 지니며 소위 야누스적 특성이 있다. 우리 마음속엔 지킬과 하이드가 내재해 있다는 말이다. 선량하고 성실하며 정직하고 용기 있는 진정한 자아가 동전의 한 면이라면, 또 다른 한 면의 모습은 잔인하고 야성적이며 광기에 사로잡힌 반자아이다. 지킬박사와 하이드의 두 모습은 이러한 자아의 이중성을 문학적으로 형상화한 모습이다. 지킬박사는 친구나 동료, 주변사람들에게 인정받고 존경받는 선량하고 성실한 과학자라면, 하이드는 잔인하고 광기어린 자기파괴적 괴물이다.

자아는 나의 본모습이며 내가 원하는 이미지이다. 인식능력이나 학습능력과 같은 능력을 우리는 지적능력(IQ)라고 부른다. 그러나 인간의 정신능력은 다양하며 오늘날 다중지능이론이 보편적으로 수용되고 있다. 취업이나 학업능력이 주로 지적능력에 의존한다면 사회적 성공에 중요한 역할을 하는 것은 공감과 사회적 소통능력이다. 즉 정서적 안정감을 고양하는 감성능력, 정서지수(EQ)

이다. 여기에 행복한 삶을 구성하는 또 하나의 중요한 능력이 있다. 살면서 터득하는 지혜와 삶의 가치와 의미 그리고 행복추구와 관련된 영적능력(SQ)이 그것이다. 이렇게 대표적 3가지 능력이 삼위일체가 되어 조화를 이루고 총체적으로 긍정과 변화, 발전을 모색하는 자아가 이상적 자아상이다. 자기신뢰가 바탕이 되어 있고, 현실적인 인식 능력, 진선미의 통합, 독립적이면서 어떠한 일에도 흔들림 없이 타인을 있는 그대로 존중하되 확고한 중심이 있어 나만의 길을 갈 수 있는 모습, 이상적 자아상이란 바로 이런 것들이다. 그래서 우리는 대통령이나 판사, 의사, 교수, 사업가, 음악가, 예술가들이 얻는 외부적 성공과 출세를 인생의 최대의 목표로 삼기보다는, '나를 찾아가는 여행'을 인생의 최대 목표로 해야 하며 그렇게 할 때 누구나 행복한 인생여정을 경험하게 된다. 그래서 우리는 모두 영웅이며 우리의 인생은 영웅의 여정이 되는 것이다.

알다시피 우리를 가두고 우리를 불행하게 만드는 것은 반자아이다. 우리는 쉽게 부정적이며 자아 비판적인 사고에 무의식적으로 사로잡힌다. 반자아는 얼핏 보이지 않기 때문에 자신조차도 자아를 상실하고 반자아의 노예가 된 것을 모른다. 반자아에 잠식된 자신과의 내면적 대화 안에서 능력의 한계를 설정하고 자기가 못났다고 평가한다. 겉으로 보기에 자기가 생각하는 완벽한 이상적 모습이 아니라고 지속적으로 자기비판을 하기 때문이다. 현대사회가 제공하는 다양한 영상매체에서 보여주는 이상적 인간상을 그리기 때문에 무의식적으로 이런 이미지와 비교해서 자신이 뚱뚱하고 못생겼으며 능력이 없다고 결론짓고 이는 타고난 운명이라고 스스로 한정한다. 이러한 반자아는 비현실적인 것이며 철저히 환상이자 몽상이다. 신경증적 자기불신과 같은 부정적 정신세계이며 환영이다. 그럼에도 불구하고 한 인간을 허무주의, 무기력, 우울증에 빠지게 만들고 결국은 육체까지 망가트려 폐인으로 전락하게 한다.

미국 소설가 셔우드 앤더슨(Sherwood Anderson, 1876-1941)은 그의 단편소설 모음집 『와인즈버그, 오하이오』(*Winesburg, Ohio*, 1919)에서 다양한 양상의 불구적 인간상을 그려내고 있다. 이 소설의 부제 '엽기석인 사람들 모음집(The Book of the Grotesque)'이 암시하는 바처럼 주인공들은 한결같이 모두가 잘못된 관념과 병적이고 편집증적 사고로 정신적, 육체적으로 병든 삶을 살고 있다. 그들의 삶을 결정하는 잘못된 관념은 대부분 자신이 설정한 허상이며 두려움으로 가득 찬 엽기적이며 비정상적인 뒤틀린 마음의 세계이다.

이런 반자아가 강한 사람은 대체로 양극성을 지닌다. 그중 한 부류로 타자에 대한 이해와 공감과 더불어 긍정적 관계를 맺는 삶을 중시하는 인문학적 통찰 없이 지나친 자만심으로 에고가 극대화된 사람들이 있다. 이런 사람들은 자신이 잘생기고 명문대 졸업생이며 높은 지위와 급여를 받는 것 때문에 우월의식과 오만함으로 가득 차서 대인관계나 사회생활에서 스스로 자기를 망가트린다. 하나님을 자처하는 악마의 모습이기도 하다. 한마디로 가짜 똑똑이들이다. 이런 사람은 언제나 타인을 지배하려고 하기 때문에 이런 사람들과 교제할 때는 사전에 강한 모습으로 역펀치를 날려 선을 긋고 심하면 절교할 필요가 있다. 이런 부류의 사람들은 당신의 인생에 전혀 도움이 되지 않는 사람이기 때문이다.

한편, 이와는 반대로 스스로 자신을 멸시하고 자기혐오에 빠진 사람들이 있다. 이들은 지나치게 소심하고 수동적이며 잠재력 개발을 하지 못했기 때문에 하위층에서 남의 지배를 받으며 낮은 보수로 고생하며 이것이 팔자라고 생각하며 산다. '송충이는 솔잎을 먹고 살아야 한다'는 그럴듯한 거짓 가치관을 지니고 있다. 이런 반자아에 지배당하는 사람은 닫힌 사고로 인해 남과 다른 차이를 인정하지 않고, 자신이 아니라 사회나 타인에게 인정받기를 갈망하며, 자신과 다른 사람은 악담과 욕설로 공격하며 독기를 뿜는 어두운 속성이 지배하는 사람이다.

인간의 내면세계는 지속적인 자아와 반자아의 투쟁으로 이루어진다. 자아란 자신에 대한 긍정적 시선이며 반자아란 자신에 대한 부정적 시선이다. 자아는 나의 이상적인 모습, 내가 되고 싶고 하고 싶은 일이나 멋진 행동을 하는 모습이다. 자아는 현재의 내 의식이다. 쉽게 말하면 자아란 내가 내 자신에게 해주는 긍정적 이야기이다. 그래서 즐거운 상상력을 발휘하여 하루하루 자신만의 좋은 이야기를 만들어가야 한다. 늘 가장 멋진 자신의 모습을 그리며 아름답고 멋진 행동을 한다면 실제로 그렇게 된다.

그럼에도 불구하고 우리는 반자아라는 어둠의 세력에 구속되어 자기부정을 하며 부정적인 감정에 매몰된다. 불안함, 걱정, 미래에 대한 두려움, 과거에 의해 축적된 온갖 분노, 슬픔, 죄의식 이런 것들이 자아를 억압해서 현재를 온전히 즐기지 못하게 된다. 자아란 지금 이 순간에 몰입해서 온전히 삶을 즐기는 상태이며 긍정적이고 참된 것이지만, 반자아는 부정적 사고에 의해 현재에 오롯이 집중하지 못하게 하고 거머리처럼 달라붙어 자아를 억압하고 괴롭히는 것이다.

반자아에 사로잡혀 자아의 세계로 조금도 이동하지 못하는 이, 우리는 그런 이들을 미쳤다고 한다. 한마디로 미친 사람이란 정신적 불구자이며 반자아의 감옥에 갇혀 사는 사람들이다. 종교단체에서 이런 사람들이 귀신들렸다고 퇴마의식을 거행하는 것도 이와 같은 맥락에서 이해할 수 있다. 모든 부정적 감정에서 완전히 벗어난 의식상태, 오로지 현재에 몰입할 수 있는 상태, '지금, 여기 오늘을 잡아라'라는 마음 상태가 자아라면, 반자아는 의식이 정지된 상태, 자기혐오적이며 폭력적 광기에 지배당하는 파괴적 모습을 지닌다. 전자가 유동적이며 유기적이라면 후자는 정체되고 경직된 마음 상태이다. 반자아에 사로잡힌 사람은 삶의 의미상실로 인해 어두운 세력에 함몰되어 늘 불만과 부정과 투덜거림 속에서 산다.

반자아는 무의식에 뿌리를 두기 때문에 자아와 반자아가 싸우면 반드시 반자아가 이긴다. 이것을 심리학 용어로 '부정적 편향'이라고 한다. 그래서 어둠의 세력이 언제나 빛의 세력을 지배하는 것처럼 보이는 것이다. 그것은 나의 자유의지와 무관하게 나를 파괴시키는 어둠의 힘이다. 이기적이며 파괴적인 동물적 욕망이기도 하며 오랜 사회 경험 속에서 투영된 거짓된 자아이기도 하다. 이런 반자아를 벗어나는 유일한 방법이 반자아의 허구성과 악마성을 강하게 인식하고 늘 마음버튼을 자동으로 청색신호로 가게끔 두는 것이다.

많은 사람들이 자신이 반자아의 노예상태라는 사실을 전혀 인식조차 하지 못한다. 그들은 반자아 상태에서 허우적거리며 팔자나 운명 탓을 한다. 평생 그렇게 사는 것이 숙명이라고 믿는다. 심지어 반자아가 자신의 잠재력을 가로막아 능력이 발현되지 않았는데도 자신을 무능한 시지프스처럼 평생 바위를 산으로 올리면서 육체적 정신적 혹사를 당하면서 고생하다가 죽을 사람이라고 단정한다. 결국 스스로 만든 자화상이지 않은가? 자신도 모르는 무의식적 신호가 부정적 에너지를 발산해서 자아의 신체적, 정신적 건강을 망기트리고 소극적이며 부정적 세계에 머물게 한다. 상자에 갇힌 사람이며 사회가 주는 부정적 신호가 내면화된 사람이다. 아무 일도 아닌 평범한 일에도 부정적 에너지가 다가가 지속적으로 정신세계를 사로잡고 강박증이나 편집증, 환상을 실재라고 믿는 정신분열증 등 정신적 질병이 생긴다. 늘 소심하고 무기력하며 불안해서 남의 비위를 맞추며 자아를 완전히 상실한 사람이 될 수도 있다.

반자아에 사로잡힌 사람은 두 가지 형태의 극단을 보인다. 자아를 상실하고 수동적으로 사회의 틀에 갇혀 좋은 것은 다 빼앗겨

버리고 무골호인이 되는 경우, 즉 착한사람 콤플렉스를 지닌 사람이 그중 하나다. 자신을 상실했음에도 스스로 착한 사람이라고 생각하며 천국에 간다고 자부심을 지닌다. 그는 감정이 마비되고 삶의 의미를 상실한 바보에 다름없다.

이와는 반대로 억울하고 부정적인 감정을 누르고 누르다가 결국 그 감정이 폭발해 괴물이 되어 버리는 사람, 멋지고 아름답거나 잘나가는 사람을 파괴하거나 전혀 모르는 사람들을 죽이기도 하는 악마와도 같은 미친 자가 있다. 우리는 이러한 심리적 현상을 마조히즘(Masochism)과 사디즘(Sadism)으로 표현한다. 마조히즘은 자아를 심하게 학대하는 자기혐오나 자기부정적 모습이 드러난 것이며, 사디즘은 외부로 폭발해서 타인을 괴롭히는 영락없는 하이드의 모습을 뜻한다.

이러한 반자아의 세계, 어둠의 세력 즉 악마의 세력을 물리치려면 지속적으로 프레임 부수기와 더불어 변화와 성장을 도모해야 한다. 소위 유리멘탈(나약한 정신력)이 아니라 다이아몬드 멘탈(강인한 정신력)을 지녀야 한다. 그러기 위해 가장 중요한 것이 강한 자기신뢰와 확고한 믿음을 가지는 것이다. 그러려면 한쪽 어깨에는 자기존중감을 달고, 다른 한쪽에는 마법지팡이인 언어의 마법사를 대동해야 한다.

자기존중감이란 하루아침에 돈을 주고 사서 얻을 수 있는 것이 아니다. 언어의 마법을 부리는 마법지팡이도 마찬가지다. 이것들은 순식간에 훔쳐낼 수 없다. 만일 완전한 행복에 이르는 두 가지

열쇠를 누구나 손쉽게 공짜로 얻을 수 있다면 세상에 불행한 사람이 어디 있겠는가? 허나 만일 여러분이 진정한 성공과 행복한 삶을 얻고 싶으면, 반드시 이 두 가지를 소유해야 한다. 나를 찾아가는 영웅의 여정에 반드시 필요한 두 가지 도구이기 때문이다. 아무리 사회적 성공을 하여 높은 지위와 물질을 획득한 억만장자라도 이 두 가지가 없다면 결코 인생의 여정에서 성공한 것이 아니다. 그는 불안하고 불행하여 늘 불쾌한 기분과 폭력성이 따라다닐 것이다. 거듭 말하지만 행복의 열쇠는 '나를 찾아가는 여행'에 있다. 결국 모든 사랑 가운데 가장 근본적이고 중요한 것은 자신과의 긍정적 대화로 인해 생성된 자신과의 사랑이다. 자아존중감을 지닌 사람만이 자신의 잠재력을 충분히 개발할 수 있으며 이웃과 세계로 사랑을 전파하는 사랑 전도사가 될 수 있는 것이다.

반자아란 어두운 자아 즉 부정적 자아이다. 지신의 진짜 모습을 방해하는 거짓자아이기도 하다. 반자아는 외면적으로 사회의 이념(허위의식)에 의해서, 또는 내면적으로 자기혐오나 자기불신, 자기학대에 의해서 이루어진다. 오랜 세월에 걸쳐 무의식적으로 자신에게 투영된 부정성 때문에 자아를 상실하고 반자아가 자신인 것처럼 믿고 말하고 행동한다. 그러니 우리 모두 자아에 대한 성찰이 필요하다. 반자아에 함몰하면 자기를 비난하고 멸시해서 결국 파멸에 이르고 신체적 질병까지 얻어 죽음을 맞는다. 늘 부정적 사고에 사로잡혀 우울한 인상과 슬픈 표정으로 무기력하게 살아간다. 출세를 못 하고 시험에 낙방하고 돈을 못 버는 일에 심각하게 마음 쓸 필요가 없다. 자아를 온전히 보전하는 사람은 독립적이고 주체적이며 능동적이어서 자기만의 목소리를 지니며 순간의 따스한 햇볕과 새소리, 바스락거리는 바람소리나 다람쥐소리에도 만으로도 충분히 행복할 수 있다.

매일매일 마음속에 긍정적이며 낙천적 이야기, 희망적 이야기를 쓰자. 이것이 진정한 자아이다. 반자아는 어둠의 그림자이며 부정적이며 악의적인 자기 파괴적 요소이다. 다른 누구도 흉내를 내거나 모방하지 말고 나 자신이 되어라. 내 신체의 생명력, 심장 뛰는 소리, 호흡소리, 피가 흐르는 소리에 귀를 기울여라. 내 가슴이 시키는 대로 실라. 어느 누구도 두려워할 필요가 없다. 나를 찾아가는 여행은 언제나 신나는 모험이다.

전문가니 박사니 권위자니 사회의 저명인사나 노벨상 수상자들, 그들이 하는 말에 목을 맬 필요가 없다. 그런 라벨이 주는 허위의식에 주눅들 필요도 없다. 그런 사람들은 특정 분야에서 우수한 사람이지, 다른 분야는 나보다 부족할 수 있는 근본적으로 나와 다른 사람이다. 내가 가지고 있는 이 독특한 자아는 이 세상에 유일하게 오롯이 내 것이다. 내가 얼마나 소중하고 대단한 존재인가. 나의 고유성을 사랑해야 한다. 보는 방식을 달리하면 두려움이나 불안은 사라진다. 하나의 시선이나 잣대가 아니라 다양한 시선에서 다양한 잣대로 나를 바라보자.

여러분 자신은 누구나 창조자이며 작가이자 이야기꾼이기에 자신만의 독특한 이야기를 만들어 가야 한다. 당신은 한 우물만

파는 사람, 고정관념에 갇혀 사는 사람이 아니라 늘 틀을 깨고 변화와 성장을 하는 사람이기에 지속적인 '나를 찾아가는 여행'을 해야 한다. 완전한 행복이란 외부가 아니라 내면의 세계 즉 자신의 마음가짐에 있다. 같은 사건이라도 관점을 달리하면 상반되는 기분이 존재한다. 생각이 감정을 유발하기 때문이다. 그래서 우리는 감정의 노예가 아니라 감정의 주인이 되어야 한다. 감정의 주인이 된다는 것은 여러분 스스로 감정을 통제한다는 의미이다. 유쾌한 기분을 만드는 것은 타인이 아니라 내가 되어야 한다는 사실을 반드시 명심해라. 그러면 분노의 노예가 아니라 기쁨의 주인이 된다. 반자아의 노예가 아니라 자아의 진정한 소리 즉 자신의 목소리를 내는 주인의식을 가지게 된다.

완전한 행복은 자아가 반자아를 누르고 자기신뢰와 평화가 가득하며 스트레스로부터 자유롭고 자신감, 학습능력이 최적화되는 상태이다. 정의적(정서적) 필터가 최소화되었을 때 자기변화와 성장이 이루어진다. 이상적 교육은 단순지식과 기술습득이 아니라 개인의 총체적 발전, 즉 신체적, 정신적, 정서적, 영적 발전의 통합적 비전을 목표로 하는 전인간적 성장과 변화를 추구해야 한다. 한 인간의 잠재력 개발은 제한되고 한정된 경직상태에서 벗어나 자신의 삶을 변형시킬 수 있다는 믿음에서 출발한다. 교육은 삶의 의미와 목적 그리고 삶의 가치에 중점을 두어야 하며, 사회적 성취압력이나 출세, 돈 벌기에서 벗어나 개인의 자유추구와 타자와의 조화, 지역사회와 자연과 더불어 사는 마음을 개발하도록 이루어져야 한다.

　가령 진정한 자신의 모습을 글로 써보자. 나는 참으로 잘생기고 신체도 아름다우며 정신세계 또한 고결해서 악을 싫어하고 비윤리적 행동에 저항하며 늘 세상의 아름다운 면을 본다. 그래서 늘 행복하다. 내가 사는 이곳이 바로 천국이다. 우리는 이렇게 반복해서 이야기할 수도 있다. 그럼에도 불구하고 내면세계의 경계를 소홀히 하고 약한 마음을 보이면 언제나 반자아가 귀신처럼 나의 내면에 무의식적으로 스며든다. 반자아는 "너는 김태희보다 못생겼어. 너는 머리가 나빠서 10년을 해도 공시에 불합격이야. 너는 대통령이나 대장이 아니고 아무리 노력해도 결코 교수나 장관을 할 수 없어. 그런 것들은 천재들이 하는 거고 운명적으로 신이 정해준 거야"라고 부드럽게 속삭인다.

　인간의 삶과 운명은 신이 점지해주는 것인가? 아니면 자유의지에 의해서 만들어지는가? 오랜 세월 동안 논쟁이 된 질문이다. 전자는 문학사조에서 이야기하는 자연주의 문학의 핵심을 이루며 우리 인생이란 우연과 운명, 우주의 내재적 의지에 달려 있다고 본다. 후자는 모든 운명은 내 자신에 의해서 결정되기 때문에 내 인생의 현재 모습은 내 탓이라고 생각한다. 그러나 우리의 삶을 좀 더 객관적으로 관찰하면, 우연과 선택 그리고 부단한 노력이 모두 모여 이루어짐을 알 수 있다. 다양한 요인과 행운에 의해서 자신의 의지와 무관하게 결정되기도 하고 나의 의지에 따라 변하기도 한다.

우리 인생은 어디에 달려있는가? 우리는 지속적으로 우리의 희망과 꿈과 도전을 가로막는 반자아에 시달리고 있다. 그래서 혹자는 행복과 성공에 이르는 비결로 '부정적 생각 멈추기'를 주장한다. 하지만 전술한 바처럼 반자아를 내 마음대로 몰아내기가 쉬운 일이 아니다. 자신도 모르게 마음속에 스며들어 순식간에 나를 지배하기 때문이다. 우리는 무한한 능력을 개발할 수 있음에도 불구하고 반자아에 사로잡혀 우리의 한계를 지속적으로 설정한다. 이러한 생각에는 유전적이며 환경적 요소가 작용한다. 그럼에도 불구하고 지속적 자기성찰과 정신적 자각을 통해서 진정한 자아를 찾아갈 수 있는 것이며 이것이 우리의 인생 목표가 되어야 한다.

그렇다면 사회적 성공과 엄청난 부를 이룬다면 높은 평판과 더불어 행복이 따라올 수 있을까? 반드시 그렇지는 않다. 남에게 군림하고 자랑하기 위해, 우수함을 과시하기 위해 그것들을 추구했다면 불행하다. 왜냐하면 자신을 상실한 채 외부의 시선에 맞추어 살았기 때문이다. 자기가 진정 좋아하고 하고 싶은 일을 하며 사는 사람에게 참된 행복이 존재한다. 그러기 위해 가족, 사회, 국가나 서적들이 제공하는 각종 편견의 굴레에서 벗어나야 한다. 사회는 지속적으로 서열을 정하며 승자와 패자를 구별하고 강요해서 개인의 자아를 말살한다. 사회의 온갖 프레임으로 여러분을 포승줄에 묶고 자아를 완전히 상실한 채 로봇이나 노예처럼 살아간다면 인생은 실패작이다.

그러므로, 우리는 이러한 부정적 자아 즉 반자아와 용기 있게 투쟁해야 한다. 투쟁의 승리는 자본가와 노조의 대립과 갈등에 있는 것이 아니라 내 자신의 내면세계 속 자아와 반자아의 대립과 갈등에 있다. 자신과의 대화에서 자아의 승리를 거두어 자기신뢰와 능동적 기쁨으로 긍정적 에너지를 끌어들이면 언제나 운이 찾아오고 복리로 성공이 배가된다.

우리는 늘 언어로 생각한다. 그러니 나 자신만의 독특한 언어로 재미있는 이야기를 지속적으로 만들자. 나는 멋지다. 나는 사는 게 정말 재미있다. 그렇게 말하자. 19세기 미국시인이며 미국 민주주의 형성에 지대한 영향을 끼친 월트 휘트먼(Walt Whitman)의 시집 『풀잎』(Leaves of Grass)에 수록된 '내 자신의 노래'를 들어보자.

내 자신의 노래

내 자신을 찬양하고 내 자신을 노래한다.
그리고 내가 취하는 모든 것을 너도 취하리라.
나에 속한 모든 원자는 너에게 속한다.
나는 한가하게 내 영혼을 초대한다.

나는 한가로이 지내며 내 영혼을 초대한다.
나는 편안히 몸을 기대고 한가로이 여름풀의
이파리를 바라본다.

내 혀, 내 피의 원자는 이 흙, 이 대기에서 태어났고

여기서 나는 부모에게서 태어났고 나를 낳아 준 부모도

마찬가지로 그들의 부모에게서 태어났으니

나는 이제 서른일곱 살의 온전히 건강한 몸으로

죽는 날까지 멈추지 않기를 바라며 시를 쓰기 시작한다.

종파나 학파는 내버려 둔 채

그들이 어떻든 간에 만족하니, 잠시 물러나서,

그러나 잊어버리진 않으리라.

좋든 싫든, 모두를 허용하고, 모든 위험을 무릅쓰고,

본래 타고난 힘으로 거침없이 자연을 말하리라.

Song of Myself

I celebrate my self, and sing myself.

And what I assume you shall assume,

For every atom belonging to me as good belongs to you.

I loaf and invite my soul.

I lean and loafe at my ease observing a summer grass.

My tongue, every atom of my blood, form'd from this soil, this air,

I, now thirty-seven years old in perfect health begin

Hoping to cease not till death.

Creeds and schools in abeyance,
Retiring back a while sufficed at what they are, but never forgotten
I harbor for good or bad, I permit to speak at every hazard,
Nature without check with original energy.

생각은 언어로 한다. 내면의 나 자신과의 대화이다. 부정적 생각에 먹이를 주지 않을 때 우리는 긍정적이며 즐거운 상태에서 현재 이 순간을 최대로 잘 보낼 수 있다. 자아란 획일적이며 정해진 것이 아니라 유기체처럼 늘 수시로 변화한다. 우리는 풍부한 어휘로 더 멋진 생각을 할 수 있다. 언어를 배우고 그 언어로 생각을 하기 때문이다. 결국 인생이란 자신이 만드는 언어로 어떤 생각을 하는가에 달려 있다. 자신에게 스스로 사랑에 빠질 정도로 매력적인 사람이 되는 것은 자아의 확장에 의해 이루어진다.

다양한 반자아 세력에 의해 자아를 상실하면 괴롭고 고통스러워하다 어둡고 부정적인 세계 속에서 인생을 마감한다. 못생기고 추하더라도 뛰어난 언어 사용 능력과 겸손을 지니면 아름답다. 차가운 논리와 깐깐함으로, 잔인하고 비이성적인 세력을 물리쳐야한다. 우리는 운명의 순응자가 아니라 운명의 창조자이다. 내 생각은 내가 선택해야 한다. 결국 내 생각이 언어의 구조물이 되어 만들어낸 내 이야기가 나이다. 우리는 지속적으로 좋은 이야기를 창조해 나갈 수 있다. 내가 어떤 이야기를 쓸 것인가는 내가 결정해야 한다. 결국 매사에 자기결정권이 있어야 한다. 현대 사회의 보이지 않는 구속은 다양한 요소로 존재한다. 따라서 이념적인 문제들, 허구를 사실로 인식하는 문제에 대한 각성이 있어야 한다. 반자아에 의해 포로가 되면 마치 우리에 오래도록 가두어 둔 호랑이처럼 본연의 자아를 상실하고 무기력하고 아무런 의욕이 없는 이가 되어 버린다. 판단력, 도전력을 상실한 바보 멍청이가 되고 만다.

지루하고 고달프며 비생산적인 일조차도 재미있고 생산적으로 느끼게 되는 방법도 언어로 이루어진다. 어떤 일이 있어도 자아를 단단하게 붙들고 있어야 한다. 만일 여러분이 강인한 정신력을 상실한 채 바보처럼 착하기만 해서 어두운 자아 즉 반자아에 사로잡힌다면 불행을 선택하고 말 것이다. 누구에게나 똑같은 사건이 발생하여도 사람마다 반응은 천차만별이다. 극단적으로 자아의 긍정적 시선이냐, 반자아의 부정적 시선이냐에 따라 능동적이며 활력이 있는 삶을 살 수도 있고, 몸과 마음을 파괴시킬 수도 있다.

누구나 이런 사실을 알고 있음에도 쉽게 자신이 자신을 통제하지 못한다. 이런 부정적 반자아를 벗어나는 일이 바로 마음 다스리기이다. 나에게 좋은 이야기, 좋은 허구를 창조하는 일이다. 사회에서 보내는 온갖 부정적 시선이나 신호를 차단하고 자신에게 긍정적 신호와 긍정적 시선을 주어야 한다. 지혜는 부정적 사고에서 결코 생겨날 수 없다. 반자아란 결국 자신의 무한한 가능성과 잠재력을 억압하고 차단해서 변화와 성장을 막는 자기파괴적 요소이다.

인생을 숙제처럼 부모가 원하고 사회가 원하고 학교가 원하는 방향으로만 산다면 결국 자아를 완전히 상실할 것이다. 어린아이들처럼 자유롭게 하고 싶은 일을 하며 살아야 한다. 우리는 태어나 사회 안에서 길들여지면서 점차 동심에서 멀어져 자신을 잃고 사회가 요구하는 대로 산다. 의무와 책임감에 잠식당해 공무원 시험에 떨어졌다고 죽기도 한다. 이념이란 이처럼 무서운 것이다. 스스로 자신을 책망하며 닦달하는 인생은 부정적이며 암울할 것이며 사회적으로 출세해서 외면은 빛나더라도 자아를 상실한 삶이다.

누구나 즐겁게 내가 원하는 행복한 삶을 살아야 한다. 그러기 위해서 자신에 대한 긍정적 태도, 즉 자아를 강하게 유지해서 힘과 에너지가 들어차야 한다. 사회에 의한 이념과 편견, 고정관념을 주입당해 겉으로 보면 행복한 것 같아도 불행한 삶을 사는 이가 많다. 감정은 스스로 선택하는 문제이니 언어에 휘둘려 맥 빠지고 좌절하고 병들고 불행하다면 먼저 자아성찰이 필요하다. 우리는 다양한 성격과 개성들이 충돌하는 사회의 장에서 쉽게 좌절하고 자기부정을 겪는다. 진정한 자아를 지키기 위해서는 의식혁명을 이루어야 한다. 혁명은 강하고 독립적이며 주체적 사고에서 출발한다. 확고한 믿음을 기초로 하기 때문이다. 완전한 행복에 이르는 길에 진입하려면 자기를 사랑하고 긍정하며 수용하라. 무한한 자신감과 도전의식 속에서 성장하는 자아를 가꾸고 늘 자신을 칭찬해서 기분이 유쾌해야 한다.

다른 한편으로 자신을 미워하고 부정하며 잠재력의 개발을 차단하는 어두운 세력인 반자아는 자신에 대한 불신과 부정적 태도에서 자라난다. 생각에 생각을 거듭하는 나머지 환상과 허상에 사로잡혀 마침내 개인을 죽음에 이르게 한다. 자신이 만든 감옥에 스스로 갇혀 인생을 낭비하고 쓰레기와도 같은 삶을 산다면 얼마나 슬픈가? 나쁜 생각, 환상, 무의식적 트라우마는 우리를 지속적으로 괴롭혀 아무 일도 못하고 반자아의 포로가 되게 한다. 이런 상황은 심각한 정신질환을 초래할 수 있고 약물과 뇌수술 같은 물리적 치료법을 한다 해도 근본적 변화가 없으면 일시적 약처방인 것이다.

그러나 자신의 생각은 자신이 선택할 수 있다. 생각이 습관을 잉태하고 습관은 운명을 결정한다. 같은 상황이라도 인간에 따라 다양한 반응을 한다. 어두운 그림자는 결코 현실이 아니다. 자신이 만든 어두움이며 반자아이다. 두려움, 의심, 실패도 결국 자신이 만드는 어두운 그림자에 지나지 않는다. 감옥에서 형기를 마치고 나오는 죄수는 하늘의 반짝이는 별이나 한낮의 태양과 자유를 볼 수도 있고, 비가 내리는 흙탕물을 볼 수도 있다. 자아를 중시하는 사람은 낮에는 태양에서 희망을, 밤에는 별에서 즐거움을 볼 것이다. 반자아에 사로잡힌 사람은 태양이 밝게 빛나도 어두운 시궁창을 보며 밤하늘에 별이 보여도 어두운 지하실에 갇혀 산다.

우리는 왜 자아를 상실하고 어두운 반자아에 함몰되어 인생을 망치는가? 무의식적으로 자신에 대한 부정적 생각에 빠져들기 때문이다. 인생의 행복과 불행은 외부가 아닌 외부에 대한 자신의 반응에 있다. 결국 '내 자신의 내면세계가 얼마나 건강한가? 내 자신을 얼마나 사랑하는가?'에 달려 있다. 자신을 비판하고 자신을 부정하면 반자아가 나를 구속하고 마비시킨다. 부정적 생각이 스며들면 그냥 흘러가도록 내버려두라. 매일매일 이 순간이, 오늘이 마지막 날인 것처럼 현재를 즐기며 살자. 부정적 감정들은 내면이 위험에 처했다는 경고의 소리이다. 그래서 메타인지(meta-recognition)가 필요하다. 메타인지란 자신이 의식하고 있는 것에 대한 자의식이다. 그러니까 자신이 부정적 세계에 사로잡혀 환상 속에 머물고 있는 모습을 거리를 두고 바라보는 관찰자의 인식이다. 이것이 바로 의식의 혁명이며 의식의 혁명이 없이는 결코 변화와 성장을 할 수가 없는 것이다.

우리는 사회의 틀이나 제도, 수칙에 맞게 살도록 가르치는 이념교육에 물들어 결국 자아를 상실하고 기계적 삶을 살기도 한다. 학창 시절 힘들게 공부해서 의대나 약대에 진학한 후 평생 환자를 대하며 박스에 갇혀서 약을 파는 삶이나, 공학박사로서 책임 연구원으로 일하며 지루하게 보이는 삶도 시각에 따라 양극을 이룬다. 만일 의사와 약사가 환자의 고통의 질곡에서 해방시켜 주고, 공학박사가 새로운 연구를 통해 사회에 공헌하며 기쁨과 즐거움 그리고 뿌듯한 행복을 느낀다면 성공한 삶이 아니겠는가? 사회적 이념성에 갇혀서 사회가 바라는 대로 사는 것이 우리가 진정 누리고 싶은 삶인지 돌아보자. 다들 골프와 테니스를 친다고 나도 골프와 테니스를 치면 행복한가? 이성만 발달해서 공감하고 소통을 못하며 다른 이의 소중한 삶을 무시하고 잘난 척하거나 거만함으로 일관하는 삶은 얼마나 어리석은가? 50억 아파트와 벤츠를 지녔지만 싸우고 갈등하기보다는, 가난하더라도 시골의 경치 좋고 아름다운 곳에서 서로 사랑을 나누며 화기애애하게 사는 것이 더 행복할지 모른다.

마음챙김은 자신에게 긍정적 주파수를 맞출 때 언어에 의해 형성된다. 마음챙김은 감정과 정서, 사고력, 언어와 행동, 몸과 마음을 사로잡는다. 행운의 신호음으로 마음 밭에 무성한 잡초가 아닌 낙원처럼 밝고 아름다운 꽃들을 심는다. 성숙된 자아란 정서적이나 윤리적으로 안정감을 지니고, 평상심을 유지하면서 지적이고 영적인 자신의 정체성을 만들어 내는 자아다. 일상에서 오감의 중요성을 느끼고 영적 에너지의 송출로 황홀감, 우아함, 경이감 등을 경험하는 것이다.

우리는 과학기술이 지배하는 기계문명 속에서 획일화된 잣대와 비교의 파도에 휩쓸려 자아를 상실해 간다. 모든 인간이 스마트폰과 소통하고 인간 대 인간의 소통은 어려운 시대이다. 세상살기가 더럽게 재미없다고 하며 우울증에 빠져 고생하기도 한다. 반자아는 무의식적으로 발생되기 때문에 이성이나 논리적 사고보다 우위를 점해서 나를 움직인다. 어두운 자아가 논리적이며 합리적인 밝은 자아를 쉽게 이길 수 있는 이유이다. 우리는 첨단 과학기술에 의해 경쟁이 심화되어 반자아를 키우는 시대에 살고 있다. 쉽게 타인을 언어로 재단해서 소의 엉덩이에 낙인을 찍듯이 우수와 불량으로 인간의 등급을 정한다.

그래서 누구나 극심한 생존경쟁(rat race)에 참가해서 영혼이 병들어가고 아무리 노력해도 불행하다. 마치 내가 반자아 자체인 것처럼 느껴진다. 인생은 변화와 성장 속에 즐거움이 충만하여야 한다. 살아있는 매 순간 순간이 기쁨과 경이감에 휩싸여야 한다. 그러나 반사아, 즉 부정적 세력은 참된 자아, 내가 하고 싶은 자아를 억압하고 심지어는 내 자신을 죽음에 이르게 한다. 우리는 이러한 사실에 주목해서 늘 자아를 지속적으로 성장시키면서 반자아와의 이별을 연습해야 한다.

우리가 살고 있는 시대에서 앞으로 가장 중요해질 분야는 유전자 편집 분야와 인공지능 분야이며 짧은 시간 내 눈부신 발전이 예상된다. 유전자 편집으로 슈퍼맨이 출현할지도 모른다. 인공지능은 수학 ,공학, 의학, 설계, 심지어 법학과 같은 분야에서도 인간의 능력을 훨씬 앞서고 있다. 로봇에 의한 원격 소총으로 타깃이 되는 인물을 정확히 암살할 수 있다. 3천 원짜리 앱을 설치해서 3천만 원 이상이 되는 종업원의 월급을 줄일 수 있다. 이렇듯 앞으로의 2~3년은 과학기술상 유례없는 엄청난 변화를 야기할 것이다. 책상과 의자 그리고 칠판에 의한 암기식, 지식주입식 교육은 이제 더 이상 아무런 쓸모가 없다. 인터넷을 검색하면 금방 알 수 있는 단순한 지식을 외우는 일은 시간낭비이다. 대학교육에서도 대혁신과 변화가 요구되고 있다. 사고력, 창의력, 비판력을 키우는 교육이 이루어져야 하며, 무엇보다도 고정관념이나 틀에 갇힌 사고에서 벗어나 열린 사고를 할 수 있어야 한다. 이제 단순히 문제를 푸는 기능이 아니라 문제를 궁극적으로 해결하고 또다시 문제를 제기하는, 인공지능이 못 하는 일을 해야 한다. 무인자동차가 나오면 인간은 자동차 안에서 잠을 자야 하나 게임을 해야 하나? 우리는 인공지능시대에 어떻게 살아가야 하는가? 인공지능시대, 과학기술시대에 가장 경계해야 하고 주목해야 할 것이 바로 자아의 상실이다. 자아회복을 위해서 이제 이성과 논리로 추론하는 좌뇌의 기능은 물론, 직관과 감성을 중시하는 우뇌의 성능도 개발해야 한다.

'나는 누구인가' 하는 정체성 문제는 많은 소설의 주제는 물론 인문학자들의 주된 관심거리다. 자아 정체성의 문제는 우리가 '한 번뿐인 인생을 어떻게 살까' 고민하는 것과 깊은 관계가 있기 때문에 누구에게나 1차적 관심이 된다. 흔히들 하고 싶은 대로 살고 싶다고 말한다. 하지만 인간은 사회적 동물이고 더불어 살아야 하기에 생각이 다르면 충돌이 생기고 심하면 싸우거나 살인까지 저지른다. 그래서 법과 경찰이 존재하고 부모와 자식 사이, 형제나 친구 사이에도 손절이나 단절이 있지 않은가. 오늘이 어제보다는 낮고 내일은 오늘보다 나아져야 한다는 방향성이 없으면 인생은 혼란스럽고 망가지기 쉽다. 무엇하러 돈을 벌고, 무엇하러 출세하고, 무엇하러 공부하나? 나는 왜 사는가? 이 문제에 답이 없다면 동물적 본능으로만 이루어진 이기적이며 탐욕스럽고 잔인한 괴물로 전락한다. 망가진 인생이다.

우리는 각기 고유의 자아를 가진 매우 소중한 존재이다. 자연스러운 상태, 늘 깨어있고 행복한 상태, 고요한 마음의 상태에서 유쾌함과 경이감이 스며 나온다. 고통과 괴로움, 시기와 질투는 생각과 마음이 만들어낸 부정적 측면이다. 진정한 자아로 살지 못하고 고통과 불행 속에 살게 한다. 자신을 흠모하고 사랑하는 존재 니르시스처럼 '이니오'가 이니라 '예스'를 외치자. 인생이란 본질적으로 부조리하다. 앞장에서 언급한 『고도를 기다리며』의 주인공처럼 무목적적인 기다림이 인생이다. 그럼에도 불구하고 의미를 만들며 가치를 생산하려는 것이 인간이다. 이런 점에서 생산적이며 긍정적 아이디어를 창조한다는 것은 매우 중요하다. 긍정적 아이디어는 높은 상상력에 의해서 생겨나는 것이며 누구나 있는 그대로 자신의 소중함을 발견하고 상상력을 개발하면서 개성을 갖고 살아가면 성공한 인생이다.

그럼에도 불구하고 사회가 우리 자신의 고유성을 지속적으로 말살해 간다. 각종 허구화된 이념으로 프레임 씌우기, 마치 소의 엉덩이에 도장을 찍듯이 인간 개개인의 고유성을 무시하고 사회가 부여하는 라벨로 인간을 분류하고 사회의 부속품으로 전락시킨다. 그래서 개인은 쓰레기 같은 생각에 사로잡혀 스스로 쓰레기를 만든다. 자신의 진실된 모습을 상실해 가면서도 자신은 잘하고 있다고 허위의식에 사로잡혀 산다. 지기존중감도 상실하고 방향과 목적성을 상실한 채 하루하루 사회의 부속품 역할을 성실히 수행한다.

정말 무서운 것은 이러한 사실을 모른 채 자신이 스스로 잘 살아가고 있고 바람직한 사회의 구성원이라고 생각하게 되는 경우다. 필자는 한때 소장학자(少壯學者) 시절 원로 교수의 수려한 외모와 학문적 열정과 업적에 감탄해서 그의 사고의 추종자가 되려는 생각을 했다. 참으로 어리석은 일이다. 지금처럼 그를 객관적으로 거리를 두면서 본다면 그는 그렇게 완전무결한 사람이 아닐 수도 있다. 다양한 각도에서 다양한 잣대로 사람을 보고 그가 나보다 별로 대단한 점이 없다는 사실을 보기도 해야 한다. 사람은 자기가 스스로, 자신의 마음이 가는 대로 자신의 악기를 연주해야 한다. 다른 사람이 시키는 음만을 내서는 결코 안 된다. 기초적인 과정을 배운 후에는 선생과 결별해서 분명하게 자신의 목소리를 보여줄 줄 알아야 한다. 그렇지 않으면 자아를 상실하고 선생의 꼭두각시가 되어 그를 추종하는 것을 넘어 그의 사고 아래 놓이게 된다.

이처럼 주체적이고 독립적 인생을 살아가려면 스스로 생각하는 힘을 기르고 비판적 사고와 창의적 사고를 길러야 한다. 그리고 특정 이론이나 이념에 사로잡혀 꼭두각시가 되는 것을 경계해야 한다. 어느 누구라도, 비록 조금 부족하여 광대처럼 웃음거리가 되더라도 자기 생각과 자기의 행동, 자기의 철학과 주관으로 살아가야 한다. 팔려가는 당나귀의 우화처럼 결국 당나귀를 물에 떠내려 보내듯이 자아를 상실해서야 되겠는가? 동네사람들, 주변 사람들의 말을 그대로 따르기보다는 잘 듣고 스스로 판단해서 잘못된 것은 아니라고 거절하는 용기도 필요하다.

우리는 쉽게 사회는 치열한 생존경쟁의 장이라고 믿으며 다양성과 고유성을 무시한 채 모든 인간들을 한 줄로 세우려고 한다. 소위 수직적 사고를 형성하는 것이다. 이러한 획일화와 인간성 상실을 초래하는 가장 강력한 무기가 바로 언어다. 언어는 잘못된 자아나 파괴적 자아를 만들고, 세균처럼 인간을 가종 스트레스와 질병에 시달리게 만들 수 있다. 다이아몬드 멘탈이 아닌 유리 멘탈을 주입해 마음에 상처를 받게 할 수 있다. 평생 우리에 갇혀 있었던 코끼리처럼 우리의 문을 열어주어도 빠져나오지 못하게 한다. 유튜브 같은 인터넷 매체에 지속적으로 등장하는 온갖 허구적인 글들이 우리의 두뇌를 병들게 한다. 대한민국의 대학교를 서열화하여 스스로 자신을 열등하다고 생각하고 소의 엉덩이에 도장 찍듯이 지잡대나 지거국이란 표현을 서슴없이 하고 많은 이들이 이에 공감한다. 숫자와 점수놀이의 극한을 보여주는 병든 사회의 단면이다. 온갖 허위적인 내용이 당신의 두뇌를 세뇌시켜 병들게 만들고 당신을 지배하려고 한다.

이 세상을 살아가면서 가장 주요한 두 가지 무기는 자기존중감과 마법지팡이라고 말했다. 인생을 나라는 영웅의 여정이라고 볼 때, 수많은 괴물과 악한들과 싸워 이기며 내 자신의 품위를 유지하고 멋진 여행을 하려면 자기존중감이라는 정신적 무기 그리고 내 자신의 노래를 부르며 고통을 극복할 수 있는 언어라는 마법지팡이가 필요하다. 이 마법지팡이는 사용법을 잘 알아야 하기 때문에 쉽게 지닐 수 있는 것이 아니다. 1장에서 고찰한 언어의 속성을 잘 이해해서 언어의 노예가 아니라 언어의 주인으로 살아야 한다.

자기 존중감과 마법지팡이 없이 무작정 험난한 인생행로를 걸어갈 때 우리는 각종 질병과 스트레스로 병들고 지쳐버린다. 병원과 약국에서 과학적 치료를 받지만 병이 나으려면 몸과 마음의 협동이 원활해야 하며 무엇보다도 치료의 95%가 의사보다 자기 자신에 달려 있다는 것이 보편적 진실이다. 치료의 대부분이 의사의 손이 아니라 내 손에 달려 있다. 내 몸을 전적으로 의사에게 맡기면 나는 아무런 주체가 없는 의사의 실험대에 놓인 재료일 뿐이다. 그래서 의학적 치료도 중요하지만 인문학적 치유가 필요하다.

『1984년』에서 보여주듯이 인간의 고유성을 말살하고 획일적 전체주의로 사회화하는 가장 강력한 도구가 언어다. 소설 속 사회에서 '전쟁'은 '평화'이며 '자유'는 '노예화'이고 '무지'가 '힘'이 된다. 우리가 사는 사회는 자신에게 밥 한 그릇 안 사준다고 나잇값을 하라는 참으로 고약하며 아이러니컬한 사회다. 착하고 선한 사람은 무차별적으로 이용당해서 바보나 호구가 된다. 교활한 이기주의자가 언어로 타인을 이용해서 자신에 유리하게 사용하기도 한다. 상대편의 이익을 위해 무조건 희생을 할 수는 없다. 아무리 진선미를 추구한다고 해도 타인에게 이용당해서 꼭두각시가 되어서선 안 된다. 우리 각자는 고유의 소중한 존재이기에 희생양이 되어서는 안 되는 것이다. 이용하는 놈이 나쁜 놈이지만 이용당하는 사람도 잘못이다. 한 사회의 질은 소통되는 언어의 질에 달려있고 한 인간의 품격 역시 그 사람이 사용하는 언어에 의해서 드러난다. 내 몸은 내가 관리해야 하듯이 내 마음은 내가 관리해야 한다. 그렇지 않으면 다른 사람들이 나의 몸과 마음을 마음대로 이용하고 황폐화시킨다.

앞서 말했듯 병의 회복에 있어 실제로 의사의 진단과 치료는 5%이며 나머지 95%가 환자의 몫이라는 점에서 볼 때 내 몸은 내가 관리해야 하며 내 마음도 내가 관리해야 한다. 몸과 마음, 육체와 정신은 밀접한 상호 관계가 있기 때문에 스스로 독립적 사유를 해야 한다. 스스로 주인이 되어야 한다는 말이다. 때로는 단호해야 한다. '아니오'라는 단호한 거절도 필요하다. 그렇지 않으면 자아를 상실하고 타인의 지배를 받는다.

누구나 배우건 못 배우건, 부유하건 가난하건 자발성과 독립성 그리고 주체성을 지니고 살아야 한다. 모든 새가 저마다 고유의 새소리를 내듯이 자기만의 고유 목소리를 내야 한다. 가수 프랭크 시나트라의 명곡 〈My Way〉의 가사 중에도 "자신이 되지 못하면, 아무런 의미가 없지요(if not himself, then he has naught.)"라는 구절이 있다. 우리는 누구나 휘트먼의 시처럼 '자기만의 노래(song of myself)'를 불러야 한다. "하나님 이외에 나보다 더 소중한 존재는 없다"고 주장하면서 자아의 중요성을 알고 자신에 대한 무한 사랑과 신뢰를 보내야 한다. 남에게 충고하지 말고, 수동적으로 맹목적으로 믿지 말고 각자의 고유성을 인정해 주자. 늘 긍정적 사고와 변화하는 성장모드에 내 인생을 맞추고 살자. 긍정모드와 성장모드, 이것이 성공과 행복의 비결이다. 모든 병은 마음에서 시작된다. 그러려면 수직적 사고에서 수평적 사고로의 전환이 급선무이다.

나는 나를 무척 좋아한다. 나를 있는 그대로 사랑한다. 내가 원하고 잘하는 일을 해서 밥 먹고 살아가는 데 타인의 잔소리를 들으며 살 필요가 전혀 없다. 나는 이 세상에서 유일무이한 존재이기 때문에 더욱 나를 사랑한다. 나를 사랑한다는 의미는 나의 이기적 욕망에 사로잡혀 닫힌 생각에 갇혀 사는 것과 전혀 다르다. 자아를 발견한다는 의미는 십인십색을 인식하고 수평적 구조로 모든 인간을 고유한 존재로 이해하는 것이다. 자신의 행복과 무관하게 무조건 공부를 잘해서 의사, 법관, 사업가가 되기를 꿈꿀 필요는 없다. 우리는 누구나 사회의 수직적 구조에 대해 저항해야 한다. 정신노동이 육체노동보다 반드시 좋은 것은 아닌데도 우리는 유교사상의 전통에 젖어 아직도 정신노동을 육체노동보다 위에 둔다. 허나 타인과 사회를 건강하게 하고 도움이 되는 일이라면 모든 노동은 똑같이 신성하다. 나만의 브랜드를 찾아서 신체적, 정신적으로 건강하고 보다 나은 내일을 위해 한 발자국씩 나아가면 된다. 삶은 살 만하고 인생은 아름답다. 매사에 긍정적 태도를 지니면 새로운 시각과 관점이 보인다. 정신노동도 육체노동

못지않게 엄청 힘들다. 그래서 노동이라는 표현을 쓴다. 하지만 자신이 좋아하여 도전하면서 성취욕을 느낀다면 일과 노동이 놀이가 된다.

나는 젊고 건강하기 때문에(아이러니컬하게도 이 책을 쓰는 필자는 지금 65세를 넘겼다) 내 욕망이 추구하는 모습, 내가 하고자 하는 일을 경이감과 유쾌함, 황홀함을 가지고 추구해야 한다고 생각한다. 자신이 자아에 대해서 스스로 생각하는 것이 중요하지, 인위적 나이는 하나의 딱지에 불과해서 나 자신을 구속시킨다는 생각이다. 우리가 사는 21세기는 60~75세까지는 신중년이라 칭하고, 이를 넘어서 75세 이상이라도 노년이라는 표현을 기부한다. '노년의 종말'이라는 말까지 나온다. 이러한 생각은 매우 긍정적이다.

자아 이미지를 확고히 세워라. 최고의 부자는 내면의 힘을 기를 때 나온다. 아무리 돈이 신인 사회이며 칼 맑스의 주장처럼 물질이 정신을 지배한다 하더라도, 생존에 필요한 일정한 물질이 토대가 되면 정신적 부가 물질적 부를 압도한다. 19세기 미국의 초절주의자 소로(H.D. Thoreau,1817-1862)의 말처럼 아름다운 것, 의미 있는 것을 찾아야 오로지 돈에만 관심 있는 물질주의자가 되어선 행복하기가 불가능하다. 진정한 행복은 감사하는 마음, 더불어 함께 하는 마음, 이타주의 정신에서 나온다. 뇌과학적으로 보면 세로토닌이 많이 분비되기 때문이다. 될수록 많은 사람들에게 칭찬하고 격려하며 좋은 말을 하자. 늘 긍정적 심리로 기도하고 행동하는 사람이 행복하다. 말버릇이 성공에 중요한 이유이다.

결국 우리의 자아라는 정체성이란 언어의 구조물에 다름 아니다. 자기가 자신에 대하여 수행하는 대화, 그것이 바로 당신이다. 우리는 외모가 그 사람이라고 생각한다. 하지만 외모를 인위적으로 가꾸기보다 좋은 생각, 좋은 행동으로 자신만의 아우라가 우러나와야 한다. 한평생 물리적 외모 가꾸기에 바치는 시간과 에너지 소모는 우리가 세상에서 해야 할 진정으로 가치 있는 일과 의미창조를 방해한다. 나르시시스트의 삶이고 참으로 헛된 인생이다. 자신의 얼굴을 이리 깎고, 저리 깎고 분칠해봐야 늑대는 늑대의 모습을 숨길 수 없다. 베스트 셀프(Best Self), 다시 말해서 숨은 잠재력을 개발하려면 강력한 언어의 힘을 이용하라. 최고의 자아 이미지를 창조하라. 상상력에 의한 꿈의 실현은 인생의 최대 기쁨이다.

그러므로 누구나 미국시인 월러스 스티븐슨(Wallace Stevens, 1879-1955)의 말처럼 '우수한 허구(Supreme Fiction)'를 창조해야 한다. 의사나 장관이나 노벨상 수상자라도, 대통령이라도 나보다 소중하지 않다. 그들도 다 약점이 있으니 나보다 못한 점이 있단 말이다. 그러니까 나는 하나님이 최고로 사랑하는 최고의 존재이고 내 자신만의 삶은 그 자체로 의미가 있으며 바로 오늘 지금의 삶이 영웅의 여정 그 한가운데인 것이다. 마치 평범한 소시민 레오폴드 블룸(Leopold Bloom)이 조이스의 영웅 율리시즈(Ulysses)가 되듯이.

늘 유쾌함과 기분 좋은 상태를 유지하자. 모험과 도전으로 이루어진 신나는 인생을 살다 보면 80~90세에도 뇌는 변화한다. 여러분이 반드시 명심해야 할 것은 좋은 느낌, 좋은 기분이 여러분의 의지와 이성을 이긴다는 점이다. 자기암시이다. 늘 긍정적 시선으로 변화와 성장 모드를 가동시켜 오직 어제의 나와만 비교하고 다른 사람들과 비교하지 말자. 나만의 고유성을 즐기자. 세상에는 돈이 인생에서 가장 소중하다고 생각하는 물질주의자도 있고, 통나무 속 행복을 주장하는 디오게네스를 거론하며 정신적 가치를 중시하는 사람도 있다.

이제 인간의 수명이 백 세를 넘어서고 '노화의 종말'이라는 표현까지 등장하는 시대다. 죽음의 종언이다. 60이 넘으면 인생의 저녁이 아니라 오후의 시작이며, 후반전에 돌입하는 시기인 것이다. 축구경기에서 자주 보듯이 후반전이 경기의 승패를 가른다. 인류의 위대한 업적은 60% 이상이 60세 이상의 나이를 가진 이들에 의해 성취되었다는 연구 결과도 있다. 꿈은 클수록 좋다. 정신과 의사인 이시형 박사는 90에 가까운 나이에 의사라는 직업을 수행하면서도 100권 이상의 저서를 냈다. 물론 누구나 이시형 박사의 삶을 흉내 낼 필요는 없다. 그 사람은 그 사람 나름의 고유의 개성과 가치를 지니고 살기 때문에 나와는 다른 사람인 것이다.

완전한 행복에 이르기 위해서는 수동적이며 환경에 휩쓸려 살기보다 주체적이고 능동적 태도를 지향해야 한다. 그렇다고 자아에 지나치게 관대해서는 안 되고 사람이 보든 안 보든 엄격한 절제능력을 길러야 한다. 자아를 신뢰하고 무한한 잠재력을 개발하기 위해서 최선을 다하면서 적극적이며 능동적 자세를 견지해야 한다. 주어진 대로 살다가 안전하게 노후를 보내겠다는 생각에서 벗어나 하고 싶은 일에 진정으로 몰입할 때 경이감으로 살아있는 기쁨을 느낄 것이다. 수동적이지 않고 능동적인 인생의 태도다. 매 순간마다 전력을 다하는 삶이며 결과는 신경을 쓸 필요가 없다. '에몬스 징크스'라는 용어가 있다. 성공에 지나치게 집착한 나머지 결정적인 순간에 긴장과 불안으로 실수를 범해서 그동안의 노력이 물거품이 되는 현상을 말한다. 사격선수인 에몬스가 결승에서 불필요한 긴장과 불안으로 믿기지 않는 실수를 했던 일화에서 비롯된 용어다. 희망과 긍정적 사고로 유쾌하고 즐겁게 주어진 일을 실행하자. 아무리 물질적으로 풍요로워도 희망이 없고 목표가 없으면 인생이 힘들고 정신이 망가진다. 아무리 빈곤해도 현재 자신이 계획한 일을 하고 또한 하고 싶은 일을 최선을 다해 수행하면 반드시 행운의 여신이 나에게 미소를 짓는다.

진정한 자아는 자기존중감, 자신감 그리고 야망을 갖고 높은 이상과 목표를 지향하는 삶을 추구하면서 형성된다. 우리는 지속적으로 나를 버리고 다시 찾고, 버리고 또다시 찾아가는 여정에 있다. 그리고 이러한 여정에서 인생에 대한 경이감과 만족감, 행복감을 얻을 수 있다. 물론 무의식적으로 부정적인 자기불신에 사로잡힐 수도 있다. 그렇기에 자기불신이라는 반자아의 모드에서 꾸준히 벗어나 진정한 자아를 지속적으로 찾아가야 한다. 가능성의 불신, 두려움, 회의나 의심과 같은 부정적 요소는 반자아이다. 자신감은 정신적 자질이다. 세상사는 인과법칙에 의해서 이루어진다. 내 인생이 모두 우연이라고 생각하기보다는 원인과 결과에 주목하면서 즐겁고 긍정적이며 행복한 마음의 평화를 추구하라. 누구나 효율적으로 일을 처리할 수 있는 능력이 있다. 인간의 정체성은 생각이 만들어낸 존재이다. 나는 나를 좋아한다, 나는 정신적이나 육체적으로 건강하고 매일매일이 행복하다, 이렇게 마음의 강력한 힘, 언어의 힘, 지금의 힘을 믿어라.

내일의 성공을 위해 현재의 행복을 희생하지 말자. 무조건 앞만 보고 달리지 말고, 주변의 아름다운 경관을 즐기면서 살자. 무감각한 인생이나 판에 박힌 일상에 대해 패배감이나 공허함, 무기력한 환상에 젖어 살면 우울증에 시달리며 소중한 인생을 낭비할 것이다. 날카로운 현실인식이 필요하다. 순수함과 열정을 상실하고 욕심과 이해득실에만 사로잡혀 산다면 그 인생은 실패작이며 어두운 그림이다. 밝고 빛나는 인생을 위해 자신의 하루에 만족할 줄 알면 행복하다. 매일매일이 새날이다. 따라서 오늘, 지금 이 하루를 소중하고 감사하게 받아들이고 유쾌하고 만족스럽게 보내야 한다. 값진 인생이란 자신을 사랑하는 삶을 뜻한다. 자신이 좋아하는 일 하기, 이것이 진정 내가 원하는 인생인가 돌아보기, 유쾌한 기분과 의미를 주는 목표 세우기, 최선을 다해서 성공하기, 욕심이 없는 담백한 시선을 가지기 등이 이런 삶을 구성한다. 지나치게 경쟁적이고 남을 의식하여 강박적 완벽함과 최고만을 추구하는 인생을 살지는 말자. 최고의 추구란 단지 어제보다 오늘이 나아지면 만족하는 것이며, 오로지 나 자신과 비교해서 매일 조금씩 발전해 나가는 것이다. 불완전함을 인정하자. 부족함을 정면으로 대하자.

인간의 삶이란 진정한 자아인 제1자아(자아)와 거짓자아인 제2 자아(반자아) 사이의 부단한 투쟁이다. 부정적인 생각에 사로잡히면 자아는 순식간에 사라지고 반자아 즉 어두운 자아가 눈 깜짝할 새 자신을 구속해 버리는 경험을 모두 해봤을 것이다. 2~3초도 안 되는 짧은 시간 안에 부정적 사고는 긍정적 사고를 몰아낸다. 대개 가 무의식적으로 이루어지며 진정한 자아를 몰아내기에 이에 완전히 함몰당하면 평생을 체념으로 보내고 고정된 틀에서 살아갈 수도 있다. 정말 멋있고 매력적인 사람이라도 제2자아라는 반자 아가 스며들면 어둡고 우울하며 불평과 불만이 가득차서 꺼림칙한 분위기를 풍기게 된다.

따라서 인생을 살아가며 늘 스스로를 관찰해서 어두운 자아가 자기를 구속하고 있지 않은지 살피는 메타인식과 자아의식이 필요하다. 어둠을 이길 수 있는 강인한 정신은 강한 자기신뢰에서 나온다. 주체적이고 독립적 사유가 없는 사람은 전문가의 말에만 귀를 기울이는 맹종을 추구하여 야성을 지닌 자아를 상실하고 수동적이며 온순한 순응주의자가 되어 버린다. 반면에 부정적 자아를 몰아내고 진정한 자아 찾기에 힘쓰면 유쾌하고 기분 좋으며 언제나 기쁨과 즐거움으로 활력이 넘친다. 인간은 생각하는 동물이기보다는 감성의 동물이며, 즐거운 기분은 행동과 기억 그리고 합리적 사고에 지대한 영향을 준다. 이런 사람은 좋은 습관이 몸에 배어 좋은 일이 덩굴째 굴러온다. 독자들이여! 어깨를 올바로 하고 허리를 똑바로 펴며 보무도 당당하게 잊혀버린 자아를 찾아서 나아가자. 완전한 행복에 이르기 위해서는 긍정적이며 희망적인 자아상 확립이 무엇보다 중요하다. 결국 정신적 부유함을 갖추거나 정신적 부자가 됨은 반자아를 몰아내고 자아의 확장으로 매력적이고 멋진 사람으로 성장하는 것이다.

육체적으로는 물론 정신적 그리고 영적으로 최상의 나를 그려 잠재력을 최대한 발휘해야 한다. 이런 사람은 조화로운 인간이며 균형 잡힌 인간이다. 자신만의 독특한 재능개발에 힘쓰자. 잠재력 개발을 제한해서 좁은 정신세계에 갇히지 말자. 대부분의 사람들이 최상의 자아를 구현하지 못하는 이유는, 반자아가 지속적으로 자아를 방해하기 때문이다. 결국 반자아를 버리고 자아에 몰입해서 늘 아름답고 좋은 생각, 좋은 이야기를 만들어가는 사람이 되어야 한다.

사람들은 서로 유전적 요소를 비롯해서 각자의 처지에 있어 저마다 다르기에 행복의 조건을 하나로 단정하기는 매우 어렵다. 그러나 완전한 행복에 이르는 중요한 요소 중 하나를 꼽는다면 그것은 바로 시간관리이다. 누구에게나 똑같이 주어진 시간을 어떻게 사용하느냐가 우리 삶의 질에 큰 차이를 만들어 낸다. 그래서 "시간은 돈이다"라고 하는 것이다. 우선 가장 중요한 일을 첫 번째 순서로 해서 하루를 계획하는 것으로 시작하자.

여기서 주목해야 할 것은 여가와 휴식의 중요성이다. 한가하게 빈둥거리는 시간, 여유롭게 산책하는 시간도 시험공부만큼 중요한 일이다. 왜냐하면 여유와 한가로움이 활력과 창의력을 제공하기 때문이다. 여유와 한가로움을 게으름이나 나태함으로 착각해서 늘 전력질주하면 결코 멀리가지 못하며 정신과 육체도 쉽게 병들기 마련이다. 인생이 늘 근심과 걱정으로 가득 차 밤하늘의 별빛이나 연인의 미소가 입가로 번지는 것을 바라볼 여유가 없다면 우리 인생은 얼마나 초라할까?

오늘 하루가 인생의 전부라고 생각하며 매일 죽고 매일 다시 태어나기 때문에 하루의 소중함을 인식해야 한다. 내가 지금까지 반자아라고 부른, 부정적 사고는 한 치도 스며들지 못하도록 언제나 긍정적 마인드를 갖추자. 낙천적이며 도전적으로 행동에 임해야 한다. 정서 스위치, 다시 말해서 마음 스위치를 반자아에서 자아로, 부정모드에서 긍정모드로 재빨리 바꾸는 습관을 형성하면 반드시 인생은 성공한다. 다양한 경험에 도전하며 죽는 날까지 탐험과 모험을 멈추지 말아야 한다. 지속적으로 자신과의 내면적 대화를 통해 진정한 만족감과 행복을 얻을 수 있다. 삶의 영원한 지표는 바로 진정한 자아를 찾아서 최상의 나를 구현하는 것이 되어야 한다.

이러한 태도를 형성해서 자신만의 최상의 미를 구현하는 사람은 평생의 축복이자 인생의 최고 목표를 아는 사람이다. 누구나 이러한 상황을 잘 이해하고 있지만 잠재력을 구현하지 못하고 진정한 자아를 찾지 못하는 이유는 반자아의 무의식적 방해 때문이다. 어두운 그림자가 여러분을 억압하고 폭력적으로 굴복시켜 송충이는 솔잎을 먹어야 한다고 자신을 무거운 철문으로 잠긴 감옥에 가둔다. 그래서 여러분은 자아를 찾아서 자아실현을 한 사람을 부러워하기만 하는 수동적인 사람이 된다. 이제 여러분 스스로가 존경의 대상이 되어야 한다. 최고의 성공은 대통령에 당선되는 것이 아니라, 총체적 아름다움과 빛을 발하는 여러분 자신만의 아우라를 만드는 것이다. 이러한 상태는 여러분의 얼굴에 고스란히 배어져 고상하고 매력적인 아우라를 발산한다. 그래서 아름다운 인생은 얼굴에 남는다. 누군가는 얼굴의 빈곤만큼 인생에서 가장 비참한 것은 없다고도 했다. 노년의 얼굴은 자기 인생의 자화상이기 때문이다.

모든 동물들이 저마다 고유의 장점을 지니듯이, 인간도 누구나 저마다 고유의 장점이 있다. 사회가 강요하는 획일적 잣대와 폭력적인 억압에 의해서 여러분의 장점이 묻혀 있다는 사실을 인식한다면 장점을 발견하고 자신의 가치를 소중히 간직하며 창조적인 삶을 살아갈 수 있다. 다람쥐를 새가 되라고 하고 새를 다람쥐가 되라고 폭력적 강요를 하면 안 된다. 자신의 성격과 적성에 알맞은 직업을 지녀야 행복하다. 인생의 최악의 결정은 자신을 상실하고 사회나 남의 시선에 맞게 살아가는 것이다. 이런 사람은 완전한 자아 상실자이며, 앞서 말한 미국소설의 주인공 배빗(Babbitt)과 같은 사람이다. 누구나 살아가면서 주변의 아우성이나 야유나 비판, 헛소리를 들을 수 있다. 그러나 이를 무시할 만한 강인한 용기가 있어야 한다. 타인의 시선이나 잣대, 압력, 허위의식에 굴복해서 자아를 상실하고 주관이 없이 살아가는 것은 최악이다. 자신의 인생은 자신이 설계하고 그려나가는 그림과도 같다. 꿈과 희망 그리고 뚜렷한 목표의식을 지니고 자신만의 세계를 창조해라. 역경과 장애물은 반드시 승리하겠다는 강한 열정이 늘 존재하기 때문에 극복할 수 있다. 다시 말해서 인생이란 자기만의 목소리로 자신만의 노래를 부르며 확실한 자기신뢰를 바탕으로 진정한 자아를 찾아가는 율리시즈의 영웅적 서사이다. 이러한 삶은 무겁고 심각하며 비극적이지 않다. 니체가 이야기하는 어린아이의 즐겁고 유쾌한 놀이로 가득 찬 삶이 된다.

한 번뿐인 인생에서 생을 마감하는 순간 후회하지 않고 흐뭇한 미소로 영면하고 싶다면 자기존중감을 가지고 잠재력을 일깨우며 살라. 자신감과 함께 언어의 마법지팡이를 자유자재로 사용하는 마술사가 되어라. 인생은 짧고 할 수 있는 일은 무한하다. 소중한 순간순간 내 인생의 시간들을 자기부정과 자기학대를 외치는 반자아에 구속되어 불안에 휩싸여 정체된 채로 머문다면 우리는 너무 비참해진다.

반자아는 지속적으로 자아의 발전과 긍정모드를 부정하고 억압해서 마음을 어둡게 잠식한다. 반자아에 깊이 함몰되면 자신이 반자아의 감옥에 갇혀있다는 사실조차 모르고 정신적, 육체적으로 망가져 죽음에 이름을 재차 말한다. 이런 끔찍한 불행을 막으려면 청소년 시절부터 총체적 교육을 해야 한다. 단순한 지식전달이나 수학공식의 암기, 기계적으로 문제를 푸는 능력이 아니라 전인적 교육, 총체적 교육을 통해 창의력, 분석력, 논리력, 사고력을 키우고 사회적 성장 관계와 의미를 배워서 개개인의 잠재력을 최대한 발휘하는 것이 교육의 목표가 되어야 한다.

결국 교육이란 개인의 변화와 성장을 통해서 최고의 자아를 이끌어 내는 것이다. 이런 목적 달성을 위해서 우리는 마음의 상태를 언제나 자아라는 청신호에 두도록 노력해야 한다. 반자아라는 빨간불을 경계하고 마음의 스위치를 잘 주시해야 할 것이다. 여러분의 무한한 잠재력은 오로지 자아에서 발현되며, 반자아에서는 결코 발현되지 않기 때문이다.

3

자유의 추구:

긍정모드와
성장모드

자유의 본질은 긍정모드와 성장모드에 있다. 인간의 영적능력(SI) 개발이
바로 긍정모드와 성장모드의 뿌리이다. 인생이란 사망의 순간까지 지속
적인 변화와 성장을 통해서 진정한 자유를 향유하며 기쁨으로 충만한 삶
을 사는 것이다. 이러한 삶이란 열린 세계를 지향하는 확장된 마음가짐과
동적인 의지를 갖춘 삶이며 어떠한 위험도 감수하는 적극적인 도전정신
그리고 정신적 자유에 뿌리를 두고 있다.

우리는 인생이란 관계 속에서 의미를 생성한다. 이때 관계란 나와의 관계에서 시작해서 나와 너, 나와 지역사회, 나와 국가 그리고 나와 자연 더 나아가 나와 우주와의 관계로 확장해 볼 수 있다. 모든 관계 중에서 자신과의 관계가 가장 중요하다. 왜냐하면 자신과의 관계에서 다른 모든 관계를 지탱할 힘이 나오기 때문이다. 자기를 진정으로 사랑하는 사람만이 진정한 자유를 향유할 수 있다. 자기를 사랑하는 사람은 자아와 긍정적 대화를 잘하는 사람이다. 많은 사람들이 자신과 부정적 대화를 하고 있다는 사실조차 모르며, 심지어 부정적 강박에 갇혀서 암울하고 힘든 세월을 보내기도 한다. 자신을 사랑하는 사람은 언제나 자유롭게 자신이 하고 싶은 일을 강하게 추진해서 성공을 이룬다. 그는 편안한 안락지대에만 머물며 매일 무기력하고 무미건조한 삶을 되풀이하는 것이 아니라, 어떤 위험에도 도전하는 진정한 자유인이 된다.

자기를 사랑한다는 것은 게으르고 나태하며 마약에 도취되어 황홀경에 사로잡힌다는 것이 아니다. 우리가 사는 시대는 너무 발전이 빠르고 경쟁이 지나쳐서 많은 사람들이 무한질주로 인한 탈진과 원초적 쾌락에 빠져 마침내 파멸에 이른다. 많은 사람들이 이기적이고 원초적인 동물적 욕망에 사로잡혀 아름다운 여인을 이기적인 욕구 충족의 도구로만 보며 성적으로 착취하고 돈과 물질에 중독되어 겉으로만 워라밸(Work-life Balance)을 외치며 꿈과 변화에 대한 의지 없이 현재에 안주하고 있다. 이러한 삶, 값비싼 명품으로 치장하며 허세를 부리는 삶은 결코 자신을 사랑하는 삶이 아니다. 낭만과 공상, 망상에 사로잡혀 하루 종일 바닷가를 어슬렁거리며 매일 등산과 골프를 즐기는 사람도 자유인이라 할 수 없다. 나르시시스트(narcissist)가 되어 타자와 인간적 관계를 상실하고 디지털 세계에 중독되어 혼자만의 쾌락에 탐닉하는 사람도 결코 자유인이 아니다.

이는 소중한 시간 낭비가 아닌가? 우리는 누구나 인생의 시간을 공평하게 부여받았으나 이것을 돈으로 바꾸면 엄청난 가치가 있다는 것을 모른다. 많은 사람들이 소중한 시간을 허송세월하면서도 워라밸을 하며 잘 지내고 있다고 지독한 착각을 하기도 한다. '누구나 제 잘난 맛에 산다'는 말이 있듯이 인간이면 누구나 조금씩은 착각 속에서 살지만, 그럼에도 불구하고 좀 더 객관적이고 합리적이며 가치 있는 삶을 추구해야 하는 것이 인생이다. 인생은 연습이 없고 시간과 더불어 조금씩 사라지기 때문이다. 물론 삶의 모습이 예술이나 기록으로 격세유전되기도 하지만 생동하는 살아 있는 현실은 아닌 것이다.

그래서 우리는 지혜롭게 시간을 관리해야 한다. 이 세상에서 가장 중요한 것이 자신에게 주어진 시간 관리이다. 최선의 시간 관리를 하고 싶다면 우선 지혜와 지식을 쌓는 데 전적으로 투자하

라. 정신적, 물질적으로 가치를 창조하지 못하고 동물적 본능에 사로잡혀 그것이 현재를 즐기는 것이라고, 지금이 최고 행복하다고 주장하는 것은 아이러니이며 인생을 병들게 한다. 오늘 현재를 즐긴다는 것은 뿌듯한 기쁨과 만족 속에 사는 것이다. 짜장면이나 울면이 맛있다고 음식점에서 과식하며 마냥 소주나 막걸리에 탐닉하거나, 벌판이나 산자락을 하루 종일 돌아다니고 골프나 테니스, 탁구를 즐긴다고 시간을 잘 보내는 것은 아니다. 이러한 행동들은 신체 건강과 정신의 이완을 위해서 중용의 가치 아래 적당히 즐겨야지 지나치면 허송세월하는 것일 수 있다. 자기가 보낸 시간이 가치 있는가 없는가를 재는 가장 간단한 잣대는, 시간을 보낸 후 우리가 느끼는 기분이다. 우리는 늘 '유쾌한 기분'과 '양심'이라는 두 가지 잣대로 자신의 행동을 판단해 볼 수 있다.

독서가 인생의 지혜를 제공한다는 이유로 문학이나 독서에 지나치게 심취하는 것도 바람직하지는 않다. 망상이나 환상에 사로잡혀 인생의 소중한 시간을 낭비할 수 있기 때문이다. 따라서 단지 스펀지처럼 남의 이론이나 생각을 무작정 받아들이지 말고 자신만의 비판적, 독립적 사고로 책을 읽는 습관을 길러야 한다. '선택과 집중'에 지나치게 집착한 나머지 한 가지 분야만 주구장창 몰입한다면 다른 많은 것을 희생할 수도 있다. 우리는 늘 도전적으로 새로운 경험과 모험을 수행해야 한다. 마치 희랍신화에서 오디세우스가 그리스와 트로이 전쟁에서 승리한 후 고향 이타카로 돌아오는 10년간의 여정처럼, 고난과 역경에 가득 차 있더라도 떨림과 도전이 있어야 한다. 우리의 인생은 오디세우스가 경험한 여행 즉 호머(Homer)의 오디세이(Odyssey)와도 같다. 매일같이 바위를 지고 산꼭대기로 오르는 시지프스(Sisyphus)의 삶처럼 고통 속에 기계적 삶을 사는 것은 실패한 인생이다.

수조 원을 소유하든 1억을 소유하든 물질적 기본 욕망을 충족하고 나면 정신세계의 질에 성공이 달려 있다. 정말 가치 있는 삶, 의미 있는 삶이 무엇인가? 돈벌이의 노예가 되어 돈을 버는 재미로 인생을 산다고 하면 슬픈 일이다. 평생 오로지 돈 벌기 위해 고통과 희생을 감수하며 사는 것은 시지프스가 커다란 바위를 지속적으로 산으로 올리는 모습과 유사하다. 비록 돈이 안 생긴다고 해도 직업이 없는 백수가 진정한 자유인의 다른 표현처럼 보이기도 한다. 그는 스스로 하루를 기획하고 삶의 의미와 가치를 창조할 수 있기 때문이다. 이마에 땀을 흘리며 손에는 더러운 흙을 묻힌 채 때로는 생채기가 나고 팔을 다쳐도 더 높은 곳을 향해 기어오르는 모습, 그리고 절벽 위의 희귀한 꽃송이를 얻을 때의 쾌감과 행복감을 맛보아야 한다.

자신을 사랑한다는 말은 신체적, 정신적으로 자신을 신뢰하고 자신의 무한한 가능성을 확고하게 믿음으로써 성립되는 말이다. 모험을 즐기며 지속적으로 새로운 경험을 시도하는 사람, 변화와 성장을 도모하는 사람, 이런 사람만이 진정한 자유를 누릴 수 있는 것이다. 진정한 자유인이란 긍정모드와 성장모드라는 두 엔진을 가동시켜 힘차게 오디세이적 모험을 경험하고, 세상을 떠날 때는 흐뭇하게 자신의 삶에 미소를 던지며 죽어가는 사람이다. 모든 사람들이 한결같이 이러한 상태를 바라면서도 이루지 못하는 것은 반자아란 어두운 세력, 즉 자기 파괴적 요소가 여러분의 무의식 세계에서 발목을 잡고 있기 때문이다. 더욱 비참하고 슬픈 것은 자신의 삶이 무의식적 반자아의 노예라는 사실조차 전혀 모른다는 사실이다. 이를 극복하기 위해 스스로 자기성찰을 지속적으로 해야 하며, 생각하는 능력 즉 사고력, 비판능력, 창의력, 논리력을 배양해야 한다. 그렇게 하지 않으면 반자아의 노예가 되어 자존심이라는 옹고집으로 똘똘 뭉쳐 평생 좁고 닫힌 세계에서 살다가 인생을 마감할 수밖에 없기 때문이다.

희망을 갖는다는 것은 모험과 위험을 감수하는 일이며, 실패의 고통을 감수하는 일이다. 아무런 위험 없이 안락한 무풍지대에 머문다는 것은 아무것도 하지 않는다는 것이며 게으름을 피우는 것이지 자유를 만끽하는 것이 아니다. 이것은 진정한 평화와 여유 그리고 행복이 아니다. 결코 진정한 자유를 향유하는 자유인이 아니며 죽음에 이르는 지름길을 걷는 자이다. 만일 우리가 독립된 자신만의 목소리를 내지 못한다면, 타인의 목소리에 함몰되어 주체를 상실하고 개인의 자유라는 위대한 특성을 스스로 포기하게 된다. 오직 위험을 무릅쓰고 율리시즈처럼 늘 새로운 모험을 떠나서 스스로 변화와 성장을 해나가는 사람만이 진정한 자유인이다. 스스로 생각하는 힘, 내 생각, 내 판단, 나의 독립적이고 주체적 행위, 비록 시행착오이며 어리석은 행위라 할지라도 그것들만이 가치가 있다. 우리는 실패라는 경험을 통해서 한 걸음 앞으로 나아가기 때문이다. 진정한 자유인이 되기 위해 명심해야 할 것은 능동적 사고력과 비판력, 창의력은 자기신뢰에서 나온다는 사실이다.

독립적이며 주체적인 자율성과 나만의 목소리를 지닌 멋진 사람은 어디서 출발하는가? 이런 생각만 해도 경이롭고 가슴이 뛴다. 모든 성공과 행복의 출발점은 자기를 사랑하는 일이다. 자기를 사랑한다는 말은 19세기 미국 초절주의자 에머슨이 말하는 자기신뢰(self-reliance)이며, 신체적으로나 정신적으로 있는 그대로의 모습을 수용하고 칭찬하며 무한한 애정과 경이의 찬사를 보내는 일이다. 인간은 누구나 행동으로 실천하며 큰 역경을 이기고 나면 작은 것은 쉽게 해결할 수 있다. 정직하고 용기 있고 담대한 모습과 같은 매력적 요소는 자기확신 그리고 자신에 대한 깊은 믿음에서 생겨난다. 자신의 가치와 일치하는 멋진 기분이 행복감이며 이런 행복감은 부수적으로 따라오는 것이지 결코 행복을 잡으려고 노력해서 얻는 것이 아니다. 당신의 삶이 발전하고 있을 때 자신감은 배가 되고 저절로 기분 좋은 유쾌한 행복감이 수반된다.

알다시피 당신의 생각은 당신의 모든 행동을 만들어 내는 씨앗이 된다. 씨앗에 물과 비료를 주면 건강하게 자라는 식물처럼. 지속적으로 위대하고 더 나은 것에 대한 생각이 자라나야 하며 경직되고 정체된 사고는 자신을 단단한 철문으로 닫힌 감옥 안에 가둔다는 것을 알아야 한다. 모든 세상의 법칙이 자신을 도울 것이라 믿고, 원대하고 도전적인 목표를 세우고 목표에 도달할 것이라는 확신을 가지고 간절히 원한다면 행동은 저절로 수반된다. 당신이 지금 생을 마감하기 전 마지막 6개월을 앞두고 있다면 무엇을 하고 싶은가? 무엇을 성취하고 싶은가? 무엇을 가치 있게 여기는가? 대답에 따라 선택의 길은 수없이 달라진다. '나는 멋진 강의를 하고 싶다'는 생각은 정말 훌륭한 강의를 만들어 내며, '가족을 진심으로 사랑하고 있다'는 생각은 가족을 위해 최선을 다하는 결과를 만든다. 스스로 좋은 생각을 창조해서 믿는 순간 우리는 자신의 숨은 능력을 발휘할 수 있는 것이다. 믿음의 크기, 스스로를 사랑하는 마음이 자기효능감을 충족시키며, 자신감, 자존감과 연결되어 긍정모드가 작동하고 마침내 우리는 탁월한 존재가 된다. 누구나 자기신뢰에 근거한 자기효능감의 충족으로 긍정모드와 성장모드라는 두개의 엔진을 강력하게 작동시켜 얻어지는 정신적 몰입으로 엄청난 일을 성취하게 되는 것이다.

지금 하는 일을 계속할 것인가? 수학계 노벨상인 필즈상 수상자 허준이 교수는 "즐겁게 하고 싶은 일을 했는데 상까지 주셔서 너무 고맙다"고 했다. 그러나 허준이 교수와 나는 다르다. 허준이 교수가 아니라 내가 즐거운 일을 해야 한다. 또 즐겁게 현재의 일에 집중해야 한다. 내가 나를 평가한 대로 남이 나를 평가하기 마련이다. 믿음은 현실을 만든다. 모든 인간의 행위에 원인과 결과가 있듯이, 어떤 생각과 행동을 반복하면 스스로 발전해 나간다. 화나게 하는 외부요소에 의식적으로 일일이 대응하지 말자. 긍정적이며 미래지향적이고 목표지향적인 마음으로 평정심과 지기통제력을 동반한 채 변화와 성장을 지속하자. 추악하고 더러우며 비열한 타자의 행동은 나를 향상시키는 반면교사가 될 뿐이다. 역겨운 상황에 직면해서도 긴장을 풀고 미소를 짓고 모든 것을 나를 키우는 긍정적 상황으로 바꾸자.

어려운 상황에 갇혀 있을 때 도움을 청하지 않으면 누구도 나를 구원하러 오지 않는다. 내 스스로 나를 책임지라. 현재와 미래는 전적으로 나에게 달려있다. 모든 것은 내가 결정하기 때문이다. 내가 완전히 긍정적 자기대화를 시도하면 모든 사건과 상황이 나를 긍정적으로 이끈다. 역피해의식(피해를 오히려 긍정적으로 받아들임)을 지니면 늘 행운이 있다. 긍정적 언어로 자신과 대화하자. 나는 잘할 수 있다. 나는 나를 좋아한다. 자주 반복하자. 효율성 향상을 위해서 나는 내 일을 사랑한다고 외치자. 나는 멋지다, 행복하다, 나는 반드시 잘될 것이다. 긍정적 메시지의 강력한 힘은 생각보다 어마무시하게 크다.

우리는 언제나 자기비판이 아니라 자기 사랑에 초점을 두어야 한다. 아무리 초라하더라도 자신의 가치를 인정하고 사랑하는 자기연민이 중요하다. 누구나 아는 사실이지만 사회가 지속적으로 개인을 세뇌시키고 폭행을 가해서 자아가 쓰레기처럼 형편없는 존재로 전락하기도 한다. 소위 사회의 희생자(social victim)이다. 어느 누구도 내 자신의 허락이 없이 나의 존엄을 무시할 수 없다. 수없이 당신을 무시하려는 언어적 폭력에 여러분은 강력한 항의와 저항으로 싸워야 하며 필요하다면 절교를 해야 한다. 모든 인간 삶의 에너지는 자기신뢰에서 나온다. 지기부정의 나쁜 습관, 즉 자기비하는 패망의 지름길이며 죽음에 이르는 병이다. 우리는 내면의 목소리에 귀를 기울이며 부정적 목소리를 쫓아내고 긍정적이며 희망적인 목소리를 따라 움직여야 한다. 자신을 시각화, 이미지화해서 긍정적이며 멋진 모습을 매일 그려보라. "만사가 생각한 대로 될 수 있다(Everything can be done as you think)."라는 말처럼 결국 우리의 삶이란 내가 나를 어떻게 만들어 가는가 하는 선택의 문제이다.

치열한 경쟁사회이자 과학기술시대에 사회는 무의식적으로 나를 주눅이 들게 하고 부정적 감정을 심어준다. 언제나 지속적으로 제2자아(반자아)를 물리치고 몰아내지 않으면 그것에 잠식되어 망가지게 된다. 아무리 어려워도 스스로 희망적이고 아름답고 멋진 그림을 그리면 실제로 이루어진다. 결국 인생이란 내 자신의 잠재력을 최고로 발휘해서 인류에게 돌려주는 일이다. 흔히 남과 비교하지 말라고 충고하지만 인간은 나와 남을 비교하는 존재이다. 그래서 "나보다 잘난 사람과 비교하지 말라(Don't keep up with the Johns)"라는 말을 한다. 그러나 폭력적으로 다른 사람과 비교하게 만드는 사회에 순응해서 나를 맡기지 말자. 어느 누구도 내 삶을 만들어주지 않는다. 당신 자신의 목소리가 없으면 당신은 이용당하거나 타인의 뜻대로 움직이게 될 것이다. 그러나 어느 누구도 나의 존엄을 파괴할 수는 없다. 나를 무시하거나 경멸하면 과감하게 관계를 끊어도 좋다. 타인이나 하나님을 원망하면서 위로를 찾는다면 얼마나 어리석은가?

인생의 최대 위험은 아무것도 하지 않고 안락한 상태에 머무는 일이다. 편안함이나 과잉쾌락의 탐닉, 중독은 결국 자아를 상실하게 하고 여러분을 노예로 만든다. 결코 타자의 노예로 살지 말라. 여러분 자신의 주인으로 살라. 자기파괴적 생각으로 자기를 포기한다는 것은 살았으되 죽은 생중사(生中死)이다. 타인을 위해 자신을 무의미하게 희생하는 일이다. 모든 성장과 발전은 고통과 위험을 수반한다. 그러나 자기존중감이 강한 사람은 강인한 투지와 인내심으로 고통과 위험을 즐겁게 극복해서 황홀한 행복감을 경험한다.

매력적인 사람이나 호감이 가는 사람은 누구인가? 잘생긴 외모를 강조하는 것만 보아도 표피적이고 근시안적이며 보이는 것만 강조하는 시대이다. 잘생긴 얼굴과 날씬한 몸매를 지닌 사람이 매력적일까? 정말 그럴까? 무엇보다도 매력적인 사람은, 자신을 발견하는 사람이다. 그래서 우리는 누구나 '나를 찾아가는 여행'을 해야 한다. 주체적이며 능동적으로 변화와 성장 모드를 추진해서 자신을 가장 사랑할 줄 아는 사람이 되어야 한다. 사회가 강요하는 완벽주의에 매몰되어 늘 불만족스러운 삶을 살기보다는, 자기긍정감을 지니고 인생이란 지속적인 변화와 성장과정이며 영원한 미완성의 길이라는 의식을 지녀야 한다.

인생이라는 항해

나는 유일한 존재이며 무한한 잠재력의 소유자
신체적이나 정신적인 영역 - 나의 모든 것을
지독히 사랑하기에
정신과 육체는 하나임을 알고
정신과 육체를 보다 강하게 다지며
상상력에 의해 멋진 이야기를 지속적으로 만들어가자.

나를 사랑한다는 것은 있는 그대로의 모습을 사랑하는 일이다. 비록 내가 얼굴이 검고 점이 좀 있지만 잘생겼으며, 내가 사랑스럽다고 말해보자. 나는 내가 이 세상에서 가장 아름답다, 이제 최고의 능력을 발휘해야지, 하나님이 주신 능력을 한 번도 발휘하지 못하고 고인 물처럼 썩히고 만다면 얼마나 슬프고 억울한 일이야? 이렇게 되뇌어 보자. 자발적으로 신나게 일하고 안전한 곳에 머물기보다는 바람이 불고 추운 날씨에 고지에 오르는 도전적 삶을 보여주자. 꼼꼼하고 정확하게 주도면밀한 삶을 살자. 단순히 지식을 암기하는 지식저장소가 되지 말고, 말과 글쓰기로 창의력, 논리력, 비판력을 키우자. 독자적, 독립적인 자신의 목소리를 내자. 마치 소중한 내 아들을 돌보듯이 내 자신을 돌보며 "잘했어. 멋쟁이, 유능한 사람"이라고 스스로 다독거리자.

흔히 기술과학-분석적 삶은 좌뇌가 관장하고 감각예술-직관적 삶은 우뇌가 관장한다고 말한다. 우리는 "나는 과학자 적성, 너는 예술가 적성"이라는 이분법적 사고나 경직성에서 탈피하고 종합적 사고를 지향해야 한다. 이러한 닫힌 삶을 버리고 지속적으로 틀 짜기와 틀 부수기를 수행해야 한다. 또한 우리는 전문가 (Specialist)이자 동시에 평범한 일반인(Generalist)이 되는 이중성을 동시에 추구해야 한다. 언제나 최고(best)로만 자아를 몰아치지 말고, '됐어(good enough)'를 추구하면서 최고를 향하자. 최고가 결코 인생의 목표가 아니니까. 당장 최고가 되기 위해서 경직되고 피곤에 지친 무표정이나 전투 직전의 사악한 표정을 짓지 말고 '조금은 발전하고 성장했으니, 오늘은 충분하다'는 즐거움과 여유가 담긴 아름다운 표정을 만들어 가자.

아름답고 똑똑하고 강하고 능력 있는 존재라고 자신을 격려하며 사회가 자신에게 부여하는 딱지(label), 자기가 스스로 정한 거짓 딱지(label)에서 벗어나야 한다. 마치 새가 알을 깨서 새가 되듯이 막힌 틀을 부수고 새로운 세계로 비상하자. 천국과 지옥은 마음에 있다. 열정을 상실하고 희망, 자신감, 도전이 결핍된 삶은 죽은 삶, 망가진 삶이다. 삶을 즐길 줄 아는 사람, 살아있다는 기쁨에 충만한 사람이 되자. 활력이 넘치는 삶, 스스로 즐기는 삶, 나를 사랑하는 삶, 늘 아주 기분 좋은 상태를 유지하는 삶. 개별성과 자발성, 독립성과 주체성이 있는 삶. 살아있는 것들과 살아지는 것들과의 관계에서 오감으로 깊은 경험을 느끼면서 살자.

시중에 출판되어 있는 수많은 자기개발 서적에서 말하는 〈성공하기 위해 또는 행복하기 위해 이렇게 하라〉는 도식화의 위험성을 버리고 내가 하고 싶은 대로 내 길을 가는 것이 정답이다. 그렇다고 아무 말이나 지껄이며 자신의 욕망을 여가 없이 배출해서 적을 만들어서는 안 된다. 한순간의 감정으로 수십 년을 감옥에서 지낼 수도 있으니까. 물론 공통적으로 지키면 좋은 법칙도 있다. 인간관계에서 타인의 약점, 아픈 곳, 역린을 건드리지 말고 자신의 약점이나 비밀을 널리 알리지 말며 늘 좋은 것, 강점만 소개하고 때에 따라선 까칠하게 날선 비판도 할 줄 알아야 한다. 언제나 타인의 의견에 찬성하는 '예스맨: 순응주의자(conformist)'은 무골호인으로 불리며 착한 사람이라고 표현되지만 자기 자신을 상실한 '호구'라는 표현에 다름 아니다.

　인생에서 정말로 소중한 것은 대부분이 볼 수 없는 것들이다. 이런 것들은 정신적 사유, 한가로움의 혜택을 아는 사람에게만 보인다. 이런 사람만이 일상적인 틀이나 사회적 관계의 경직된 틀에서 벗어나 인간의 근본적인 욕망인 자유를 경험할 수 있다. 한가로움이 주는 여유와 사색이 나르시시즘에서 벗어나 지속적으로 자아 성찰을 할 수 있도록 돕는 모체가 되기 때문이다. 이런 사람들은 아내나 자녀들이 무심코 던진 말이나 해맑은 미소에서, 스쳐 지나가는 눈빛에서 사랑과 믿음을 볼 수 있고 살아가는 기쁨을 체험한다. 그들은 봄이면 움트는 연둣빛 생명의 싹에서 출생과 성장의 의미를 발견하며, 작열하는 여름철 무더위에서 도전과 열정을 본다. 그들은 청명한 가을 하늘을 배경으로 형형색색 단풍의 절경과 계곡의 물소리에서 성취와 결실의 기쁨을 발견하고, 겨울날 황량하며 삭막한 들판과 혹한에서도 따뜻한 커피와 사랑하는 사람의 눈빛을 읽으면서 인내와 희망을 발견한다. 이런 사람들은 빗소리를 들으면서도, 잎이 떨어지는 모습에서도, 눈 내리는 소리를 들으면서도 잃어버린 옛 목소리를 들을 수 있을 뿐만 아니라 고인과도 만날 수 있다.

　이런 사람들에게는 특정한 지역의 산과 바다, 허름한 옷과 평범한 시계도 엄청난 가치를 지닌다. 다른 사람들이 보기에는 공짜로 주어도 받지 않을 물건 같지만, 거기에는 돈으로 살 수 없는 많은 사연과 사랑이 담겨있을지 모르기 때문이다. 인간은 이성과 논리로 무장한 유능한 인공지능 로봇이 아니다. 제아무리 돈이 신인 시대이며 돈이 정신을 지배한다는 경제결정론을 신봉하는 이가 많더라도, 영혼이 병들면 언제나 부패하고 죽음에 이른다. 인간은 인간다운 품격을 지니며 자존감을 유지해야 사는 존재이다. 엄청난 부를 지닌 이도, 높은 권력과 사회적 지위를 지닌 이도 영혼이 병들어 자살하는 경우를 종종 보지 않았던가? 첨단과학기술시대에 인간은 점점 더 몰개성화되고 상품화되고 있다. 이런 시대일수록 인문학적 가치가 수많은 사람에게 전파되어야 한다. 건강한 영혼과 정신을 지닌 개인들이 많아야 삶이 풍요롭고 행복하며 건강한 사회가 될 수 있기 때문이다. 현대사회는 획일성을 강요하고 사회적 능력과 돈이라는 잣대로 폭력적으로 사람을 지배한다. 개츠비나 탐의 저택처럼 궁전 같은 수십억 저택과 벤츠와 호화찬란한 의복과 도금으로 번쩍이지만 영혼은 메마르고 진실과 윤리 그리고 인간적 아름다움은 사라졌다.

십인십색이라는 말이 있다. 새가 각자의 노래 소리가 다르듯이 사람도 다 다르다. 모든 사람들은 저마다 다른 가치관과 각자의 생각을 지니며 산다. 그러니까 모든 사람의 욕망은 유사하며 같지만 동시에 몹시 다르기도 하다. 차이를 억압하는 획일화, 폭력성은 자아를 상실하고 고통스럽고 힘든 삶을 살게 산다. 미래를 자유롭게 선택하는 힘은 당신에게 있다. 당신이 바뀌면 세상이 변한다. 결국 독립된 자유의지에 의한 삶이 필요하다.

뇌의 가소성, 뇌의 변화를 인식하자. 인간의 두뇌는 고정불변이 아니라 유동적이다. 신경가소성이란 용어는 뇌과학에서 사용하는 용어로 인간의 신경체계는 쓰면 쓸수록 수시로 변화한다는 사실을 가리킨다. 인간은 잘못된 믿음과 신념, 집착으로 스스로를 망가트리기도 한다. 그래서 때론 객관적으로 거리를 두고 자신을 인식해야 할 필요가 있다. 신경증적 우울증이나 강박증으로 자신을 학대하거나 비하해서 잘못된 망상이나 환상에 빠져 살아갈 수도 있기 때문이다. 최악의 재앙은 자신을 상실하는 것이다. 주변의 사람들의 "너는 절대로 주인공이 될 수 없어. 너는 못난이야." 라고 하는 의견이나 잣대에 의해 좌지우지되면 결국 주체성이 없어지고 기회주의자가 된다. 너 자신으로 살아라!

인생은 지혜로운 선택과 실천의 연속이다. 죽는 날까지 나를 찾아가는 여행이며 변화와 성장 속에 지속적으로 움직이는 것이다. 가장 멋쟁이이자 능력이 있는 내가 되기 위해서 노력하는 과정이다. 수많은 시련이 오지만 늘 도전하고 성취하고 실패하고 성공하며 나아가는 과정이 인생이다. 그래서 오로지 나와 비교할 대상은 어제의 나이고, 오늘은 어제보다 내일은 오늘보다 나아야 한다. 인생의 목적은 변화와 성장 그리고 자유가 따르는 기쁨이다. 이러한 변화와 성장이 없다면 결국 삶은 황폐화하고 경직되어서 말라빠진 나무처럼 부서질 것이다. 우리는 누구나 아름다운 꿈을 꾼다. 늘 즐거운 상상을 한다. 그럼에도 불구하고 노력과 고통, 도전정신이 없다면 아무런 변화와 성장이 이루어지지 않을 것이다. 늘 자신에 대해서 도전하고 위험을 감수하는 실험정신이 없는 사람은 고정되고 경직되어 성격은 변하지 않는다고 말한다.

위험에 도전하는 실험정신은 어디서 생길까? 자신에 대한 강력한 믿음, 즉 자기사랑에서 나온다. 그러므로 성공적 인생의 가장 중요한 요소는 자기사랑과 자기존중감이다. 자신의 신체와 정신을 가장 사랑하고 잠재력에 대한 무한한 신뢰를 바탕으로 최선의 자아를 만들어 내는 데 성공이 있다. 왜 그런 일을 하는가? 인생은 최고의 자아를 만들어 가는 과정이기 때문이다. 어제보다 오늘이 더 나아진다면 OK이다. 다른 사람들과의 비교는 나에게 아무런 의미가 없다. 왜냐하면 세상의 수많은 훌륭한 사람들도 늘 부족한 무엇이 있으며 나보다 못한 점이 있기 때문이다.

그래서 늘 변화와 성장 그리고 겸손이 필요하다. 우리는 타인의 언어나 사회에서 발생하는 무한한 이념의 바다에 살고 있다. 우리가 완전히 객관적으로 세상을 보는 것은 불가능하다. 그렇지만 지속적 자아성찰로 메타인지 능력을 키워서 편견과 착시, 왜곡된 사시적 관점에서 벗어나야 한다. 새가 새장 속에서 벗어나야 하듯이. 성경에서 하나님도 "진리가 너희를 자유롭게 하리라"고 하신다. '완벽주의자가 되지 말라'는 의미는 조그만 실수도 용납하지 않으려는 경직된 사고에서 벗어나라는 뜻이다. 이는 자기파멸을 경고하는 문장이다. 자기불신은 죽음에 이르게 하는 파멸의 지름길이다. 살아있는 것은 모두가 유연하나 죽은 것, 생명이 없는 것은 뻣뻣하고 경직되어 있다. 노자가 말하는 상선약수(上善若水)가 의미하는 것처럼 최고의 선(good)은 물처럼 유연하고 움직이며 앞으로 나아가야 한다.

나는 종종 세상의 많은 악행이 지나치게 바쁜 사람들 때문에 생긴다고 믿는다. 너무 많은 사람이 "하나님 위에 건물주"라고 주장하면서 물질적이고 세속적 성공에 몰두하고 이것이 그들의 유일한 꿈과 희망이라 말한다. 오죽하면 "돈 많이 버세요"가 사람들의 인사말이 되었는가? 그들의 정서는 메말라서 본능적 쾌락에 눈먼 나머지 사랑의 기쁨과 살아가는 기쁨을 모르고 산다. 이런 사람들에게 사랑이란 단지 서로가 손익을 계산하는 비즈니스이며 성적 욕구충족에 불과하기 때문에 지독히 이기적이다. 더욱이 이런 사람들은 이성과 논리로 교묘하게 법망을 벗어나 부정하게 돈을 버는 재미로 살며 양심은 마비되어도 누이 좋고 매부 좋으면 아무런 문제가 없다고 생각한다. 그들에게 양심은 허약한 사람들의 전유물이며 법적 처벌만 없으면 비윤리적인 행동을 해도 아무런 죄의식을 못 느낀다. 마음 밭, 아름다운 마음 밭을 만들자. 어둡고 부정적 반자아가 잡초처럼 무성하면 삶은 파멸로 망가지기 마련이다. 그래서 지속적으로 어두운 세력인 반자아를 몰아내기 위해 마음챙김(Mindfulness)과 명상(Meditation)을 중요하게 여겨야 한다.

완전한 행복이란 우리의 내면세계에 반자아가 전혀 없는 이상적 상태이다. 결코 도달할 수 없을 것 같지만 길을 찾아 꾸준히 나아갈 수 있다.

필자가 생각해낸 몇 가지 반자아를 사라지게 하는 방법들을 제시해 본다. 자아를 방해하는 장애물인 반자아를 뛰어넘는 방법을 살펴보자.

자아의 부정모드를 긍정모드와 성장모드로 바꾸는 법

1. 수용

반자아는 저항하면 더 끈질기게 달라붙는다. 일단 수용하면서 자아모드(긍정모드)로 스위치를 변경하자.

2. 수행

반자아에 저항하거나 강제로 사라지게 하려고 애쓰지 말고 그것이 스스로 사라지도록 한다. 이러한 행동은 전기 스위치처럼 쉽게 되지 않고 마음챙김이나 명상과 같은 수행이 필요하다.

3. 감정 조절하기

자신이 스스로 감정을 조절해서 감정의 노예가 아니라 감정을 통제하는 주인이 되어야 한다. 정신의학을 감정과학이라고 표현하듯이 인간은 생각에 앞서 감정이 지배하기 때문에 기분이 행동과 기억 심지어 지능까지 영향을 준다. 생각과 행동은 불가분의 관계이기에 쉽게 화를 내거나 분노해서는 안 된다. 여러분을 화나게 하는 것은 부당한 언어폭력이 대부분이며 따라서 언어의 유희성을 명심해서 거짓을 지껄이는 상대는 무시하고 미소로 제압해라. 침묵은 금물이다. 하지만 즉각적인 분노보다는, '한 템포 여유(down time)'를 갖고 온화하고 부드럽게, 그러나 단호하게 내 기분과 상대의 잘못을 지적해야 한다. 부당한 외부자극을 수용하지 말고 간결하며 명료하게 이의를 제기하는 역공의 기술이 필요하다.

4. 관점 전환하기

무지개는 7색이 아니다. 그 이상의 여러 가지 색을 지닌다.

따라서 우리가 사는 세상도 수많은 잣대나 관점에서 볼 수 있다는 유연한 사고를 지녀야 한다. 고정적이며 경직되고 굽은 것이 아니라 유연하고 신축성이 있는 사고를 할 수 있는 관점 전환의 힘이 필요하다.

5. 성격과 지능은 절대불변이라는 착각 벗어나기

우리는 흔히 성격은 절대 변하지 않는다고 말한다. 그러나 최근 의학자들은 신경가소성의 기적을 증명했다. 뇌를 바꾸기에 너무 늦은 때는 없다는 것이 사실이다. 우리는 지속적으로 변화와 성장을 도모해야 한다. 이것은 고정관념에서 해방되어 보다 열린 세계를 지향해서 매일매일 새로워진다는 말이다. 그래서 어제보다 오늘이, 오늘보다 내일이 더 성숙하고 발전하는 모습을 추구해야 한다. 긍정적 신경가소성을 믿고 늘 변화와 성장을 도모하자.

6. 새로운 신경망을 생성하고 연결하기

우리의 삶이 다람쥐 쳇바퀴 돌듯이 매일 똑같이 정형화되어 있다면 습관의 고속도로를 버리고 자유롭게 수많은 시골길을 처음으로 탐색하듯이 새로운 길을 찾아 나서서 새로운 경험을 해야 한다. 뇌에 새로운 신경망을 생성하고 다양한 경험을 연결해서 새로운 경이감을 느끼자. 한마디로 다양한 경험을 하며 다양한 음식을 맛보아야 한다.

우리 인생은 마라톤 대회가 아니다. 남과 비교하고 경쟁하는 의식에서 벗어나 나만의 길을 개척하면서 완벽해지려 하지 말고 조금씩 한 발자국씩 변화와 성장을 도모하라. 우리는 늘 점수와 숫자로 비교하는 습관에 익숙해져 있다. 완벽주의자들은 늘 불만이다. 부정적 사고에 깊이 함몰되어 삶의 즐거움과 유쾌한 기분을 느끼지 못한다. 모든 순간, 현재의 삶이 중요하다. 어린아이들은 현재 이 순간에 몰입하기 때문에 몹시 즐겁다. 우리의 인생에서 가장 소중한 것은 우리 삶을 즐기는 법을 배우는 일이다.

7. 마음챙김

자신의 생각에서 나와서 자신을 구속하는 것을 명확하게 보아야 한다. 자기인식, 생각이 기분을 결정하고 삶을 결정해서 내가 나를 구속하는 것을 바라보는 자기인식이 바로 메타인식이며 일종의 자의식이다. 이를 체득하려면 지속적 자기성찰과 더불어 논리적, 과학적으로 생각하는 힘이 필요하다. 비논리적인 생각은 단지 허구적 생각일 뿐 현실이 아니다. 마음챙김이란 의식적으로 현재의 순간을 인지하는 자각이다. 자의식의 특성을 지니기 때문에 명상과도 연결된다. 명상과 마음챙김이 종종 같은 의미로 쓰이는 이유다. 스트레스를 줄이는 가장 효율적 방법 중 하나이기도 하다. 마음챙김이란 생각이라는 개념을 넘어선 일종의 정신적 자각으로 우리의 이성과 감성, 신체 및 영혼의 상호관계에 대한 총체적 의식이다. 정신적 산만함에서 벗어나 집중하는 능력이다.

8. 관계의 기술 개발하기

타자와 좋은 관계를 유지하려면 논리적, 이성적으로 싸워 애써 이기려 하지 말고 이해하고 공감하며 서로 주고받는 상호작용을 통해 관계를 형성하라. 이성과 감성, 신체와 영혼이 조화를 이루는 총체적 삶을 지향해야 한다. 타자의 의도파악에 주의를 기울이고 이유와 목적을 분명히 해야 한다. 현재에 집중하고 안정적으로 머무는 훈련은 바로 지금을 사는 데 아주 중요한 기술이다.

많이 말하기보다는 잘 듣고 주의를 기울여야 한다. 매 순간마다 주의를 기울이는 습관을 기르자.

9. 자기 사랑과 공감

내부의 협력자인 자기를 지나치게 엄격하게 비난하지 말고 완벽을 추구하지 말라. 자신에게도 남에게도 너그럽고 자비로워야 한다.

자기 자비의 중요성은 아무리 강조해도 지나치지 않다. 자기 사랑, 자기 동정과 연민, 나 자신의 사랑스러움을 다시 배우고 다시 가르쳐라. 지속적 수행을 통해서 나에게 띄우는 자비로운 편지를 써보자. 나에 관한 긍정적 대화와 나를 사랑하기는 자기존중감의 향상과 자기발견의 강력한 추진력이다. 따라서 지속적으로 언어를 사용해서 새로운 의미창조와 틀 깨부수기를 수행해야 한다. 틀 깨기와 틀 만들기를 반복해서 변화와 성장을 도모해야 한다. 주변 환경의 변화를 통해서 새로운 생각과 이야기를 창조할 수도 있다. 그러니 우울하거나 불편할 때는 산책을 하라. 장소를 바꾸면 가치가 바뀐다. 환경의 중요성은 아무리 강조해도 지나치지 않다. 아무리 사소한 일이라도 의미의 창조는 희망을 불러오며, 이는 자신의 가치를 높이고 자신을 더 사랑하는 법을 알게 한다.

감성적인 언어와 이성적인 언어를 이분법적으로 사용하지 말고 총체적으로 사용해야 한다. 하지만 마음을 움직이는 공감 언어는 감성적인 언어이다. 그래서 사회적 성공을 위해서는 정서적 재능 EQ가 중요하다. 어디에 초점을 두고 말할 것인가? 이성과 논리로 남을 이기려는 태도는 소통과 공감을 방해한다. 친밀감을 높여주는 비언어적 소통 방법에 주목해야 한다. 흔히 소통의 60~70%는 비언어적 요소이며, 언어적 요소는 20~30%에 불과하다. 미소라든지 호감을 주는 표정이나 진솔한 목소리로 상대방과 공감을 시도해야 한다. "말투 조금 바꿨을 뿐인데 관계가 달라진다"는 말은 바로 이러한 관계의 이해에서 비롯된다. 세상을 아름답게 변화시키는 마법과 같은 언어의 기술을 연마할 수 있다. 그러나 이러한 언어 사용능력은 책을 읽고 단순한 기술만을 연마해서는 한계가 있고 인간의 총체적 메커니즘을 이해하고 스스로 변화하려는 의지가 있어야 한다.

어떤 사람들은 평생을 팔자라고 여기며 똑같은 날의 연속을 되풀이하며 변화 없이 살아가고, 어떤 사람들은 매일매일을 새로운 날로 여겨 끊임없이 돌파를 시도한다. 이 두 부류의 차이는 무엇일까? 전자는 보이지 않는 틀에 갇혀서 돌파하고 변화할 엄두를 내지 않는 사람이다. 그것이 마치 자신의 타고난 한계이며 운명이라고 여기고 산다. 마치 양동이에 담긴 물처럼 능력이 한정되어 있다고 본다. 반면 후자는 인생은 잠재력이 솟아나는 샘물처럼 무한하다고 본다. 끊임없이 틀을 깨고 늘 변화와 성장하는 것을 목표로 자신의 인생이 무한한 가능성으로 가득 차게 한다.

'불가능'이라는 틀 속에 갇혀 있으면, 뇌는 계속해서 '이건 안 되고, 저것도 안 돼' 하며 제약을 걸 것이다. 그것을 인정해 버리는 순간, 행동은 멈추게 되고, 나의 세상은 점점 좁아진다. 사실 대부분의 불가능은 우리의 머릿속 상상에 불과하다. 자신의 성장과 잠재력을 구속하는 것은 반자아이다. 반자아란 부정적 자아에 기초하며 자기비판이나 자기혐오 또는 무의식적인 잠재력 억압이기도 하다.

틀 세우기는 효율적 언어사용으로 대화의 방향을 설정하고 효력을 일으키는 방법으로, 현명한 긍정의 홍보전략이다. 결국 인생은 자기가 만들어 가는 서사이다. 이야기를 어떻게 만들어 갈까?

늘 새로운 틀을 만들고 깨고 다시 만들고 하는 것이 인생이다. 남들이 당신을 대하는 방식은 모두 당신이 가르쳐 준 것이다. 상대방이 당신의 말대로 행동하길 바란다면, 그에게 틀을 세워 주어라. 자신을 본인이 바라는 대로 변화시키고 싶다면, 스스로에게 틀을 세워라.

"평범한 범인은 결과를 중시하고 대인은 원인을 중시한다"는 말이 있다. 결과만 중시하는 것은 일종의 피해자 마인드이다. 지도자나 대인은 원인을 중시한다. 진정한 원인이 무엇인지를 생각해야 주도권을 잡을 수 있다. 인과의 재설정이 한 사람을 자기 주도적인 사람으로 만들어 준다. 이게 바로 환경의 틀 바꾸기다. 이는 우리가 하나의 틀에만 매여 있지 않고 여러 틀에서 사건의 가치를 따져 볼 수 있게 도와준다.

의미의 틀 바꾸기 방법을 자유롭게 사용한다는 것은 평생 바다 위를 누비는 베테랑 선장이 되는 것과 같다. 일단 목표를 잡으면 바다의 풍향이 어떻게 바뀌든 돛을 조정해서 언어를 효율적으로 사용하라. 사방에서 불어오는 바람을 목적지까지 가는 동력으로 바꾸라. 강풍 때문에 포기하지 말고 역발상으로 목적지까지 갈 수 있도록 아이디어가 생겨나도록 하라.

어떤 사건에 의해 자신에 대한 믿음이 흔들리지 않는 사람을 우리는 자기존중감이 높은 사람이라고 부른다. 똥고집이라고 하는 자존심과 달리, 자존감은 자아 가치에서 비롯된다. 자아 가치란 자신의 가치에 대해 스스로 내린 주관적인 평가이다. 좀 추상적이긴 하다. 하지만 이런 추상적이고 복잡한 것들을 단순화하고 실용성 있게 만드는 게 내 재능이다. 이러한 재능은 언어에 대한 이해와 사용이 핵심을 이룬다.

인생은 험난한 바다를 항해하는 배와 같다. 고통과 시련 그리고 비극은 누구에게나 다가온다. 고통과 시련에 좌절하여 망가지고 포기하느냐 부정적 의식 속에 정체된 삶을 사느냐는 전적으로 당신에게 달려있다. 어떻게 해야 지혜롭게 항해할 수 있는가? 고통과 시련, 비극을 어떻게 극복하고 성공적 인생을 살 수 있는가? 긍정모드와 성장모드가 핵심이며 기반이 되어야 한다. 용기와 사랑, 의미와 가치, 희망과 목적이 있어야 안전하게 항해할 수 있다. 나는 여러분이 강한 다이아몬드 멘탈을 유지하기 위해서 우수한 허구를 창조할 것을 주장한다. 같은 패턴을 되풀이하는 인생은 정체되고 경직되어 변화가 없는 무미건조한 고인 물과 같은 인생이다.

심리학에서는 인간을 편의상 고정형과 성장형으로 구분한다. 고정형은 늘 스스로 한계를 지어 고정된 프레임에 갇혀 사는 사람을 의미한다. 나이가 들수록 굳어버린 틀을 깬다는 것은 매우 어렵다. 그러나 이런 고정관념에 사로잡혀 인생을 경직되게 산다면 실패한 인생이다. 고집이 세고 누가 보아도 편협한 사고와 아집으로 꽉 찬 사고 속에 머물게 된다. 닫힌 체계에 사는 사람들은 두뇌는 10%만 사용할 수 있다느니, 천재는 타고난다느니, 자신은 음악이나 체육은 못한다느니 스스로를 한계를 설정하고 프레임에 갇혀 산다. 자기 아집과 옹고집에 갇혀서 다른 사람과 원만한 관계를 유지하지 못하고 언제나 자기 뜻대로 하려고 한다. 타인의 입장과 태도를 고려해서 그 삶을 이해하고 격려하며 공감하려는 마음이 없다. 반대로 성장형은 늘 열린 마음과 열린 사고, 발전하는 생각으로 꾸준히 지능의 변화와 성격의 변화를 도모하며 성장하려는 마음자세를 지닌다.

우리가 사는 21세기는 스마트 시대, 고도의 과학기술 사회이자 인공지능시대이기도 하다. 아울러 개인주의나 이기주의적 삶이 팽배하고 물질주의사고가 극에 달했다. 디지털 정보의 홍수로 정신은 산만하며 기억력이나 추론 능력도 떨어진다. 그래서 스마트 시대가 오히려 역설적으로 바보시대가 됐다. 경직된 사고를 강요해서 로봇처럼 수동적 인간을 만드는 사회가 지속해서 우리를 획일적 사고만을 하도록 강요하고 있다. 우리는 비판적 사고, 논리적 사고, 창의적 사고를 해서 독립된 자아를 형성해야 한다. 가장 좋은 방법은 일기 쓰기나 글쓰기와 같은 방법으로, 스스로 자신의 생각을 표현하고 비판적이며 창의적으로 새로운 자아상을 모색해 나가는 것이다. 인간은 누구나 한순간에 인생의 파멸을 경험할 수 있다. 프레임에 갇혀서 좁은 세계 속 아집과 편견과 함께 산다면 얼마나 불행한 인생인가? 자신이 이런 점을 모르고 있다면 우물 안의 개구리이다. 그래서 지속적인 마인드 리셋을 통해서 새로운 마인드 시스템을 추구해야 한다. 배우는 즐거움과 지속적 변화와 성장은 함께한다.

많은 이들, 아니 인간이란 본래 천성적으로 게으르다. 누구나가 편안한 안락 지대에 머물고자 한다. 그러나 아무것도 하지 않고 게으르게 시간만 낭비하는 자는 죽은 인생이다. 우리는 생명에 위협을 느낄지라도 새로운 세계에 도전하고 평생 모험을 계속해야 한다. 일찍이 19세기 영국시인 테니슨도 그의 명시 〈율리시즈〉에서 율리시즈가 영웅적 삶에 만족하지 않고 늙은 뒤에도 계속해서 새로운 모험을 찾아 떠나는 의지를 보여준다.

그래서 늘 자신을 부족하다고 생각하고 죽는 날까지 배워야 한다. 실제로 지금 어느 분야에서든지 잘난 척할 수가 없는 시대이다. 이미 조이스는 그의 소설 『율리시즈』에서 위대한 영웅으로 평범한 소시민인 레오폴드 블룸을 주인공으로 내세우고 있다. 내가 오늘 하루를 영웅처럼 사는 것이 바로 인생이다. 내가 내 삶을 창조해야 한다. 자유란 무엇인가? 매우 추상적이고 애매모호한 단어이다. 자유는 정신적, 육체적 건강에서 비롯된다. 정신건강은 육체에, 신체건강은 정신에 막대한 영향을 준다. 일단 구속이나 억압에서 벗어나 마음 상태가 잔잔한 호수처럼 평화로운 상태. 마음의 흔들림이 비교적 적은 평온한 상태, 독립적 사유와 판단을 하고 자신의 삶을 능동적으로 이끌어 가는 사람에게 내면의 자유를 찾을 수 있다. 그는 늘 인생을 즐기는 사람이다. 일을 할 때나 놀 때나 살아있다는 즐거움을 만끽하는 사람이다. 부정적 감정을 완전연소시켜서 늘 만사형통하는 사람이다. 비록 실패나 불행이 닥쳐도 역발상으로 태연하게 극복하고 문제를 슬기롭게 해결하는 사람이다. 자기 사랑에서 출발해서 소극적 자유와 적극적 자유로 발전한다. 소극적 자유는 사회의 구속이나 속박에서 벗어남을 의미하며, 적극적 자유는 자율적이고 독립적인 존재로 자신의 사고와 판단력을 중시하며 집착하지 않고 자유롭게 즐기는 상태다. 불교에서도 인간의 집착이 불행의 원인이며 각종 번뇌를 유발한다고 본다. 흔히 말하는 백팔번뇌다. 자아를 상실하면 사회의 규율에 종속되고 절대 권력에 종속되어 편 가르기를 한다. 인간은 의식과 무의식의 지배를 받는다. 의식은 이성적 사고를 토대로 하지만 무의식은 감정적인 마음의 지배를 받는다. 무의식이 의식을 지배한다. 습관은 제2의 천성이라고 한다. 나쁜 행동이 습관화되어 무의식에 자리 잡으면 이를 버리기가 엄청 힘들다. 그래서 "늙은 개에게 새로운 기술을 가르칠 수 없다"는 말은 나이가 들수록 경직된 사고 때문에 고집과 아집이 강해서 닫힌 세계에 산다는 말이기도 하다.

우리는 지속적으로 자아성찰을 통해 메타의식으로 각성해야 한다. 우리의 인생이란 지속적 틀 짜기와 틀 깨기로 이루어지는 끊임없는 성장이다. 어떤 상황에서도 영혼의 흔들림 없이 담담하게 현재의 상황을 수용하고 극복하는 태도가 필요하다. 자연스럽고 단순하게 현재의 삶을 즐기며, 여유롭게 자신이 멋지고 우아하고 아름다운 사람임을 인정하고 자신과 사랑에 빠져라. 자신을 가장 사랑하는 사람만이 타인을 진심으로 사랑할 수 있다. 그러나 나를 지독히 사랑한다는 것은 나르시시즘에 빠져있는 자기도취 상태와는 전혀 다르다. 인간은 심리적으로 남과 비교하는 동물이다. 그럼에도 불구하고 성공했다고 으스대지 않고 가난하고 추하고 무능한 사람을 무시하지 않고 현재의 삶을 즐기는 태도가 있어야 한다. 행복은 자유의 추구 그리고 변화와 성장에 있다. 태연자약이란 말이 있다. 불혹이란 말도 있다. 마음의 동요되지 않고 늘 평화로운 상태, 진정한 자유란 느긋한 행복감이다. 논리적 사고로 날카로운 이성으로 살아있으며 주변의 아름다움을 보고 떨림을 느끼고 감동할 수 있는 미적 감각을 유지하는 사람이다. 언제나 '아니다. 못 한다'가 아니라 '잘했다, 할 수 있다'를 수용하는 긍정적 마인드를 지닌 사람에게서 진정한 자아를 발견한다.

타인의 삶에 간섭하지 말 것이다. 아무리 바보 같더라도 그 사람도 자기 고유의 자존감이 있으니까. 그 대신 어느 누구도 당신의 허락 없이 당신의 삶을 간섭하거나 제어하게 두지 말라. 당신은 스스로가 판단하고 스스로 책임지는 사람이 되어야 한다. 친구나 책이 인생에 최대의 영향을 주는 변수라고 하더라도 우리는 조언을 참조해서 스스로 판단해야 한다. 지금 내가 쓰고 있는 이 책도 여러분들이 참고해서 판단과 행동은 스스로 해야 한다. 그래서 스스로 깨닫고 스스로 자기를 찾아가는 여행을 해야 한다. 그렇지 않으면 고인 물이 썩듯이 늘 정체되어 쓰레기 같은 삶을 살 수밖에 없다. 이처럼 행복을 찾아가는 길은 본인 스스로 깨닫고 한 걸음씩 변화와 성장을 해야 이루어진다. 우리는 흔히 개인의 품격, 품위를 이야기한다. 누구나 자신이 잠재력을 최대한 발휘하면 기쁨과 희열이 생긴다. 스스로 깨닫고 스스로 발전하는 인생은 계단

오르기이다. 한 계단 한 계단 하늘을 향하여 오르다 보면 하나님에 가까운 모습이 되어 감을 느낀다. 하루라도 변화하지 않는 삶은 시간 낭비에 불과하다. 그래서 늘 우리는 다양한 삶을 경험해야 한다.

불교에서 말하는 해탈 열반이라는 개념은 열정이나 목표달성 등 스스로 스트레스를 만들어 불행을 만들지 말고 욕심을 버리고 집착을 버리고 고집을 버리고, 범사에 감사할 수 있는 자세이다. 바꿀 수 없는 것은 수용하고 변화할 수 있는 것은 변화시키자. 집착이나 잡념과 같은 부정적 사고, 제2자아, 어두운 자아를 버리고 단순하고 명료한 긍정적 사고로 밝고 유쾌하며 명랑하고 즐거운 사고를 하자. 자성예언의 중요성을 인지하고 "모든 게 잘될 것이다."라고 말하며 부정모드를 긍정모드로 바꾸자.

나를 찾는다는 것은 반자아에서 해방되어 현재 지금 여기에 집중해서 온전히 현재를 즐길 수 있는 상태이다. 이러한 진정한 자유인은 독립적이고 주체적이며 어떠한 상황에서도 침착하고 여유 있으며 문제를 슬기롭게 해결해 나간다. 그래서 자아의 발견과 즐겁고 아름다운 삶을 살수록 더욱더 멋있고 매력 있는 사람이 된다. 우리는 신처럼 완벽한 존재가 될 수는 없지만 충분히 매력적이고 멋진 사람이 될 수 있는 잠재력을 지니고 있다. 반드시 최고가 되지 못하더라도 〈BEST〉가 되도록 노력해야 한다. 이러한 태도는 내가 우수하다는 자만심이나 자랑하고픈 마음 때문이 아니라 남에게 〈BEST〉를 주기 위해서 취하는 태도다. 인간은 누구나 독특하고 소중한 존재이며 고결하다. 나를 따르라고 충고하는 것은 바보다. 또한 충고를 따르는 것도 바보다. 다른 사람들 이야기는 참고용이다. 내 목소리를 내야 하니까. 인생의 관찰자가 아니라 적극적 참여자가 되어야 한다. 인간의 잠재력의 한계는 아무도 모른다. 죽는 날까지 도전하고 오뚜기처럼 일어서서 다시 해보는 거다. 그렇다고 무모하게 죽음을 알면서 도전하는 자는 미련한 사람이다. 여가를 즐기는 인간이 관점과 마인드 세팅을 잘한다. 경직되거나 고정되어 있지 않고 늘 물 흐르듯이 변화하니까. 그래서 우리는 닫힌 세계를 이별하고 열린 세계를 지향해야 한다.

성장모드와 긍정모드로 꾸준히 도진하고 도진에 따른 고통을 즐기며 수용하는 사람. 어제보다는 오늘이 오늘보다는 내일이 더 나은 사람이 되도록 해야 한다. 나는 어제의 내가 아니다(I'm not what I used to be). 죽는 날까지 매일매일 새롭게 태어난다는 기쁨으로 사는 것만으로도 행복할 수 있다. 인생은 변화의 연속이며 최고의 자아를 향한 여정이 되어야 한다. 인생엔 늘 고통과 갈등이 생기지만 이를 건설적으로 해결할 때 지옥이 아니라 즐거운 여행이 되며 천국이 된다. 만일 여러분이 안락한 지대에 머문다면 썩고 냄새나고 부패되며 망가진다. 우리는 보다 나은 내일을 향해 나아가는 방향성을 지녀야 하며 집착이나 강박 때문에 정지하지 말고 지속적으로 강물처럼 흘러가야 한다. 호기심과 모험 그리고 도전 늘 새로운 경험의 과정이 인생이다.

메디치 효과라는 말이 있다. 여러 가지 분야의 융합, 여러 가지 생각의 융합, 이질적인 것을 도입해서 새로운 것을 창조하는 현상을 의미한다. 마치 형이상학파 시인들의 시적 창작 방법처럼. 좋은 사람과 기분 좋은 만남과 맛있는 음식 먹기, 호기심과 창조, 과거나 미래에 대한 후회나 두려움보다 현재에 최선을 다하는 자세, 마음에 걱정이 없으니 안색이 좋다. 올바른 마음 사용법(경영법)이란 탐욕이나 분노 망상에 사로잡혀 허송세월하지 않고 적극적인 자기성장을 도모하는 것이다. 사회를 구성하는 모든 개인들이 독이 가득하다면 아무리 제도가 좋아도 사회는 부패한다. 그러나 모든 개인들이 올바른 마음 사용법을 배우고 익히면 건강한 사회가 된다. 흔들림이 없는 방향성을 지니고 자만심 우월감을 내려놓고 평정심으로 올바른 이해와 올바른 사고를 하는 사람, 나와 남의 행복을 동시에 바라는 사람이 되어라. 인생은 인풋(Input)과 아웃풋(Output)의 적절한 조화에 있으며 인풋은 아웃풋을 위한 준비단계이다. 따라서 학습만 하고 말만 하는 사람보다는 행동에 옮기는 실천적 지성인이 필요하다. 아무리 책을 많이 읽고 수많은 데이터를 머릿속에 가지고 있어도 아웃풋이 안 되면, 즉 말과 행동으로 보여주지 않으면 무용지물이다. 따라서 말하기, 글쓰기 그리고 성숙된 행동으로 아웃풋이 되어야 한다. 그래서 타인과 비교하지 말고 오직 어제의 나와 비교하라는 말은 여전히 지혜를 담고 있다.

리스크(risk) 없는 삶, 안락지대에 머무는 삶은 죽은 삶이다. 진정한 자유는 수많은 성찰과 자기 극복에서 나온다. 동물적 본능으로 하고 싶은 대로 타인을 배려하지 않고 타인을 지배하려는 폭력성과 야만성은 자유가 아니라 구속이다. 윤리적 파탄이나 영적 파탄은 자기파멸에 이르는 지름길이다. 다른 사람의 조언이나 충고는 참고사항에 불과하며 최종적 판단과 행동은 본인이 해야 하고 책임을 져야 한다. 타인은 당신 삶에 무관심하다. 잘못되면 즐거워하는 경우도 있다. 행동이 전제되지 않으면 지식은 아무 소용이 없다. 지식은 힘이라는 말이 있지만 현실의 삶에 적용되어 실천적 행동으로 변화해야 의미가 있다. 실천이 안 되면 무용지물이다.

독립적이고 주체적이며 자신에 대한 확신이 없으면 다른 사람의 제물이나 희생양이 된다. 우리는 인간관계에서 사회적 계급장을 무시하고 대등한 관계에서 거래해야 한다. 나이, 직책, 서열에 매여 종속적이며 굴종적일 때 노예가 된다. 내가 좋아하는 일과 싫은 일, '싫다'와 '안 된다'를 분명히 해야 한다. "못 해, 안 돼"라고 크게 외치자. 자아를 완전히 상실한 무골호인이 되어선 결코 안 된다. 차이와 다름이 포스트모던 문화의 핵심이다. 어깨를 똑바로 펴고 상대편의 눈을 응시하며 자신감 있게 말하라. 자기억압과 자기의 한계를 설정하는 부정적 반자아를 지속적으로 물리쳐야 한다. 당신은 특별한 사람이며 세상에서 유일한 사람이기 때문이다. 우리는 사회생활을 하면서 타인과의 관계를 피할 수 없다. 때로는 사이코 패스, 소시오패스, 자아도취자와 같은 고약한 사람을 만날 수도 있다. 이런 사람들은 전혀 당신의 삶에 도움이 안 되기 때문에 즉각적 반응보다는 현명한 대응이 필요하다. 언어의 유동성을 인식해서 상대의 말에 즉각적 반응을 보여 조정당하지 말고 유머나 위트 또는 단호한 주장으로 현명하게 대응해야 한다.

인간과 인간 그리고 인간과 자연의 관계에서 경이감으로 매 순간 존재의 소중함을 인지하고 살아 있는 기쁨을 누린다면 성공적 인생이라 할 수 있다. 수치심 혐오감 같은 자기부정적 독소를 완전히 사라지게 하고 죽고살기로 밀어붙이기식의 억지를 내세우기보다는 즐겁고 신나게 하고 싶은 일을 하라. 부탁하고 도움을 받고 때때로 본의 아니게 다른 사람들에게 피해도 줄 수 있지만 나르시시즘에 빠져 너를 위해 나를 희생하는 태도는 버리고 나를 위해 너를 희생하지도 말고 있는 그대로 자신의 모습에 충실하라. 원하고 노력하면 다 할 수 있다. 집착을 지녀서 한 군데 정체되지말고 흐르는 물처럼 의식의 변화가 이루어져야 한다. 독선적이고 우월적인 의식은 버리고 판단보다는 이해하는 능력을 길러서 서로를 즐겁고 신나게 해주고 신바람 나게 살아야 한다. 평정심을 지녀서 언제나 내려놓는 마음으로 집착과 헛된 외부평가에 초연하고 자신에게 충실해야 한다. 가장 높은 가치가 생산성이며 최고여야 된다는 생각을 버리고 강박에서 벗어나 자유로운 마음으로 살라. 게으르다 비난 말고 한가로움과 여유를 즐기는 마음으로 자유롭게 살아가야 한다. 자유를 구속하는 최고의 적은 반자아이다. 따라서 대부분의 반자아는 망상과 무의식적 환상이며 이를 버려야 한다.

한 사람이 사회에서 성공하기 위해서는 업무능력과 학업능력으로 표현되는 지적능력(IQ) 개발도 대단히 중요하지만 정서적으로 타자의 입장이나 심정에 공감하는 공감능력(EQ) 또한 중요하다. 일반적으로 공개경쟁시험을 통해 취직하는 데 지적능력이 가장 큰 영향을 주지만 일단 직장에 들어서면 사회생활을 하게 되고 공감능력이 더 큰 영향을 주며 나아가서 개인의 행복을 위해 보다 큰 인생의 의미와 목적을 깨달으려면 영적지능이 중요하다. 지적능력이나 공감능력보다 높고 보다 중요한 능력, 즉 총체적인 지혜(SQ)가 더욱 필요한 것이다. 그래서 현대에는 총체적 교육(holistic education)이 대세이다. 영적 지능 개발의 중요성은 아무리 강조해도 지나치지 않다. 영적 지능이란 변화와 성장과 밀접한 관계가 있다. 마치 우리가 몸과 정신 그리고 마음이 삼위일체로 이루어져 서로 상호관계를 맺듯이 몸과 마음, 그리고 장신의 3가지 영역을 넘어서 다중지능을 통제하는 것, 이러한 보다 더 큰 영역을 담당하는 것이 영적 지능이다. 영적 지능은 나를 움직이는 생명력이다.

매슬로우(Maslow)가 '욕구 피라미드(need pyramid)'에서 보여주듯이 먹고 마시고 자는 생물학적, 생리적 욕구단계를 넘어서면 안전에 대한 욕구 충족이 필요하며 이를 넘어서서 사랑에 대한 욕구, 존경에 대한 욕구를 충족하고자 한다. 사랑과 인정 즉 존경에 대한 욕구가 충족된다면 상위욕구가 하위욕구를 지배하기 때문에 다소 가난해도 행복할 수 있다는 말이다. 사랑에 대한 욕구가 충족되면 알고 이해하려는 욕구 즉 미학적 욕구를 넘어서 마침내 자기실현의 욕구를 갈망한다. 다시 말해서 자기인식과 변화, 각자 자신의 삶에 대한 의미와 목적을 찾는 일, 즉 영적 지능에 눈을 뜬다. 영적 지능은 지적 지능과 감성 지능 그리고 신체의 건강을 개발하는 일과 밀접한 관계를 지닌다.

영적 지능은 나는 누구인가? 나의 존재 의미는 어디에 있을까? 하는 물음에 해답을 찾는 능력이다. 오로지 나 자신에 국한된 영역이 아니라 관계 즉 나와 자신, 나와 타자, 나와 자연 그리고 나와 하나님과의 관계에 대한 영역이다. 하나님이 나를 창조하시고 나에게 무한한 잠재력을 주셨으니 나는 나를 사랑하고 나의 잠재력을 최고로 개발해서 타자에게 기쁨을 주고 나 자신은 성취의 기쁨을 누리며 영광은 오로지 하나님께 돌린다는 이야기이다. 더불어 조화를 이루며 사는 기쁨은 단순히 세상을 이분법적 흑백 TV가 아니라 생명체의 다양성과 경이로움을 존중하고 함께 공존하는 칼라 TV로 보는 것과 관계가 있다. 성장모드와 긍정모드를 추진하는 원동력이 영적지능의 개발인 것이다.

우리는 흔히 지적능력(IQ)만을 강조한다. 학교공부 특히 주입식인 인지적 지식 학습에만 열의를 보이고 영적 능력의 확장을 도모하거나 일상생활에서 주체적이며 능동적이고 도움이 되는 일을 학습하지 않는다. 교육이 출세나 돈 버는 수단으로 전락한 상태이다. 하지만 이것은 과거의 전통적 교육목표이다. 이와 같은 맹목적 지식주입과 암기식 학습은 개인의 고립과 단절, 소외, 불안, 자기신뢰의 결핍과 같은 부작용을 심화시킨다. 설령 수입이 좋은 직업을 얻는 데 성공했어도 불행한 삶들이 많다. 가령 의사나 변호사, 약사, 교수와 같은 직업에 종사하는 사람들도 모두가 행복하고 만족하는 것은 아니다. 학점과 돈 버는 능력에 초점을 두어 온갖 에너지를 쏟아붓고 정작 중요한 일상적 삶의 행복과 유쾌함을 상실하는 것이다. 인생의 깊은 의미와 목적 상실로 인해 우울감과 정서적 스트레스로 고통을 받는다. 인생은 즐겁고 신나는 여정이 되어야 하고 학문은 지적 탐구의 즐거움, 발견의 즐거움과 성취의 즐거움을 동반해야 한다.

하지만 대부분의 사람들이 치열한 학업성취 경쟁으로 명문대 진학에 목표를 두며 자신의 적성과 취향에 무관하게 전력투구하여 의사, 변호사, 교수가 되려고 한다. 명문대 진학에 성공했더라도 원하는 직업을 얻는 데 성공하는 것은 아니며 만일 그런 분야에 진입하는데 성공했다고 하더라도 하는 일이 지겹고 힘들고 고통스럽다면 실패한 인생이 될 수도 있다. 자신의 능력에 대해 과소평가하게 되고 행복에 부정적 영향을 준다. 인간은 인공지능과 다르기 때문이다. 다중지능의 중요성을 이해하고 의식의 팽창과 관계의 중요성을 인식하며 명상과 마음챙김을 통해 고요, 평화, 사색, 스트레스 줄이기에 관심을 돌려라. 이러한 상황에 대한 정신적 자각은 판단력을 개발하며 정보를 처리하고 문제를 해결하는 능력, 삶의 의미와 목적을 아는 능력을 무한히 확장시킨다. 그러므로 누구나 자신이 좋아하는 일 즉 신나는 일을 해야 행복할 수 있다. 동기화된 재능(motivated talent)과 몰입(flow/obsession) 그리고 인내심과 노력 (patience/effort)은 성취의 주된 동인이다. 음악을 좋아하면 음악가로 진로를 정해야 하고 미술을 좋아하면 화가가 되어야 한다. 다람쥐 보고 새가 되라고 하고 새 보고 다람쥐가 되라고 하면 성공할 수도 없으며 엄청나게 괴롭고 개인을 자살이나 파멸로 이르게 할 것이다.

세상에는 수많은 직업이 있고 어느 분야에서 종사하든지 행복한 사람이 존재한다. 직업이 단순히 밥벌이나 돈벌이 수단이 된다면 그 일은 생업이고 어쩔 수 없이 하는 일이 되고 만다. 하지만 자기가 좋아하는 일을 하면 일이 놀이고 놀이가 일이 되며 스스로 천직이라고 생각한다. 어떤 일이든 스스로 신이 나야 즐겁고 성공할 수가 있다. 일과 놀이는 춤과 춤꾼처럼 하나가 되어야 한다. 한 가지 더, 자기가 좋아하는 분야에서 최고가 되면 사람들은 자기중심적 이기주의에 빠지기 쉽다. 자기분야에서는 최고지만 인간 삶의 다양성에 비추어 볼 때 그가 하는 일은 수억 분의 일에 해당하는 아주 작은 부분이다. 이처럼 분석적 태도에서 벗어나 전체를 아우르는 종합적 시각에서 인생을 조망하는 것도 필요하다. 아무리 지적능력이 뛰어나도 자기 분야만 최고인 것처럼 자기중심의 감옥에 갇혀서 살면 거만하고 이기적인 마음이 커져 불행하고 실패한 인생이 될 수 있다.

그래서 언제나 열린 마음으로 다양한 분야의 능력을 수용하며 긍정적으로 자기 암시를 통해서 나와 타인에게 선의를 담은 말을 송출해야 한다. 왜냐하면 우리의 삶이란 아무리 뛰어나더라도 혼자서는 무의미하기 때문이다. 우리는 타자와의 관계 속에서 의미를 생성한다. 이런 점에서 영적 능력의 확장이 매우 중요하며 교육도 영적 능력의 확장에 초점을 두어야 한다. 결국 우리는 한 번 뿐인 인생에서 완전한 행복을 느끼기 위해 긍정모드와 성장모드를 지키면서 지속적인 변화와 성장을 추구하면서 살아가는 존재가 되어야 한다.

4

육체와 정신:

몸과 마음, 상호관계의 신비성

인생이란 건강한 정신과 건강한 육체를 만들어가는 과정이다. 정신과 육체는 밀접한 상호작용을 하고 있기 때문에 일체라고도 할 수 있으며 행복한 삶을 위해서는 정신적 건강과 육체적 건강 증진에 대한 지속적 관심과 노력이 필요하다. 건강한 신체와 건강한 정신의 조화로운 균형이 행복의 뿌리이다.

정신이 육체에 미치는 영향을 설명할 때 드는 가장 대표적인 예가 '플라시보 효과(placebo effect)'와 '노시보 효과(nocebo effect)'이다. 이 효과는 정신과 신체가 얼마나 긴밀하며 유기적 관계를 맺고 있는지를 명료하게 알려주고 있다.

플라시보 효과란 환자에게 긍정적인 믿음을 제공해서 병세가 호전되는 현상이다. 긍정적 신념이 몸에 영향을 준다는 증거로 사용된다. 설탕물을 주면서 감기의 치료에 특효약이라고 말하면, 그렇게 믿고 실제로 효과가 있다는 사실이다. 반대로 노시보 효과란 부정적인 생각으로 부정적인 결과가 나타나는 현상이다. 아무리 좋은 약이라도 우리 스스로가 절대 소용이 없다고 간절하게 믿으면 효과가 현저히 줄어든다는 것이다. 이뿐만이 아니다. 실제로 각 분야에서 최고 능력을 보여주는 사람들은 자기최면 효과를 극대로 사용한다고 한다. 늘 긍정적이고 밝은 생각과 더불어 자신을 신뢰하고 사랑하면 반드시 좋은 기운을 불러 매사가 성공적으로 잘 풀린다는 것이다. 이처럼 똑같은 사건이나 문제에 대해서도 관점이나 시각에 따라 전혀 상반된 태도를 형성할 수 있다. 이 말은 유쾌함과 불쾌함이라는 상반된 감정이 당신의 시각과 관점에 따라 좌우된다는 사실이다. 유쾌한 기분은 엔도르핀과 도파민의 작용을 불러일으켜 더욱 신체적 건강을 활성화하고, 불쾌함은 아드레날린을 분비시켜 스트레스로 자신의 신체를 병들게 한다.

몸과 마음의 이해를 위해서 인간의 뇌와 몸의 복합적 특성을 이해할 필요가 있다. 인간의 뇌의 활동 즉 정신과, 그 지배를 받는 신체는 밀접하게 연동되어 있다는 사실을 깊이 인식할 필요가 있다. 성공적 인생이란 건강한 신체와 건강한 마음을 만들어 가는 과정이다. 건강한 신체 없이 건강한 마음은 존재할 수 없으며 건강한 마음 없이 건강한 신체가 존재할 수 없다. 몸과 마음은 하나의 유기체이기 때문에 이분법으로 분리해서 사고할 수 없다. 몸과 마음은 지속적으로 내화하며 그 사이의 간극을 없애고 망가진 부분에 있어 스스로 치유를 부른다. 몸의 건강은 정신건강과 직결되고, 정신건강은 신체에 지대한 영향을 미친다. 정신은 육체를 통제하고 육체는 정신을 통제하기 때문이다. 어떤 이는 연구나 정신적 활동에 너무 몰입한 나머지 육체를 병들게 하고, 또 어떤 이는 지나치게 과도한 육체적 활동으로 정신을 병들게 할 수도 있다. 그래서 우리는 늘 마음의 평화와 유쾌한 감정을 유지해야 한다. 도파민의 활성화는 긍정적 메시지를 샘솟게 한다. 한편 늘 불평과 불만에 가득차고 매사에 신경질적이며 부정적인 사람은 정신이 병들게 되고, 뇌가 아드레날린을 분비하여 육체에도 암 덩어리들이 찾아온다. 당신을 자극하고 불쾌하게 만드는 사람에게 지나친 친절과 선량함을 보이려 애쓰지 않는가? 먹잇감이 되지 말라. 그런 사람들을 만나면 냉담하게 형식적으로만 대하고 소통하려 하지 말고 단절까지 고려해 보자.

인생이란 자신이 만들어가는 만화경과도 같은 것이다. 나는 누구인가? 무엇 때문에 무엇을 위해서 사는가? 그대는 왜 대통령이 되고 장군이 되고 교수가 되고 노벨상에 도전하려 하는가?

또한 왜 5급 시험 행정고시 합격을 기원하며 경찰대학에 가려고 하는가? 왜 박사와 변호사, 의사가 되려고 하는가? 수천억의 재산이 있는 억만장자가 되려는가? 아마도 개인의 이기적 욕망 달성이 아니라 사회와 인류의 행복과 번영을 위해서 자기 재능을 기부하고 싶어서일지도 모른다. 이러한 큰 꿈과 목표에 앞서 그 일이 진정으로 자신이 하고 싶은 일인가? 그 점을 반드시 성찰해야 한다. 일 그 자체를 즐기지 못하고 지나치게 정신을 혹사한 나머지 비인간적 괴물, 정신적 불구자가 되면 육체의 질병도 찾아오기 마련이다. 따라서 정신의 건강은 매우 중요하다. 반대로 신체적 질병이 심각하면 정신적으로 망상과 허상을 보게 되며, 잘못된 인식으로 정신적 불구가 된다. 건전한 신체에 건전한 정신이 깃든다는 말은 여전히 보편적 진리이다. 망상과 허상은 신체적 병약함에서 오며 자신의 자유의지와 무관하게 이성과 감성을 마비시킨다.

우리는 늘 스스로 의식적이든 무의식적이든 자신을 학대하고 부정한다. 소위 자기혐오이다. 그리고 자신을 좁은 세계에 국한시키고 그것을 깨트리려고 하면 분노와 폭력으로 저항한다. 최근 뇌과학자들은 신경가소성이 사실임을 밝혔다. 뇌가소성(신경가소성)이란 뇌가 고정되고 불변하는 것이 아니라 지속적으로 변화한다는 사실이다. 따라서 우리는 지속적으로 우리의 뇌를 리세팅(resetting)해서 뇌를 개발하고 발전시켜야 한다. 현대 뇌과학에서 밝혀냈듯이 인간의 뇌는 죽는 날까지 성장하기 때문이다.

모든 생물은 유동적이며 매 순간 변화한다. 쓰레기 대화나 쓰레기 생각으로 유한한 시간을 소모하지 말고 평화롭고 강인한 생각을 해야 한다. 악하고 추악한 생각이 아니라 선하고 아름다운 생각으로 전환하면 늘 육체적, 정신적으로 건강해진다. 화가 나고 흥분하고 까칠하기보다는 즐겁고 재미있는 생각, 독창적이며 생산적 사고로 일을 하는 것이 완전한 행복에 이르는 길이다. 부정적 사고에 매몰되지 말고 언제나 좋은 허구를 많이 창조하면 몸도 마음도 건강해진다는 생각이다.

인간은 홀로 있으면 외롭고 고독하며 반자아라는 부정적 사고가 침투하기 마련이다. 그래서 혼자 사는 사람이 대체로 일찍 죽는다. 고독사라는 용어가 존재하는 이유다. 사람과 사람 사이의 관계는 양보다 질이 매우 중요하다. 깊이 있는 관계는 서로 긍정적이며 잘되는 일에 집중하도록 만들어 서로 윈윈(상호발전)한다. 제일 나쁜 것이 나에게 지나치게 매몰되어 부정적 자아 즉 반자아의 포로가 되어 자아를 완전히 상실하는 것이다. 되풀이하지만 인간의 행복은 신체적, 정신적 건강에 달려있다. 그래서 예부터 선인들은 신체와 정신의 건강을 위해서 중용과 절제의 미덕을 강조해 왔다. 지나친 집착과 승부욕, 경쟁의식은 자신의 건강을 해치며 나를 파멸로 몰아갈 수 있다. 부정적 감정의 완전 연소가 필요하다. 어두운 사고는 자신을 죽음과 파멸로 이끈다. 제2자아라고 불리는 반자아는 어둠의 자아이며 이를 단호하게 거부해야 한다. 세상에서 가장 강한 전염병은 부정적 사고의 확산으로 반자아가 자아를 완전히 상실하게 만드는 것이다.

이처럼 인간의 몸과 마음, 신체와 정신은 긴밀한 상호관계 속에 있다. 인간은 수많은 전기적 파장으로 다른 사람들과 신호를 주고받는다. 밝고 명랑하며 활기찬 사람은 지속적으로 긍정 에너지, 긍정 사고, 신체적 건강을 촉발하기 때문에 같이 있는 사람도 덩달아 밝고 활기차게 변한다. 전문가에 따르면 얼굴을 보면 그 사람이 어느 정도 장수할까를 예측할 수 있다고 한다. 그것은 그 사람의 정신적 건강이 신체 피부에 밀접한 영향을 주기 때문이다. 내 인생은 늘 기분이 좋고 아름답고 신나는 인생이라는 생각은 그대의 몸을 젊고 아름다운 신체로 만들어 줄 것이다. 우리는 흔히 절식과 운동을 건강의 2대 요소로 본다. 물론 식이요법이나 지속적 운동을 유지하는 것은 중요하다.

하지만 이런 이분법적 사고는 결코 건강한 신체를 만들지 못하는 것을 아는 것이 더 중요하다. 아무리 명의에게 치료를 받는다 해도 그 의사가 당신의 마음 상태 즉 의식 상태를 고칠 수는 없는 노릇이다. 우리는 이 점을 분명하게 알아야 한다. 우울증에 걸려 정신과 의사의 진단과 처방을 받고 오랜 기간 돈과 시간을 소비한들 여러분 자신의 의식구조가 바뀌지 않는 한 결코 완치되지 않을 것이다. 당신이 병든 육체를 지니는가 건강한 육체를 지니는가 하는 문제의 뿌리는 당신의 정신적-내면적 언어에 기초하기 때문이다. 결국 신체의 건강은 당신의 생각에 달려 있다. 마음먹기에 달려 있다는 말이다. 정신 건강의 선택권과 주도권은 의사가 쥐고 있는 게 아니라 바로 여러분 자신임을 명심해야 할 것이다. 이런 점에서 여러분의 운명은 여러분 스스로 만들어가는 것이라고 할 수 있다.

병든 육체와 병든 정신이란 무엇인가? 우리는 흔히 몸이 아프면 병원에 가서 의사의 진단과 처방으로 약을 복용하는 약물치료를 하든가 수술을 하든가 또는 물리치료를 한다. 의사는 개개인의 신체적 특징에서 오는 차이를 무시한 채 획일적으로 진단과 처방을 내린다. 우리의 신체는 참으로 신비스럽다. 모든 분야가 유기적으로 연결되어 상호작용을 하며 자연적인 회복탄력성은 물론 병균에 저항하는 항체를 형성하여 우리 몸을 지킨다. 따라서 물리적 접근으로는 해결 불가능한 보이지 않는 부분이 있다. 즉 정신적 질병과 육체적 질병의 상호작용을 간과해선 안 된다는 것이다. 자성예언, 자기최면이라고 불리는 이 현상은 정신적으로 늘 유쾌하고 즐거우면 신체적 질병도 회복될 수 있다는 믿음이다. 이 방법은 환자 자신을 중심으로 자신의 신체적 반응에 관심을 기울이고 늘 편안하고 안정된 대화를 해주는 것이다. 즉 모든 신체의 활동들에 귀를 기울이며 조금이라도 불편한 신호가 오면 이를 즉시 해결해 주는 것이다.

부정적 자아란 나르시시스트적인(narcissistic) 자아도취-자기가 잘

났다는 생각에 기초한다. 자기보다 잘난 사람이라고 생각되면 굽실거리고, 그렇지 않으면 거지라고 무시하는 태도이다. 올바른 자아를 지닌 사람은 타자를 무시하지 않고 잘난 이나 못난 이나 똑같이 대우하며 절대 도와달라는 요청 없이는 남의 삶에 직접적으로 간섭하지 않고 모든 사람들이 다 소중함을 아는 사람이다. 그래서 자신에게는 엄격하지만 타자에게 친절하며, 서로 돕고 도우며 살기, 서로 이해하기, 배려와 도움으로 함께 나누기를 실천한다. 사실 누구에게나 모든 사람의 사랑을 받기는 어렵다. 인간관계에서 만나는 사람들 중 50%만 자신을 좋아하고 소통하면 최대의 성공이라고 흔히 말한다. 청소하고 놀고 이야기하고 일하는 모든 게 다 소중하다. 교수처럼 연구나 강의에 몰입하다 보면 다른 것을 소홀히 할 수 있다. 그래서 겸손한 자세로 지속적으로 배우는 즐거움, 베푸는 즐거움을 익혀야 한다.

부정적 자아로 마음이 황폐하면 고인 물이 썩듯이 육체도 병들며 결국 자신이 망가진다. 늘 즐거운 기분으로 즐겁게 사는 것이 인생의 지침이 되어야 한다. 내 인생에 만족하고 늘 긍정적 감정을 지니는 것이 중요하다. 그러면 육체의 건강은 저절로 수반된다. 병든 신체냐 건강한 신체냐는 근본적으로 당신의 생각에 뿌리를 둔다. 악한 생각, 악한 행동은 몸도 망친다. 인생은 자기 스스로 만들어가는 것이다. 결국 모든 힘의 원천은 자신의 내부에 달려 있다. 긍정의 말과 꿈과 희망의 말 그리고 실천, 아름다운 생각과 아름다운 언어사용은 그 자체만으로도 본인의 삶을 건강하게 만들며 성공적인 사회활동을 할 수 있게 돕는다.

명상과 마음챙김은 정신 건강과 집중력 개발에 좋은 활동이다. 서로 비슷한 용어로 사용되지만 명상이 조용한 자기성찰이라면 마음챙김은 보다 폭넓은 용어로 정신과 마음, 이성과 감성이 주는 신체와의 관계에 대한 성찰이다. 마음챙김은 인생에서 의미와 목적을 추구하며 정신적 자각을 통해서 스트레스 줄이기와 분노를 사라지게 하고 우울감을 없애며 자유롭고 평안한 기분을 유지시켜 준다. 또한 마음챙김은 평상심을 유지해서 자기억압을 피하고 동요되거나 불안정한 심리상태에서 벗어나 늘 유쾌하고 즐거운 기분을 유지하도록 해준다. 따라서 늘 범사에 감사하고 기뻐하며 행복감을 느끼게 된다.

정신의 중요성은 아무리 강조해도 지나치지 않다. 정신은 그 사람의 생각이자 의식적이며 무의식적인 내면 대화다. 비열하고 천박한 자기혐오와 어두운 생각은 정신은 물론 육체까지 병들게 만든다. 반면에 자아를 자신의 참주인으로 삼고 평화롭고 아름다운 생각을 하면 건강한 몸과 행복한 생활을 누리게 된다. 좋은 생각은 좋은 행동을 만들며 반복되면 습관이 형성되어 그 사람의 운명을 결정한다. 유유상종(Birds of a feather flock together)이란 말이 있다. 부정적 의식이 가득한 자는 어둠을 부르고, 밝고 고요하며 평화로운 자는 밝음을 부른다. 악의 지배를 받을 것인가 선의 지배를 받을 것인가는 결국 자신의 내면적 생각이 좌우하며 당신의 선택에 달려 있다. 쓰레기 같은 생각과 행동으로 인생을 낭비하지 말라. 인생은 유한하다. 결국 꿈꾸는 대로 이루어진다. 생각하는 대로 이루어진다(Everything can be done as you think).

그렇다면 정신만 건강하고 육체를 소홀히 하면 문제가 없는가? 결코 아니다. 꾸준히 운동하고 식이요법으로 식사관리에 신경을 쓰고 신체의 건강함을 위해 노력해야 한다. 몸이 병이 들면 아무리 고상한 정신도 병들게 마련이다. 어깨를 똑바로 펴고 자세를 바로 하고 걷는 것만으로도 정신에 자신감을 줄 수 있다. 늠름하고 튼튼하게 자신의 신체를 가꾸자. 몸이 병들면 정신도 위축되고 자신감도 떨어진다. 이처럼 정신적 건강도 매우 중요하지만 신체의 건강도 상호보완이 되어야 한다. 건강하고 아름다운 정신만으로 망가진 몸을 회복하기란 어렵다. 지나친 과로로 몸이 망가지면 마음도 정신도 함께 약해지기 때문이다. 좋은 생각과 변함이 없는 운동으로 상호보완적 태도를 지녀야 한다. 좋은 생각을 실천하고 행동에 옮기려는 열정 그리고 추진력은 건강한 몸의 활력을 돕는다. 이런 사람들은 생기 있고 밝은 생각과 더불어 자율신경이 안정되어 젊고 매력이 넘치는 아름다움을 발산한다.

몸과 마음이 신나는 세계는 몸과 마음을 아름답게 가꾸기에서 출발하고, 즐겁고 신나게 놀기는 현재의 자유를 마음껏 즐기는 데 기초한다. 인생이란 만들어지고 있는 미완성의 과정이다. 자신의 신체 사랑은 매우 중요해서 소중한 신체를 훈련시키고 건강하게 유지하는 일이 행복의 뿌리이다. 매일 아침 1시간씩 걷기(유산소운동)와 근력운동을 병행하면 특별히 골프나 테니스 수영을 하지 않더라도 별 문제가 없다. 우리는 누구나 몸과 마음의 깊은 관계성에 주목해서 건강한 신체와 정신의 균형을 유지해야 한다. 나와 타자, 나와 자연, 나와 사회의 유기적 관계성을 이해해야 한다. 친절함, 공감과 배려, 상호존중, 늘 부드럽고 평화로운 마음이 신체를 건강하게 한다. 기분 좋음과 유쾌함이 신체를 건강하게 만들고 신체의 단련이 정신을 건강하게 한다. 우울하고 하는 일이 뜻대로 안될 때 밖으로 나가 산책을 하든가 테니스를 치든가 탁구를 해서 몸을 움직이면 기분이 저절로 좋아진다.

몸과 마음은 하나이며 지속적으로 소통하는 상호보완적인 관계에 놓여있다. 오랫동안 자신의 몸에 대한 자기혐오는 결국 자아를 정신적으로도 불구로 만든다. 정신이 병들면 자연스럽게 육체가 병들고 망가져서 의사의 도움을 받아야 된다. 몸이 병들면 정신도 전염되어 병들고 정신이 병들면 건강했던 몸도 전염되어 망가진다는 이야기이다. 따라서 지속적인 운동을 통해서 몸을 단련하고 튼튼함을 유지해야 할 뿐만 아니라 자신의 정신세계를 건강하게 유지하기 위한 자기긍정과 자기존중감 배양이 매우 중요하다. 언제나 긍정적이며 평온한 마음은 명상, 사색과 마음 챙김에서 생겨난다. 늘 마음 상태가 평온하며 현재의 일에 집중할 수 있고 유쾌함과 행복감을 느낀다면 신체적 활동과 더불어 이상적인 건강한 생활을 할 수 있다. 그래서 욕심과 탐욕을 버리고 어떤 일에 동요하지 않는 평상심을 지니며 아울러 식사조절과 몸을 움직이는 운동요법으로 신체와 정신의 조화로운 건강을 만드는 것이 행복에 이르는 지름길이자 필수사항인 것이다.

늘 불평과 불만, 마음의 긴장이 지속되면 스트레스로 암이 찾아든다. 암 덩어리들은 여러분의 신체를 조금씩 부패시켜 마침내 사망에 이르게 한다. 그래서 건강한 신체를 위해서 각종 스포츠 활동을 즐기되 매사에 여유(down-time)를 지니고 평상심을 유지하면서 태연하고 침착하게 일을 수행해야 하는 것이다. 매일매일을 성장과 변화의 과정으로 알고 강한 의지로 죽는 날까지 성장하고 발전하자. 완전한 행복은 신체적 건강뿐만 아니라 정신적 건강이 함께 일체가 될 때 따라오며 정신적 건강은 지속적인 변화와 성장 그리고 이에 따른 유쾌한 기분에 달려 있다. 여러분이 이 책을 읽는 이유는 무엇인가. 육체적 건강을 위해서 헬스장에 등록하고 매일 신체단련을 하듯이, 정신적 건강을 위해서 지속적인 변화와 성장 그리고 완전한 행복에 이르기 위해 읽고 있는 것이 아닌가. 세계적 심리학자 안젤라 더크워스(Angela Duckworth)는 높은 목표를 달성하는 열정과 끈기(The power of passion and perseverance)를 그릿(Grit)이라고 정의하고 모든 성공에서 그릿의 중요성을 입증했다. 우리는 그릿의 동인을 나를 찾아가는 여행에서 발견할 수 있음을 주목해야 한다.

5

가족생활:

사랑, 결혼 그리고 가족관계

인생이란 사랑과 결혼, 자녀와의 관계에서 풍성해진다. 모든 인간관계에
서 근본적이고 원초적인 것은 남녀관계이다. 남녀의 순수한 사랑만큼 강
렬하고 경이로우며 신비로운 관계는 없다. 사랑의 결실인 자녀와의 관계
도 인생을 풍요롭게 만든다. 전자가 에로스적 사랑이라면 후자는 아가페
적 사랑이다. 그래서 사랑과 결혼 그리고 자녀는 인생의 꽃이자 열매이다.

인생이란 수많은 관계 속에서 그 의미와 목적을 지닌다. 만일 우리가 이 세상에 유일하게 혼자 존재한다면 삶의 의미와 목적도 존재하기 어려우며 진선미라는 인간의 가치추구도 아무런 의미를 지니지 못한다. 우리는 나와의 관계, 타인과의 관계, 지역사회와의 관계, 나라와의 관계, 세계와의 관계, 자연과의 관계, 생명체와의 관계 안에서 삶의 의미와 가치를 생성한다. 인간이란 언제나 타자와의 관계 속에서 의미와 가치를 배우기 때문에 행복해지려면 바로 그 관계에 초점을 두어야 한다. 주변 환경과 타인에 대한 연결 능력의 결여는 자신의 능력을 제한시키고 자기인식을 어렵게 하며 고립과 고독을 자초한다. 앞장에서 고찰한 언어 사용의 문제, 언어의 속성과 자아와 반자아 개념 역시 타자와의 관계 속에서 그 빛을 발한다. 혼자 산다면, 혼자 운전한다면 자기가 하고 싶은 대로 해도 아무런 문제가 없다. 그러나 인간은 혼자서 외로운 섬처럼 지낼 수 없다. 인간은 언제나 관계 속에서 의미를 찾는다.

모든 인간관계의 출발점이 가족이다. 가족은 남녀관계에서 출발한다. 영국의 20세기 소설가 로렌스(D.H. Lawrence)는 "모든 인간관계에서 가장 중요한 관계가 남녀관계이며 다른 인간관계는 부차적"이라고 주장했다. 부부관계 그리고 부모와 자식 간의 관계는 모든 인간관계의 기초가 된다. 무엇보다도 건강한 가족관계는 서로의 독립성과 개성을 인정해 주는 데 있다. 다른 동물도 그러하듯이 태어난 후의 유아시절엔 전적으로 부모의 돌봄이 필요하다. 그러나 점차 성장하면서 고정된 잣대로 자녀를 판단하고 돌봄이라는 이유로 좌지우지하려 들고 비난하기보다는 자녀를 믿고 신뢰하며 긍정적 시선을 주어야 한다. 괜한 잔소리로 혹은 스트레스 용으로 비난과 힐난을 하면 자녀는 더욱 자신의 능력을 개발하지 못하고 망가지게 된다. 이런 부모들이 흔히 하는 말이 "다 너 잘되라고 하는 말이야" 또는 "좋은 약이 입에 쓰지"이다. 그렇게 자식들에게 야단을 치는 것을 정당화한다. 이런 부모와 자란 아동들은 스트레스 때문에 심리적 안정감을 찾지 못하고 학습능력 저하, 정서적 지능 부족, 영적 능력 부족, 타인이 나를 어떻게 생각할까 하는 불안과 두려움, 심지어 우울증과 같은 심한 정신질환을 겪기도 한다. 따라서 부모는 자녀들이 스스로 알아서 잘할 거라고 믿고 필요한 것만을 도와주면 된다. 이 과정에서도 가장 중요한 것이 상호 정서적 교류를 바탕으로 한 유쾌한 대화이다. 절대 비난이나 힐난 또는 훈계는 금물이다.

인간관계에서 가족이 주는 스트레스는 학습 장애와 인생의 목적에 대한 혼란을 야기한다. 인간은 신체적, 창조적 활동은 물론 주체적으로 자기 생각대로 사는 법, 즉 스스로 생각하고 스스로 판단하면서 자신의 가치를 창조해 나가는 법을 배워야 하기 때문에 무조건 자녀나 배우자를 믿고 사랑해야 한다. 빗나간 사랑은 독이 될 수도 있다. 흔히 "너 잘되라고"라는 말로 자녀를 비난하며 망가트린다. 자녀의 신체와 정신 그리고 영혼을 송두리째 파괴하면서도 정작 자신이 부모로서 엄청 잘하고 있다고 생각하기도 한다.

우리가 사는 21세기 과학기술시대는 사랑과 결혼 그리고 자녀와의 관계란 이념적인 것에 불과하며, 사랑이라는 이름으로 상대를 세뇌해서 구속과 불행을 만든다는 부정적 믿음도 팽배해 있다. 사실 완전한 자유를 침해받지 않으면서 타인과 함께 사는 데에는 갈등이 있게 마련이다. 나의 자유의 일부분을 희생해야만 다른 사람이 자유를 얻을 수 있기 때문이다. 그렇다면 과연 내 자유를 희생해서 사랑이라는 이름으로 타자를 풍요롭게 해줄 자신이 있는가? 서로가 독립적 인격체로서 변화와 성장을 통해 조율하며 살 자신이 없다면 결혼을 하지 말아야 한다. 페미니즘과 여성의 독립성과 자주성이 강조되며 남성과의 평등성이 어느 때보다도 강조되는 시대이다. 결혼은 구속인가? 자유인가? 하는 물음에 우리는 늘 회의적이다. 결혼은 해도 후회 안 해도 후회라고 말하고 독신자도 점점 많이 증가하고 있는 추세에 있다.

그러나 아직도 서로 사랑하는 남녀가 결혼을 해서 자녀들과 함께 산다는 것은 가족이라는 공동체가 행복을 주기 때문이며 따라서 여러 가지 책임과 의무를 기꺼이 즐겁게 수행하는 것이다. 가정을 이룬다는 것은 스스로 책임과 의무를 다하여 고통과 난관을 극복하겠다는 서약이기도 하다. 이 서약은 인위적인 노력과 선택 즉 책임과 의무, 희생을 요구한다. 달콤하고 감미로운 연애시절이

가고 신혼의 행복도 잠시, 아이를 출산하고 아이를 돌보고 아프면 병원에 데려가며 목욕도 시키고 젖도 먹이며 잘 보살펴야 한다. 과거 독신 시절에는 자신 하나만 신경을 쓰면 되지만 결혼하면 아내나 남편, 자녀의 모든 문제를 해결하고 기꺼이 고통과 희생을 감수해야 한다. 만일 자신의 개인적 자유와 쾌락만을 위해서 살고자 하는 사람이 단지 성적 쾌락만을 위해서 결혼했다면 배우자를 배반하고 자식들을 돌보는 일을 포기할 수도 있다. 이런 사람은 진정한 사랑이 머무는 가족관계를 결코 경험하지 못할 것이다.

자기중심적이며 이기적인 사람, 자신만의 발전을 위해 사는 사람은 절대 결혼을 하지 말아야 한다. 만일 한 남자가 사랑을 성적 욕망 충족이라고 착각하고 합법적 성생활 때문에 결혼한다면 치명적으로 잘못된 선택을 내린 것이다. 성적 쾌락을 충족시키고 싶다면 포크너의 소설 『소음과 분노』의 제이슨처럼 시간제 창녀를 고용하면 된다. 제이슨은 돈 버는 일과 물질적 욕망에 사로잡힌 인물로 그의 주된 관심사는 오로지 일과 돈이다. 그는 철저히 정신적으로 불구인 삶을 사는 현대인이다.

배우자는 동물이 아니기 때문에 결혼 생활을 성공적으로 유지하기 위해서는 부부 상호존중이 필요하다. 자식들도 내 욕망 충족의 대상이 아니기 때문에 자신이 원하는 바를 결코 강요해서는 안 된다. 만일 자녀가 자신의 욕망 투영의 대상이 되면, 자식에게 늘 실망하면서 자신도 불행해진다. 남녀관계는 일차적으로 서로에게 성적 매력을 느껴 끌리는 것에서 출발한다. 그러나 일방적이고 동물적인 성욕의 배설, 즉 성폭행이나 성상납과는 전혀 다른 관계이다. 특히 결혼은 반드시 사랑을 전제로 이루어져야 한다. 그래서 사랑할 수 있는 능력의 소유자만이 결혼에 성공할 수 있다. 사랑할 수 없는 사람들은 연애만 하고 서로 따로 살며 좋은 점만 즐기자는 식의 지독한 이기주의자들이 많다. 과거엔 전통과 역사의식을 소중히 여겨 원로나 촌장이 마을 공동체를 지켜나가는 규범이 있었다. 지금은 다양성이나 다원성을 이유로 구속과 질서가 없이 혼돈의 세계에 산다. 그래서 남녀관계에 있어서도 향락과 비윤리적 성행위, 돈과 관련된 도덕적 불감증이 팽배해 있다.

그러나 행복하고 아름다운 가정은 낭만적 사랑에서 피어난다. 사랑으로 살고 살아지는 것들을 사랑하는 존재가 인간이다. 인간관계의 어떤 아름다움도 남녀 간의 낭만적 사랑이 주는 아름다움과 행복감 그리고 전율을 만들지 못한다. 그래서 우리는 사랑 때문에 목숨도 바치는 사람들을 주변에서 자주 목격할 수 있다. 남녀의 진실한 사랑보다 더 의미 있는 일이 또 있을까? 이러한 낭만적 사랑의 결실은 인생에서 매우 값진 소중한 의미를 지닌다. 배우자의 선택은 인생의 가장 중요한 과제이기 때문에 동물적인 욕망의 출구로 상대를 선택하면 최악이다. 영국의 20세기 소설가 로렌스(D.H. Lawrence)가 표현했듯이 "바람직한 남녀관계란 서로 독립적인 존재를 인정하면서 밤하늘의 별처럼 독립적으로 빛나는 관계"가 되어 서로 돕고 협력하고 함께 발전해 나가야 한다. 남녀가 서로의 소중한 개성체를 인정하면서 차이를 인정하고 수용해야

지, 자신의 욕망의 대리만족을 하고자 하면 결코 안 된다. 결혼에 이르는 과정이란 함께 기뻐하고 함께 도우며, 역경을 헤쳐 나가며 서로 협력해서 행복을 찾아가는 과정이기도 하다.

새들이 우는 소리가 모두 다르듯이 사람들도 모두가 다르다. 인간은 지속적으로 서로를 비교하며 서열을 정하고 타인을 멸시하거나 조롱하기도 한다. 심지어 이마에 계급을 새기고 마치 인간적으로 내가 너보다 모든 면에서 우월하다고 생각하는 지독한 갑질이도 있다. 한마디로 소시오패스이다. 물론 지도자는 능력과 역량, 인품이 갖추어져야 지도자의 자리에 앉을 수 있다. 자격이 안 되는 이, 미성숙한 사람이 의자에 앉으면 조직이 망가진다. 낭만적 사랑을 하려면 사랑할 수 있는 능력이 필요하다. 이기적이며 자기중심적인 사람에게는 결코 낭만적 사랑이 찾아오지 않는다. 사랑은 돈이나 비싼 선물로 살 수 있거나 얻을 수 있는 것이 결코 아니다. 사랑은 물물교환이 아니다. 비즈니스가 아니다. 성을 돈으로 사고파는 것은 성적 욕망의 충족과 돈벌이와 다름 아니다. 그래서 돈을 목적으로 섹스를 하는 사람을 여자는 창녀라고 하고 남자는 짐승이라 한다.

사회적 성공과 물질적 부로 어떤 여자든 자기 소유로 만들 수 있다고 착각하는 사람은 진정한 사랑을 모른다. 사랑이란 하늘의 별들이 독립적으로 반짝이듯이 서로의 개성을 인정해주며 서로를 존중해 주고 내 몸같이 아껴주는 내 분신이기도 하다. 사랑은 질투나 욕심으로 얻는 것이 아니다. 『위대한 개츠비』(The Great Gatsby)

에서 개츠비(Gatsby)가 위대한 것은 미국인의 꿈의 추구 즉 물질적 성공을 달성해서가 아니다. 그가 위대한 것은 사랑이라는 높은 가치를 위해서, 그의 낭만적 꿈의 실현을 위해서 모든 것을 희생했기 때문이다. 오늘날 돈 중심 문화에서 보면 개츠비는 순진한 바보처럼 보인다. 그런 그가 부자로 성공해서 매일 밤 호화로운 파티를 개최하는 것은 물질적 부를 과시하기 위해서가 아니라 혹시나 자기가 사랑했던 과거의 연인 데이지(Daisy)를 만날 수 있지 않을까 해서다. 이 소설을 단순히 미국인의 꿈의 붕괴로만 읽는 것은 오독이다. 개츠비가 부자가 된 이유는 자기가 사랑하는 여인 데이지가 물질적 부를 원했기 때문이다. 개츠비의 비극은 그녀가 정신적으로 텅 비고 물질적 향락주의라는 시대적 조류에 편승해서 자신의 안전과 안락만을 위해서 사는 속물적인 여자였다는 데 있다. 엄청난 부를 소유한 신흥부자인 개츠비가 자동차 사고를 낸 데이지의 죄를 스스로 떠안으려는 순수함을 지니고 있다는 점은 매우 낭만적이다. 이런 점에서 사랑이란 낭만적 순수함과 서로의 신뢰에 기초한다. 이러한 순수하고 아름다운 사랑은 아무나 할 수 있는 것이 아니다.

영국에서 결혼 준비서로 꼽히는 『오만과 편견』에서 보여주는 다아시(Darcy)와 엘리자벳(Elizabeth)의 사랑이나 『폭풍의 언덕』에서 보여주는 히스클리프(Heathcliff)와 캐서린(Catherine)의 질풍노도의 사랑. 낭만적 사랑에 빠진 두 남녀보다 아름다운 모습이 또 있을까? 그래서 우리는 순수하고 아름다운 사랑을 위해서 목숨까지도 버릴 수 있는 것이다. 아무리 아름다운 외모의 소유자라도 영혼이 이기심과 허영심, 우월감에 사로잡혀 있으면 역겹고 천박한 분위기가 그를 감싼다. 아무리 잘생기고 부유한 남자라도 이기적이며 여성을 성적 욕망의 배출구, 자신의 소유물이나 노리개 감으로 생각한다면 결코 아름다운 사랑이 이루어질 수 없다. 비록 외모가 평범하더라도 영혼이 아름답고 순수하면서 향기로운 아우라가 감돌면 엄청난 매력을 발산한다. 이런 사람은 보는 것만 해도 설렘과 기쁨이 솟구친다. 그래서 결혼을 준비하는 남녀는 외형적이며 표피적 아름다움 아래에 숨어 있는 진정한 아름다움을 간파하는 통찰력을 지녀야 한다. 지나치게 상대의 외모에 집착해서는 안 된다. 특히 남성이 여성의 외모에 지나치게 집착하는 것은 본능적인 성적 욕구와 관련되어 있어 여성이 단순히 남성의 동물적 욕망충족의 대상이 될 수도 있다. 그러나 진실된 사랑을 아는 남녀가 사랑에 빠지면 다음과 같은 행복을 맛볼 수 있다. 영국의 대문호 셰익스피어의 소네트(14행의 서정시)를 읽어 보자.

진실된 사람들의 결합에
장애물을 허용치 않으리
변심을 알고 변심하는 사랑은
뜻을 바꾼다고 해서 나도 뜻을 바꾸는 사랑은
사랑이 아니니

사랑은 불변의 지표인 것
태풍에 부딪쳐도 변하지 않는
사랑은 방황하는 배들의 북극성 같은 것
높이는 잴 수 있어도 진가를 알 수 없는 것

사랑은 시간의 놀림거리가 아닌 것
장밋빛 입술과 뺨이 시간의 낫질에 상처가 나도
사랑은 시간이 지남에 따라 변치 않고
최후심판의 날까지 지속하나니

이것이 틀린 생각이라고 내게 증명된다면
난 시를 쓰지 않고 인간을 결코 사랑하지 않으리

Let me not to the marriage of true minds

Admit impediments. Love is not love

Which alters when it alteration finds,

Or bends with remover to remove.

Oh, no, it is an ever-fixed mark

That looks on tempests and is never shaken;

It is the star to every wand'ring bark,

whose worth's unknown, although his height be taken.

Love's not Time's fool, though rosy lips and cheeks

Within his bending sickle's compass come;

Love alters not with his brief hours and weeks,

But bears it out even to the edge of doom.

If this be error and upon me proved,

I never writ, not no man ever loved.

16세기 희곡작가이자 위대한 시인 셰익스피어가 남녀 간의 영원한 사랑을 노래한 시이다. 우리가 자주 듣는 표현 중 "검은 머리가 하얗게 파뿌리가 될 때까지"가 있다. 평생의 동반자로서 영원한 사랑을 강조하는 말이다. 이러한 영원한 사랑은 이기적, 타산적이고 자기중심적인 사람은 결코 경험할 수 없는 세계이다.

낭만적 사랑이란 개인의 편안함이나 안락함, 행복감에만 머무르지 않는다. 이런 사랑은 아무런 희생과 노력 없이 결코 경험할 수 없다. 오직 지속적인 수고와 노력으로 얻을 수 있는 것이다.

그녀를 위해, 그를 위해 내가 죽을 수도 있다는 사랑. 청춘 남녀의 이성적 사랑은 에로스적 사랑이며 동시에 아가페적이기도 하다. 사랑에 빠지면 온 세상이 아름다움과 기쁨으로 충만해 보인다. 이러한 사랑은 동물적 본능에 의한 성적인 욕구충족과는 전적으로 다른 것이다. 흔히 많은 청춘 남녀들이 사랑을 섹스라고 생각하며 사랑하면 섹스를 자주 해야 한다고 믿는다. 그러나 이런 잘못된 믿음은 비정상적인 행동을 유발하기도 한다. 남편은 아내에게 아내는 남편에게 의무방어전이니 하는 말을 하면서 마치 하루의 업무나 쾌락의 도구인 양 섹스를 처리한다면 결코 진정한 사랑이 존재할 수 없다.

　지금은 남녀 간의 성적 관계도 상품화해서 나만의 욕망 배설로 쉽게 폄하하는 시대다. 남녀의 육체관계가 서로의 정신적 합일이나 교류가 아니라 욕구를 충족하는 하나의 일회성 행사가 된다. 『소음과 분노』에서 제이슨은 시간이 돈이고 결혼은 시간낭비이자 돈의 낭비라고 생각해 시간제 창녀를 고용해서 성적 욕구를 해결한다. 지금은 섹스 파트너로 성인돌이나 인공 로봇이 나오기도 한다. 그러나 사랑은 이렇게 단편적으로, 내 여자/내 남자 같은 소유욕을 나타내는 말로 정의할 수 없다. 하늘의 별들이 각기 독립적으로 빛나듯이 서로 존중하고 상호 협력을 통해 발전해 나가는 고차원적 우정이 사랑이다.

　사랑과 결혼은 낭만적 서사에서 창조된다. 자신이 진정 누구인지 상대방은 또 누구인지도 잘 모르지만 두 사람이 하나가 되면 사물을 완전히 하나로 보게 되기도 하는 경이로운 감정의 교류인지도 모른다. 서로 깊은 사랑을 하면 내밀한 자아를 드러낸다. 남녀가 서로 이해하고 친밀해지는 과정을 통해 상대의 단점까지 모두 이해하고 감싸줄 수 있다. 그래서 사랑에 빠지면 눈이 먼다고 한다. 우리 자신의 부족함을 덜 부끄러워하게 된다. 그렇다고 육체를 배제시키고 정신적인 플라토닉 러브만을 강조하는 것도 불구적인 사고다. 사랑하는 사람과 성적으로 변함없이 충실하고 그 또는 그녀와 육체적, 정신적 합일을 이루는 것은 바람직스럽고 자연스러운 일이다. 육체와 영혼에는 밀접한 상호관계가 있기 때문에 단순한 성적 기교로 기쁨에 이르는 것이 아니다. 육체가 정신을 지배하고 정신이 육체를 지배한다. 그래서 건강한 신체에 건전한 정신이 깃들고 건전한 정신에 건강한 신체가 생긴다. 매 순간 사랑하는 마음을 선택하라. 최고의 오르가즘은 단순히 성적 기술을 연마해서 이루어지는 것이 아니다. 낭만적 사랑에 기초한 남녀 관계에서 정신적 합일은 물론 서로 존중과 상호 협력을 바탕으로 성관계가 이루어질 때 진정한 오르가즘이 탄생하는 것이다.

결혼은 반드시 해야 하는가? 길고 먼 인생길을 혼자 외롭게 걷기보다는 둘이 걷는 것이 당연히 더 행복하다. 낭만적 사랑은 인생에서 경험해야 할 영순위이다. 그만큼 매우 가치 있는 일이다. 그 감미로움과 경이와 전율 때문에 내 생명을 내놓을 만큼 강렬한 것이 남녀 간의 사랑이다. 19세기 영국시인 로버트 브라우닝(Robert Browning)은 병약한 여류시인 엘리자벳(Elizabeth)과의 깊은 사랑으로 유명하다. 그는 남녀 간의 사랑에 대해서 다음과 같이 시적으로 표현했다.

보석보다 밝은 진리
진주보다 순수한 신뢰

가장 밝은 진리와 가장 순수한 신뢰를
소녀의 키스에서 발견한다.

Truth, that's brighter than gem,
Trust, that's purer than pearl
Brightest truth, purest trust in the universe
All were for me in the kiss of one girl.

그는 계속해서 다음과 같이 말한다.

그대 만일 나를 사랑한다면
오로지 사랑만을 위해서 사랑해 주세요.
영원히 그대가 날 사랑할 수 있도록.

If thou must love me, let it be for naught
Except for love's shake only.
Love me for love's shake, that ever more
Thou mayst love on, through love's eternity.

21세기에는 낭만적 사랑의 의미가 퇴색해서 개인주의에 물든 사람들이 서로 조금도 손해를 보려고 하지 않는다. 이래서야 남녀 간의 경이로운 낭만적 사랑을 경험할 수 없다. 만일 남녀가 영혼의 경이감을 상실한 채 서로를 오로지 기계적인 쾌락의 도구로 간주한다면 사랑이 머물지 않는다. 타락한 남녀 간의 사랑은 진실하고 참된 낭만적 사랑의 경이감과는 천양지차이다.

그러므로 청춘남녀는 낭만적 사랑의 소중함을 명심해서 결혼에 도달해야 한다. 아름답고 고결한 영혼만이 영원하다. 참된 남녀 간의 사랑이란 정신적으로 승화된 고결감과 육체적 관계가 조화를 이룰 때 진정으로 이루어진다. 성공은 노벨상을 타거나 대통령이 되거나 의사가 되어 최고 재벌이 되는 것이 아니다. 진정한 성공은 나의 짝이 내 옆에 있어 살아가기가 좀 더 편하고 행복했다는 사실을 아는 것이고, 그 사랑하는 사람 때문에 자주 그리고 많이 웃는 것이다.

사랑은 이처럼 연인의 눈빛에서 불타오르는 내 생명과도 같다. 그러나 사랑이 언제나 순탄하고 아름다운 것만은 아니다. 전혀 다른 두 남녀라도 큐피드의 화살을 맞고 사랑에 빠지면 세상 모두가 아름답다. 그러나 냉혹한 현실은 사랑에 빠진 남녀에게 많은 역경과 고통, 시련을 준다. 사랑에 빠진 남녀라도 낭만과 즐거움만 존재하는 안락한 무풍지대에만 머물 수는 없다. 과연 그들이 진실로 서로 사랑하는가? 『폭풍의 언덕』에서 남녀 간의 사랑이 얼마나 강렬하고 끈질긴가를 단적으로 보여준다.

이 소설은 한마디로 히스클리프(Heathcliff)와 캐서린(Catherine)의 사랑이야기다. 언쇼(Earnshaw)가 데려온 히스클리프는 언쇼의 딸 캐서린을 사랑하지만 그녀가 가난하고 거친 히스클리와 결혼할 수 없다는 말을 듣고(사실 이것은 히스클리프가 잘못 들어서 생긴 오해였다) 집을 떠난다. 캐서린이 이웃의 병약한 린튼(Linton)과 결혼하자 다시 돌아온 히스클리프는 린튼에게 복수하며 린튼의 여동생과 결혼해서 그녀를 심하게 괴롭힌다. 히스클리프의 캐서린을 향한 어마어마한 열정은 폭풍과도 같아서 유령이 되어서까지 언쇼가에 떠돈다. 이처럼 남녀 간의 사랑의 힘이란 몰아치는 폭풍보다 더 강력하다. 강렬한 열정에 기반을 둔 사랑의 결실로 결혼을 하면 그 결혼은 제2의 인생이 된다. 막 청년이 된 이들이 그전까지는 부모의 보호 아래 가족 간의 사랑을 경험했다면, 이후의 결혼생활에 있어서는 두 남녀가 부모 곁을 떠나 독립적으로 자기만의 가족을 만들어가야 한다.

그러나 이 관계가 서로 지배적이고 순종적인 노예관계가 된다면 오래가지 못한다. 부부사랑의 뿌리는 상호존경심이다. 서로 독립된 존재로 있는 그대로를 존경심을 지니고 대하며 살아야 한다. 인생의 동반자로서 서로 존중하는 대등한 관계가 아니라 무시하고 경멸하는 관계로 결혼 생활을 이어간다면 십중팔구 파탄에 이른다. 진정한 사랑은 어려운 역경과 고통을 극복하며 부단히 노력하고 희생하면서 지속적으로 차이를 인정하고 서로 배워 가는 과정이다. 여성과 남성의 차이를 인정하고 서로 부족한 점을 보충하며 완전한 합일과 총체적 발전을 도모하는 것이 결혼이다. 이러한 서약을 수많은 가족, 친지, 지인들에게 엄숙히 선서하는 것이다.

따라서 낭만적 사랑을 무기로 어떠한 고통과 아픔이라도 이겨내는 각고의 노력이 필요하다. 가족 간의 사랑이란 무조건적인 사랑이며 가족 구성원에게 무조건적 희생과 봉사를 하는 것이다. 그렇다고 상대의 지배를 받는 노예가 되어서는 결코 안 된다. 두 남녀가 대차대조표를 그리며 주고받을 것을 계산하면 이미 사랑이 아니다. 이성과 논리로 애써 따져서 자신이 득을 보겠다고 생각하는 사람은 결혼할 자격이 없고 결혼하더라도 반드시 난파하게 된다. 개인주의와 물질주의에 철저히 물든 현대인들은 남녀관계에서도 경제적 비용을 반반씩 부담하자고 주장한다. 그러나 이것이 무조건 좋다고 볼 수만은 없다. 사랑은 비즈니스가 아니라는 점을 간과하게 만들 수 있기 때문이다. 사랑은 내가 불편하다고 나만을 잘해 달라고 시종을 두거나 내 욕구 충족의 하녀를 두는 일 즉 종을 두는 일이 아니다. 사랑하는 사람을 위해서 나의 생명까지 희생할 정도의 강렬한 희생과 고통의 극복이 필요하다. 이러한 희생과 고통은 자발적인 것이며 낭만적 사랑의 샘에서 열정이 솟아오른다. 그러나 사랑이라는 이름으로 한쪽의 일방적 희생을 강요하고 게으르며 서로 노력을 하지 않는다면 불행한 결혼생활이 될 것은 명약관화하다. 신선한 빵을 매일 새로 굽듯이 사랑을 유지하기 위해서 매 순간마다 부단한 노력을 해야 한다.

결혼해서 가족을 책임지고 자신을 희생하는 아픔과 고통을 이

거낼 인내심과 능력이 있는가? 돈 벌어주고 섹스해주면 남자 구실하는 것이라 착각하는 남편. 그는 가장 이기적이고 어리석은 남자다. 사랑은 물물교환이나 비즈니스가 아니다. 그래서 낭만적 사랑은 소중하고 가치가 있다. 우정도 마찬가지이다. 그중에서도 낭만적 사랑은 가장 높은 가치의 우정이다. 자신이 스스로 아내와 가족을 위해 어떤 어려움도 극복하고자 하는 사명감을 갖는 것이 사랑이다. 가족을 위해 내 자신을 송두리째 버리고 희생하는 것이 사랑이란 말은 아니다. 결혼이 자발적인 노예화이며 합법적인 성적 욕망 충족이라고 말하는 이도 있다. 그 말처럼 무조건적으로 자아를 희생하는 것이 행복한 결혼생활이라고 말할 수는 없다. 노예근성은 피해야 한다. 자신을 사랑하고 인정해야 남도 대등하게 사랑할 수 있다. 진정한 사랑은 상호 주체적이며 독립적 관계를 토대로 태어난다. 서로를 독립된 소중한 개체로 인정하고 상호존중감을 지녀야 한다. 사랑하는 남녀가 강요가 아니라 낭만적 사랑의 힘으로 자발적 희생과 노력을 통해 난관을 극복해서 아름다운 가정을 이룩하는 것이다.

잘 들어주는 것은 특별한 자신감을 전제로 한다. 아내나 남편의 말을 마음에 오래도록 담아두고 서로 상대방을 괴롭히거나 불편함을 야기하는 것은 사랑이 아니다. 또한 냉전 상태인데 충격적인 말이나 구역질나는 말을 듣지 않는다면 오히려 위기라는 사실을 알아야 한다. 달콤한 거짓말을 하거나 자신의 생각을 은폐하고 있다는 징후일지도 모르기 때문이다. 이성과 논리로 애써 따지지 말고 우리는 누구나 몇 가지 면에서 비정상적이라는 사실을 이해해야 한다. 논리적 비판보다는 공감과 이해가 중요하다. 언제나 우리에게 주어진 행운에 감사하는 마음으로 살자.

사랑의 힘은 위대하고 강력한 것이다. 즐겁게 고통과 역경을 감내하는 것은 순전히 사랑의 힘이다. 사랑의 이름으로 받기만 하는 것은 사랑을 빙자해서 상대를 이용하는 것과 같다. 사랑이란 서로 주고받는 상호보완적 관계이다. 그래서 어떤 면에서 보면 서로 윈윈(Win-Win)하는 생활방식이다. 서로에 대해 많이 생각하고 경청하고 인내심과 희생과 배려는 물론 노력이 필요하다. 마치 신선한 빵이 맛있고 달콤한 행복을 주지만 며칠 후 썩어버리듯 늘 신선한 빵을 먹으려면 부부는 매일 새롭게 빵을 굽기 위해 노력해야 한다.

가족의 중요성은 아무리 강조해도 지나치지 않는다. 낭만적 사랑의 결실로 결혼하게 되면 법적 부부가 된다. 부부와 자녀로 구성된 가족이 탄생하며 부모님 밑에서 생활하던 종속적 생활에서 벗어나 독립적이고 주체적인 긴 여행이 시작된다. 결혼 생활은 또 다른 경험이다. 자발적인 구속과 희생이 따르며 고난과 역경을 오로지 부부의 사랑으로 극복해야 한다. 외면적으로 보이는 부부와 자녀들의 행복한 모습 뒤에는 수많은 고통과 희생 그리고 이를 극복하겠다는 강력한 가치의식이 숨어 있다. 이를 극복할 수 있는 것이 사랑의 위대함이다.

젊은 부부들 중에는 자신들만의 행복을 위해 자녀를 돌보지 않고 불륜을 저질러 쉽게 이혼하기도 한다. 이러한 행위는 지독한 이기주의자의 행동이고 아이들과 본인에게도 심각한 불행을 초래한다. 섹스라는 성적 쾌락을 기초로 이기적 욕망 충족을 위해서 결혼하면 반드시 불행해진다. 따라서 자신의 이기적 욕망 달성, 가령 자신의 승진이나 학문적 성취 또는 출세와 같은 개인적 욕망 충족을 위해서 결혼하려고 한다면 절대 피해야 한다. 배우자를 욕구해소를 위한 도구로 보거나 상대편의 물질적 부를 탐한다든가 나의 자아실현을 위해서 상대편을 이용하려고 한다면 그들은 결혼해서는 결코 안 되는 사람들이다.

두 남녀가 낭만적 사랑을 시작으로 결혼에 이르면 자녀가 출생하게 된다. 가족의 탄생이다. 그러나 가족이라는 공동체를 만들어간다는 일은 낭만적 사랑의 시절과 사뭇 다르다. 거듭 말하지만 멋진 가족, 늘 사랑이 감도는 가족을 만드는 일 뒤편에 수많은 고통과 좌절 그리고 피나는 노력이 담겨 있다. 이러한 역경의 극복은 오로지 낭만적 사랑, 순수한 사랑의 힘에서 생긴다.

여성으로서 개인의 자유와 모성애, 자녀에 대한 희생의 갈등을 적나라하게 보여주는 영화가 있다. 소설『잃어버린 사랑』을 각색한 영화 'Lost Daughter(2021)'에서 주인공 레나는 개인의 자유와 욕망 그리고 모성애 사이에서 치열한 갈등과 고뇌를 한다. 사랑이라는 이름으로, 여성의 모성애 본능이라는 이름으로 여성에게 가사와 육아의 짐을 지우며 직장인으로서의 독립적 삶을 희생하도록 강요하는 사회와 남성의 의식은 당연히 변화해야 한다. 가부장적 남성문화에서 벗어나 남녀의 평등한 모습이 필요하다. 그래서 요즘은 남녀가 같이 육아를 한다. 결혼할 준비가 된 남자는 요리와 빨래, 세탁은 기본으로 해야 한다. 일과 출산의 이중고는 오늘날 저출산의 원인이기도 하다. 남자나 여자나 치열한 생존경쟁의 무대에서 사회적 성공과 자녀의 양육, 가사 일까지 하기는 결코 만만하지 않다. 그래서 개인의 이기적 욕망 충족과 가정을 위한 자기희생이 적절히 균형과 조화를 이루어야 한다.

인간관계는 인생의 꽃이다. 인생의 의미는 관계에서 발생된다. 수많은 인간관계에서도 가족 간의 만남은 필연적이며 운명적인 만남이다. 사랑의 결실인 자녀와의 만남이 얼마나 소중한 만남인가? 부부와 가족 구성원은 얼마나 서로가 서로에게 소중한지 깨달아야 한다. 그러나 자녀는 나의 소유물이 아니다. 모든 인간관계에서처럼 그들만의 독립된 세계를 존중해야 한다. 다만 도움이 필요하면 정신적, 물질적 지원이 필요하다. 이러한 행동의 뿌리는 조건 없는 순수한 사랑이다. 아가페적 사랑이다. 사랑이 없다면 결코 극복할 수 없는 역할과 임무이며 그래서 사랑의 힘은 위대하다. 이러한 아가페적 사랑의 범위를 이웃과 사회에 파문처럼 확장해 나가야 한다. 테레사 수녀의 사랑과 헌신은 인류에게 커다란 모델이 되었다. 아마도 그녀에게는 인류가 가족인지도 모를 일이다.

서구 정신사의 양대 흐름은 낭만주의와 고전주의의 변증법이다. 고전주의가 이성과 논리, 규칙, 질서에 강조점을 둔다면 낭만주의란 직관과 감성, 진리의 미결정성에 초점을 둔다. 이성과 논리만 내세워 경쟁과 토론에 이기려는 태도를 버리고 상대의 마음을 이해하며 근본적인 상호존중을 전제하는 것이 좋다. 이성과 논리로 상대편을 제압해서 우월한 고지에 서려는 사람은 지도자가 될 수 없다. 구성원들을 획일화, 수직화해서 높은 사람에게 아부하고 낮은 사람은 멸시하는 인간은 속물이다. 지도자는 누구에게나 똑같이 대우해야 한다. 가족은 하나의 왕국이고 왕과 왕비, 왕자와 공주처럼 모두가 소중한 존재다.

영화 '파도가 지나간 자리'는 우리의 인생에서 자녀가 얼마나 소중한 존재이며 생의 의미를 값지게 하는가를 명약관화하게 보여준다. 1차 세계대전에 참전해서 4년의 긴 세월을 살인과 혼돈으로 보내 트라우마와 환멸을 느껴 고향마을로 돌아온 탐(Tom)은 등대지기를 자원하게 되고 이사벨(Isabel)과 결혼해 둘만이 있는 외로운 섬에서 행복하게 산다. 전임자는 외딴섬에서 홀로 등대지기를 하다가 우울증으로 사망했다. 행복하게 살던 탐과 이사벨, 그러나 두 번의 임신과 유산으로 아내 이사벨이 슬퍼하며 우울한 삶을 보낼 무렵 해변에 사람을 태운 쪽배가 나타난다. 전날의 모진 폭풍우로 아버지로 추정되는 남자는 죽어 있었고 여자아이만 살아남았다. 아이를 하나님이 보내주신 선물로 믿은 부부는 루시(Lucy)라는 이름을 지어주고 3명이 행복한 삶을 살아간다. 그러나 루시의 친모가 등장하고, 이사벨의 모정(루시를 친자녀로 사랑해서 친모에게 돌려주지 않으려고 함)과 남편 탐의 이타적 사랑(친모의 입장을 고려해서 루시를 돌려주려고 함)사이에 갈등과 대립이 떠오르며 섬의 이름 '야누스'를 상징적으로 보여준다. 등대지기와 그의 아내는 자식을 갖고 싶은 욕망에 루시를 친딸처럼 여기며 사랑하지만 늘 양심의 가책으로 불행한 삶을 산다. 하지만 남편 탐이 마침내 친모 해나(Hanna)에게 사실을 알리면서 법정에 서게 되고 탐은 루시의 친아빠 프랭크(Frank)를 살해했다는 누명을 쓰게 된다. 하지만 남편의 참사랑을 깨달은 이사벨은 남편을 위해 증인이 되어 프랭크가 이미 죽어있었다고 사실을 증언하고 친모인 해나의 용서로 영화는 해피엔딩으로 끝난다. 이 영화에서 시종일관 자녀의 소중함과 가치가 극명하게 드러나며 남녀 간의 희생과 보살핌, 배려와 같은 참사랑도 보여준다. 사랑으로 충만한 가족구성원의 관계가 완전한 행복의 초석임을 알 수 있다.

이 영화는 교수나 유명정치가, 위대한 사업가가 아닌 외딴섬의 평범한 등대지기의 삶이라도 가족이 주는 행복이 얼마나 위대한가를 알 수 있게 해준다. 누구나 사회에 봉사하며 일정 수입을 얻고 살아있는 기쁨을 누리며 인간관계에서 행복을 얻는다면 올바로 성장했다고 볼 수 있다. 자녀는 하나님께서 주신 소중한 선물이며 자녀와 같이 살 수 있는 한 무한히 행복하다. 사랑의 결실인 자녀들은 여러분에게 행복을 가져다주는 복덩이이며 나에게 맡겨진 소중한 사람이다. 남녀 간의, 부부 사이의 사랑이 사라지면 자녀에 대한 사랑도 사라진다. 안타깝게도 상당수의 부부들이 자녀를 학대하고 자신의 이기적 욕망의 충족 대상이길 바란다. 이래서야 부부나 자녀들은 결코 행복할 수 없다. 자신의 자녀사랑이 고통스럽고 힘든 노역이며 자신의 자유를 상실하게 만든다는 생각은 인간의 이기적 욕망에 기인한다. 이런 부모들은 자녀를 사랑한다는 미명하에 자녀를 괴롭히고 학대하는 것이다. 사랑을 상실한 것이다. 자녀에게 자신이 키워준 수고를 담보로 보상을 기대한다면 이미 그러한 행동은 사랑이 아니다. 사랑을 경험하는 많은 순간들 그 자체가 소중한 인생의 경험이며 가치 있는 삶을 구성한다. 사랑하는 사람을 위해서 미친 듯이 역경과 고난을 극복했듯이 사랑하는 자녀를 위해서라면 아무리 힘든 일도 쉽고 재미있어진다.

자녀의 고유성을 인정하고 대화와 질문, 상호교류, 소통을 통해서라면 자녀와 부모 사이의 어떠한 역경과 어려움도 극복할 수가 있다. 이는 우리가 살아가는 강력한 동력이 되기도 한다. 병든 아내, 병든 자식을 위해 평생을 돌보며 희생하는 행위는 사랑의 동력 때문이다. 정말 힘들고 하기가 싫은 일이라도 즐겁고 신나게 할 수 있는 동력이 바로 진실한 사랑이다.

자녀는 낭만적 사랑의 산물이다. 자녀를 일시적 욕망의 결과라고 생각하기 때문에 소중한 아기를 쓰레기통에 버리기도 하는 것이 인간이다. 인간의 이기적 욕망을 자아실현이니 개인의 자유니 하는 변명 섞인 껍데기를 씌워서 자녀 양육을 소홀히 하거나 힘들어할 사람은 결혼하지 말고 혼자 살아야 한다. 자녀가 주는 행복은 키워준 대가를 받는 데 있는 게 아니라 순수한 희생과 봉사에 있다. 자녀와 함께 살아간다는 것은 그 자체가 즐거움이며 의미 있는 생활인 것이다. 이미 자녀의 존재 자체로 인생을 가치 있게 만든다. 가족관계는 결코 비즈니스가 아니다.

성경에 나타난 사랑의 의미를 살펴보자.

1. "내가 확신하노니 사망이나 생명이나 천사들이나 권력자들
   이나 현재 일이나 장래 일이나 능력이나 높이나 깊음이나 다
   른 아무 피조물이라도 우리를 우리 주 예수 그리스도 안에
   있는 하나님의 사랑 안에서 끊을 수 없으리라"
   로마서 8:38~39

2. "많은 물도 이 사랑을 끄지 못하겠고 홍수라도 삼키지 못하
   나니 사람이 그의 온 가산을 다 주고 사랑과 바꾸려 할지라
   도 오히려 멸시를 받으리라"
   아가 8:7

3. "사랑은 언제나 오래 참고 사랑은 온유하며 투기하는 자가
   되지 아니하며 사랑은 자랑하지 아니하며 교만하지 아니하
   며 무례히 행치 아니하며 자기의 유익을 구치 아니하며 성내
   지 아니하며 악한 것을 생각지 아니하며 불의를 기뻐하지 아
   니하며 진리와 함께 기뻐하고 모든 것을 참으로 모든 것을
   믿으며 모든 것을 바라며 모든 것을 견디느니라"
   고린도전서 13:4~7

4. "미움은 다툼을 일으켜도 사랑은 모든 허물을 가리느니라.

잠언 10:12

  이처럼 참된 사랑이란 인생의 가치 중 최고이며, 남녀 간의 사랑이란 에로스적 속성이 가미된 복합적인 것이어서 어떤 사랑보다도 강렬하고 깊다. 이런 사랑을 경험해 본 사람은 물질적 성공을 해서 세계 최고의 부자가 되었거나 사회적 성공을 해서 대통령이나 대장이 된 것보다도 더 큰 성취감과 행복감을 얻을 수 있다.

  바로 그러한 낭만적 사랑의 달콤한 산물이 자녀인 것이다. 따라서 자녀는 결코 여러분의 이기적 욕망을 충족시켜 주는 대상이 아니다. "내가 너희들을 엄청 고생해서 키웠으니까 너희들이 성장하고 내가 노인이 되면 효도하고 보상해야 한다"는 사고는 사랑을 토대로 한 것이 아니라 사업적이며 타산적인 비즈니스적 마인드이다. 자녀는 낭만적 사랑의 결과이자 하나님의 소중한 선물이며 굉장한 축복이다. 자녀는 각자 독특한 개성의 소유자이며 내가 그들의 삶을 마음대로 재단할 수는 없다. 있는 그대로 자녀의 모습을 사랑하고 소중한 존재임을 알려주고 그렇게 대해야 한다. 자녀의 교육 시엔 부모가 모범을 보여야 한다. 설교나 훈계보다는 실천적 모범을 보여주어야 한다. 아빠가 병들면 아들이 병들고 엄마가 병들면 딸아이가 병이 생긴다. 자녀의 성장에 독이 되는 부모(toxic parents)라는 표현이 있다. 자녀 성장에 독이 되는 부모는 지나친 간섭과 과잉간섭으로 자녀를 지배하려 들고 소유물로서 자녀를 본다. 자신이 무조건적으로 언제나 옳다는 생각을 하고 모든 일에 간섭해서 자녀의 성장을 방해한다. 자녀는 결국 자아를 상실하고 부모의 노예가 된다. 참된 부모는 자녀를 자주적이고 독립적 인격체로서 존중해야 하며 자녀의 자기결정권을 존중해 주어야 한다.

6

사회생활:

자아와 타자의
공감과 조화

인생이란 타자와 공감과 조화를 이루면서 나만의 개성을 유지하는 일이다. 다름과 차이를 인정하며 내 자신의 고유가치를 소중히 여기자. 모방이 아닌 자신의 고유한 목소리를 내자.

인생에서 관계의 중요성은 아무리 강조해도 지나치지 않는다. 관계맺음의 경이감, 우아함, 황홀함을 경험하자. 개인과 자연 그리고 모든 살아있는 것들과의 관계성, 나는 자연의 일부, 우주의 일부라는 자각, 개인과 타자, 개인과 자연, 개인과 하나님, 개인과 나 자신- 모든 관계성에서 인생의 의미가 생성된다.

우리는 혼자서 살 수 없으며 혼자 지낸다는 것 또한 무의미하다. 인간이면 누구나 사회적 관계의 중요성을 주목해야 한다. 우리의 관계는 나 자신과의 관계에서 출발해서 나와 타자, 그리고 사회, 국가 나아가서 자연과 우주와의 관계로 확장된다. 무엇보다도 가장 중요한 관계는 나로부터 출발해야 한다. 나와의 관계는 앞장에서 자세히 다루었기 때문에 이 장에서는 타자와의 관계 그리고 사회생활을 중심으로 고찰해 보고자 한다.

바람직한 타자와의 관계는 무엇일까? 바람직한 타자와의 관계란 수단과 방법을 가리지 않고 남을 이용하거나 속이는 사기꾼이 되지 말고 진실과 믿음, 신뢰를 바탕으로 서로 존중하며 서로 도움과 이익을 얻으며 발전해 나가는 관계를 만드는 것이다. 우리는 누구나 물질이든 정신적 교류든 타인과의 관계 속에서 사회를 구성하고 서로 공공선을 지키면서 살아간다. 개인의 자유와 존엄성이 더 중요한가, 아니면 사회의 공공선과 시민의식이 더 중요한가 하는 문제는 고전주의가 더 중요한가 낭만주의가 더 중요한가 하는 충돌과 갈등에 비교될 만큼 팽팽하다.

그러나 이런 이분법적 사고에서 벗어나 개인과 사회의 균형 잡힌 시선이 중요하다. 마이클 샌델은 그의 저서 『왜 도덕인가?』에서 공정한 시민사회를 위해서 경제적, 사회적 ,교육적, 종교적, 정치적 도덕성을 논의했다. 개인의 자유가 지나치면 도덕 불감증이나 도덕적 해이 또는 공직기강의 무질서를 부른다. 정치가가 선동과 기만을 당연시하는 사회는 불안하고 국민의 삶은 어려워진다. 정치가는 성숙한 시민사회를 위해 정치적 윤리와 도덕성을 견지해야 한다. 또한 사회의 구성원 개개인도 성숙한 시민의식을 가져야 한다. 개인의 자유만을 추구한다면 정치적 무관심으로 독재나 전체주의 정부가 출현할 것이며. 개인 자유를 철저히 구속해서 개인의 자유와 행복을 추구할 수 없는 사회를 만들 것이다. 조지 오웰의 『1984년』에서 보여주듯이 칠저한 진체주의 사회가 될 것이다.

우리의 만남은 선택적 만남과 운명적 만남으로 구분해 볼 수 있다. 운명적 만남은 주로 가족관계에서 발생하기 때문에 이 장에서는 생략하기로 한다. 선택적 만남에 있어서 우리는 만나는 사람을 선별할 수 있으며 서로 이익을 주고받는 관계로 발전시킬 수 있다. 인간은 언제나 자신의 이익과 자신의 정체성에 의해서 움직인다. 그러나 돈에 초점을 두고 물질적 이득만 기대하는 사람과는 관계의 단절을 시도해야 한다. 인간관계에서 가지치기가 필요한 이유이다. 바람직한 관계란 서로 윈윈(Win-Win)하는 관계다. 서로 발전하고 기쁨을 함께 느끼는 관계다. 그 사람을 만나면 신나고 재미있으며 살아있다는 느낌이 들어야 하지 않을까? 만일 누군가가 당신에게 불평과 불만 그리고 스트레스만 발산한다면 당신은 관계를 지속할 수 있을까? 당신이 타자를 위해서 엄청난 돈을 지불하면서도 타자의 잘못으로 당신의 죽음을 초래한다면 매우 어리석은 일이다. 모든 인간은 자신의 이익을 추구하며 살아간다. 리처드 도킨스의 『이기적 유전자』에서 지적하듯이 이타적 행위도 자신의 이익을 위해서 하는 행동이기도 하다.

그러나 인간이 이기적 존재라 하더라도 서로 돕고 상생하는 공감과 조화를 모색해야 생존이 가능함은 변화가 없다. 도덕적, 윤리적으로 지켜야 할 사회규범은 여전히 존재하며 다른 사람에 대한 배려가 필요한 것도 사실이다. 자신의 잠재력을 제한시키는 시각이나 관념에서 벗어나야 자기를 변화시킬 수 있다. 다른 사람의 잠재력을 억압하는 사람, 우월감에 사로잡혀 남을 무시하는 사람, 그리고 주체적이고 독립적이지 못하고 종속적인 사람, 약자에게 강하고 강자에게 약한 비굴한 사람에서 벗어나야 한다. "더 많이 베풀수록 더 많이 얻는다"는 말은 보편적 사실이지만 그렇다고 무조건적인 자기희생을 하란 말은 아니며 자아의 독립성을 상실해서는 안 된다.

언어와 인간관계는 인생의 꽃이다. 소통은 이성과 논리로 타인을 패배시키는 것이 아니라, 정서적 공감으로 상호 존중과 이해를 통해 자연스럽고 편안한 대화를 나누는 데 있다. 두뇌는 지루함과 불만에 속박되는 프레임에서 벗어나 호기심과 즐거움을 느껴야 최적으로 활성화된다. 행복은 현재 지금을 즐겨야 다가온다. 지금 현재를 즐긴다는 것은 오롯이 현재 하는 일에 몰입해 있는 상태이다. 흰 종이에 행복한 순간을 글로 써보자. 늘 살아있는 존재라는 생명의식을 느끼며 환희와 기쁨으로 현실에 집중할 때 가장 행복하다. 사소한 일이라도 자기가 결정하는 자기결정권은 소중하다. 사회적 연대나 가족연대와 같은 연대감에서 자연스럽게 솟아오르는 행복감도 있다. 자신의 부정적 내면세계에 갇혀 불평과 불만으로 가득 찬 암울함을 느끼며 현실과 동떨어진 채 때가 묻은 안경으로 세상을 보면 불행하다. 깨끗한 안경으로 외부에 시선을 돌려 타인의 행복과 가족의 행복을 위해 살 때 행복하다. 긍정적 느낌, 좋은 느낌으로 살자.

감정전염, 정서전염이라는 말이 있다. 유쾌한 사람을 만나면 기분 좋은 사람이 되고, 긍정적이고 기분 좋은 만남은 나를 발전시킨다. 따라서 선택적 만남을 해야 하며 불쾌하고 부정적이며 우울한 사람과는 가지치기를 해서 거리를 두어야 하는 것이다.

마음속의 나 즉 자신과의 대화를 늘 긍정적이고 아름다운 말로 이루는 것이 내적 언어기법(intra communication)이다. 아름다운 대상과의 만남을 통해 우리는 가슴의 설렘을 느낀다. 그러한 만남은 늘 우리를 젊게 한다. "우정을 상실하면 태양을 상실하는 것"이라는 말이 있다. 외로운 사람은 일찍 고독사를 한다. 친구의 소중함을 알려주는 예이다. 좋은 사람, 좋은 친구와의 인연은 인생을 풍요롭고 행복하게 해준다는 사실은 보편적 진리이다.

모든 생명체는 존중되어야 한다. 모든 인간의 삶은 빈부귀천을 떠나 고귀하고 존엄하다. 다양성을 수용하자. 한 가지 잣대로 편협한 생각에 갇혀있기보다는 열린 마음으로 다양한 잣대와 시각을 통해서 나와 다름을 수용해야 한다. 인간관계는 내가 반드시 이겨야 하는 전쟁터가 아니다. 대화를 할 때 흔히 토론장처럼 논리적 귀결로 상대를 제어하고자 하는 사람이 있다. 이러한 사람들은 인간관계를 파국으로 몰고 간다. 대화란 배구경기처럼 주고받는 것이지 일방적으로 자기 이야기만 쏟아내는 것이 아니다. 따라서 선택적 만남이 중요하다. 모든 사람과 친구가 되어서 잘 지내고 우정을 같이하기는 지극히 어렵기 때문이다. 또한 모든 사람들과 친해지려는 태도가 결코 바람직한 일도 아니다.

타자와 공감하면서도 분명하고 확실하게 내 의사를 밝혀야 한다. 내 의사를 밝히지 못하고 다른 이의 생각에 종속되면 그 사람에 의해 조정을 받는 자동인형이 된다. 그래서 경우에 따라서 간단명료하고 단호히 거절할 줄 알아야 한다. 분쟁과 갈등은 타협과 조정보다 상대를 제압하려는 이기심의 결과이다. 만일 내 주장이 객관적으로 합리적인 주장이라면, 좋은 말과 설득할 수 있는 말로 상대를 설득해서 자발적으로 수용하도록 해야 한다.

타인의 자신감을 해치고 자기중심적이며 늘 이성과 논리로 상대를 이겨야 직성이 풀리는 사람은 과감하게 단절해야 한다. 인간관계에서 가장 주의해야 할 일이 선긋기이다. 일정한 선 너머에 있는 내 자유를 침해하거나 사적인 영역을 침범해서 불쾌감을 주면 나의 진심을 단호하게 표현하고 선긋기를 시도해야 한다. 인간관계에서 최악이 친하다는 이유로 일정한 선, 침범해서 안 되는 선을 넘어서 간섭하는 일이다. 인간관계의 기본은 타인을 인정하고 그의 개성을 존중하되 나만의 색깔과 독립성을 유지해야 한다는 것을 명심하라. 아무리 상대적 가치관이 대세이고 혼돈과 다양성이 존중되는 사회라지만 보편적 진리와 가치의식, 윤리의식은 있다. 혼돈과 질서의 조화가 필요하다는 이야기이다. 내 자신을 스스로 돌보아 마음의 상처를 입지 말아야 한다. 자신의 이기적 목적을 위해서 남에게 스트레스를 풀거나 남을 괴롭히는 사람은 단호하게 대처해야 한다. 자신은 스트레스 해소에 도움이 될지 모르지만 나는 늘 희생자가 되어서 중요한 시간을 허송세월하게 될 것이다.

인간은 혼자 존재해서는 아무런 의미가 없다. 영국소설의 모태가 되는 데포의 『로빈슨 크루소』가 보여주듯이, 인간은 고립된 섬이 아니다. 무인도에서 보낸 크루소의 삶은 자기보존을 위한 이기적인 생존의 삶임에도 불구하고, 서구 과학기술 문명의 혜택과 프라이데이나 다른 하인의 도움을 받아 생존할 수 있었다. 이처럼 타인과 공존하고 서로 교감하며 협력과 상생을 할 때 그 의미가 싹튼다. 현대사회는 '행복한 이기주의자'라는 표제에서 보듯이 개인을 중시한다. 개인의 이기주의, 나아가 개인주의가 극도로 발달한 사회이다. 각종 사회의 범죄와 폭력은 바로 이러한 시대적 조류와 무관하지 않다. 이런 이유 때문에 오늘날 우리 사회는 협력과 상생 팀워크가 무엇보다도 중요하다.

인간관계에서 가장 중요한 것은 남도 나처럼 소중한 존재임을 깨닫고 서로 존중하는 상호존경심이다. 이분법적 사고와 하나의 잣대로 비교하는 고착된 사고에서 벗어나 차이를 인정하고 다름을 인정하며 동시에 나 자신의 고유의 장점을 소중히 생각해야 한다. 서로 진실된 관계에서 상호 발전적이고 즐겁고 유익한 관계가 형성된다. 우리가 경험하는 대화에서 언어적 소통은 20~30%, 비언어적 의사소통이 70~80%를 차지한다. 우리는 목소리나 태도 그의 몸동작을 통해서 그가 말하는 말보다 감추어진 진실을 더욱 잘 포착한다.

우리가 사람을 평가할 때 가장 중요한 두 가지 잣대가 첫째로 '그 사람이 누구와 잘 지내는가' 하는 문제이고, 두 번째로 '그 사람이 어떤 책을 읽고 무엇을 전공했는가' 하는 문제이다. 일반적으로 이 두 가지가 그 사람을 결정한다. 그래서 그 사람의 친구와 책을 보면 그 사람을 알 수 있다고 본다. 일본 소설가 하루끼는 『위대한 개츠비』를 3번 이상 읽은 사람이면 무조건 친구해도 좋다고 말하지 않았던가. 어떤 이는 자기 기준보다 내려다보고 살며 자기보다 부족한 사람, 실패한 사람과 사귀며 그들을 도와주라고 한다. 하지만 인생이라는 한정된 시간 안에 나보다 우수하고 품위 있으며 멋있는 사람과 사귀어야 발전이 되는 것은 자명하다. 우리는 흔히 다른 사람과 비교하지 말라고 한다. 제 기분대로 살라고 한다. 하지만 긍정적인 비교는 반드시 필요하다. 질투가 아니라 존경어린 시선으로 그의 태도와 행동 그리고 가치관을 배우기 때문이다.

우리가 피해야 되는 사람은 자기중심적인 이기주의자이다. 언제나 자신만의 이익만 추구하고 이익을 위해서 친구도 희생하는 사람, 수단방법을 가리지 않고 필요하면 아첨과 굴종을 일삼는 자는 피해야 한다. 그런 사람은 우월 콤플렉스를 지녀서 우리를 올라타고 깔아뭉개기를 서슴지 않고 행한다. 내가 내 자신을 가장 사랑하고 존중한다면 타인의 개성과 행위가 맘에 안 들더라도 그의 삶을 존중해야 할 것이다. 하지만 나를 불편하게 하고 기분을 잡치게 하거나 주눅 들게 만들거나 나의 존엄을 무시한다면 단호하게 거절하고 가지치기를 해야 한다. 그런 사람과는 관계를 단절해야 유익하다. 세상에는 훌륭하고 멋지고 아름다운 사람이 너무 많기 때문에 좋은 생각 좋은 마음, 좋은 친구와 소통하기에도 시간이 부족하다.

남의 삶에 훈수를 둘 필요는 전혀 없다. 충고를 한다는 것은 자신의 우월성을 주장하는 태도이다. 공생과 협조를 위해서 무엇보다도 절실히 요구되는 것은 타인의 개별성과 존엄성이다. 요즘 시대의 변화를 두드러지게 보여주는 단어로 '대감'이나 '꼰대'라는 용어가 있다. 연장자나 상급자라고 수직적 계급의식에 사로잡혀 후배나 하급자를 비인격적으로 인격모독을 하는 데에서 늘 대감이나 꼰대가 나타난다. 멘토 역할은 멘토가 멘티에게 변화와 성장을 위해 지도하는 관계이다. 그러나 역멘토라는 단어가 보여주듯이 멘티에게서 멘토가 배울 수도 있는 것이다.

우리는 소중한 인간관계를 통해서 우정과 행복감을 느끼며 서로에게 배워가며 성장과 변화를 도모한다. 그러므로 바람직한 인간관계를 위해서 우월성이나 탁월성에 집착하기보다는 다양성과 차이를 수용해야 한다. 소수의 잣대로 사람을 획일화해서 판단하는 것은 매우 위험한 일이다. 고정된 사고의 위험성은 인간관계를 망치는 지름길이다. 인간은 수천 개의 가면을 지니며 상황에 따라 적절히 대처하는 능력이 필요하다. 아내 역할, 교수 역할, 남편 역할, 자식 역할, 아빠 역할 등 상황에 따라서 변신의 신 프로테우스처럼 다양한 변신을 해야 한다. 이러한 변신과 변화는 인격의 결함이나 성격 이상자가 하는 행동이 아니다. 오히려 경직되어 한 가지 모습만 보여서 누구를 상대해도 변화되지 않을 때 병적인 인간이 되는 것이다. 마치 결혼식에 갈 때나 장례식에 갈 때나 똑같은 옷을 입는 사람처럼 말이다.

자신의 개성과 고유성을 존중하듯이 타자의 고유성을 인정하고 상호신뢰와 존경심으로 친구관계, 인간관계를 유지해야 한다. 타자의 경계를 넘어서 그를 지배하려 하면 절대 안 된다. 친구나 타자를 훈계한다는 것은 타인에 우위에 서려는 가장 서투른 방법이다. 또한 이기심과 질투심 같은 부정적 감정에 얽매여 남을 괴롭히는 사람과는 과감히 관계를 단절해야 한다. 바람직한 인간관계란 상대에게 동기부여나 의욕과 활력을 주며 진실하면서도 서로 유익한 영향력을 주고받는 것을 유지하는 관계이다. 타자를 믿어주고 격려하며 믿음을 심어주어야 한다. 그렇다고 "원하고 노력하면 무엇이든지 할 수 있어"라는 남의 애기만 듣고 따라 하다간

자아를 상실해서 헛고생만 한다. 여러분 스스로 멋진 사람이 될 수 있는 능력이 있고 스스로 찾아가야 된다는 사실을 늘 명심해아 한다.

교우관계와 사회생활에서 핵심은 소통 그리고 공감, 협력이다. 친구관계는 심리적 안정감, 설렘과 떨림을 준다. 따라서 매력적인 사람, 끌림이 있는 사람과 사귀는 것이 좋다. 늘 부족하지만 서로를 신뢰하고 기쁠 땐 함께 기뻐해 주고 슬픔은 반감시켜 주는 친구가 좋은 친구다. 인간관계에서 가장 중요한 것은 아무리 상대가 외형적으로 초라하거나 기형적, 불구적이고 가난하다 할지라도 소중한 인격체임을 자각하고 존중해 주는 것이다. 그렇다고 상대편을 위해 자신을 완전히 희생해서 상대의 노예나 하인이 되어야 한다는 말은 아니다. 그의 말에 공감하면서도 주체적이고 독립적 태도를 유지하며 자신의 정체성을 지녀야 한다. 그래서 거절할 때는 단호하게 거절하고 능동적인 관계를 유지해야 한다. 나를 구속하고 나를 지배하려는 사람과는 당연히 관계를 중단해야 한다. 이러한 자기결정권은 자신만의 고유 색깔을 유지하며 주체적이고 능동적인 삶을 살아가는 데 꼭 필요하다.

바람직한 인간관계를 위해서 고려해야 할 점을 알아보자.

첫째는 상호존중이다. 신뢰감을 주어야 한다. 나에게 불필요한 자극을 준다면 과감하게 손절할 필요가 있다. 부드럽지만 단호하게 거절해야 한다. 인간관계는 책과 그가 사귀는 사람이 결정한다. 좋은 인맥을 유지하는 것은 언제나 성공의 열쇠 중 하나이다. 서로의 특성과 개성을 존중하고 상호 이해와 협조, 사심 없는 마음을 가지고 있어야 하며 다른 사람을 괴롭히는 이기적인 소시오패스는 피해야 한다. 완벽한 친구를 원하면 아무도 친구가 될 수 없다. 서로가 부족하지만 서로 통하는 마음, 유머감각과 인간미를 바탕으로 한 인간관계, 타인의 힘든 상황을 이해하고 공감하는 능력, 부탁하고 도움받으며 남에게 피해를 줄 때도 있고 약하고 부족한 모습도 보여주는 친구를 사귀자.

하지만 '너를 위해 나를 희생하겠다'는 잘못된 사랑과 우정, 무엇보다도 자신의 에고나 주관적 관점에서 친구를 대하는 것은 벗어나야 한다. 인생의 나침판이 되는 절대적인 정답은 없다. 자린고비정신은 자신에게는 검소함이 되지만 타인에게 인색함이 될 수도 있다.

둘째는 윤리와 도덕성의 문제이다. 우리는 진선미를 추구하는 동물이다. 아름다움을 느끼며 인생을 즐길 줄 아는 사람이 되어야 한다. 수단과 방법을 가리지 않고 타인을 이용하고 희생시키며 잔인하게 파괴시키는 사이코패스나 소시오패스와는 당연히 관계를 단절해야 한다. 모든 사람들에게 천사나 봉사자가 될 필요는 없다. 외부세계에 유연하게 대처하고 현실문제를 잘 해결하는 능력을 갖추어야 한다. 마음의 평정심을 유지하고 시기, 질투, 모함, 우월감 등 부정적 감정에서 벗어나자. 모든 바람직한 인간관계는 상호 간에 일정한 거리를 유지해서 하늘의 별들이 독립적으로 반짝이는 것처럼 주체적이고 능동적이어야 한다. 서로 존중하고 비판하기보다는 이해가 먼저 선행되고 서로 편하고 즐거운 인간관계가 되어야 한다. 만일 타자를 이해하고 돕는다고 그의 말에 순종하면 자아가 없어져서 남에게 조정당하는 꼭두각시 신세가 된다.

셋째는 자신의 개성과 독립성은 유지하되 다양성을 수용하고 상생적인 관계를 통해 협력해야 한다는 것이다. 인간을 획일화시키고 보편화시키면 문제가 발생한다. 0과 1로만 이루어진 기호가 모든 문제의 해답이 아니듯이 인간관계에는 과학적 접근으로 해결할 수 없는 요소가 있다. 사람 사는 것은 다양하기 마련이고 우리는 그것을 인정하면서 거기서 최고의 의미를 찾아야 한다. 긍정적 느낌을 환기시키고 긍정적 체험을 통해서 자긍심, 자신감, 여유와 같은 다양한 요소를 몸으로 겪어야 한다. 자신이 멋지고 매력적인 사람이 되도록 노력하면 자연스럽게 멋지고 매력적인 사람들이 모여든다. 사회적 관계는 정서적 안정뿐만 아니라 총체적 부로 인도해주는 중요한 기둥이다.

과거에는 단순히 지식을 외우고 기계적으로 문제를 푸는 능력, 다시 말해서 이성과 논리를 중시하는 IQ(학습지능)가 인간의 능력 평가에 중요한 잣대였다. 그러나 오늘날 다양한 지능이 존재한다는 사실이 증명되었고 정서적 지능, 영적 지능, 도덕적 지능 등 종합적으로 인간의 능력을 파악하는 것이 필요해졌다. 최근에는 영적 지능이 가장 중요하다는 사실이 알려졌고, 이 지능은 나를 이끄는 나침판 같은 역할을 하는 것이라고 파악된다. IQ는 학습능력에 중요하고 EQ(정서지능)는 사회생활에서 원만한 인간관계를 통한 성공적 인생을 꾸리는 데 중요하고 SQ(영적지능)는 인생의 의미와 목적을 발견하고 가치를 창조하는 데 중요하다고 볼 수 있다. 우리의 인생에서 의미 있고 가치 있는 선택을 할 줄 아는 능력은 매우 중요하다. 목표달성과 개인의 행복, 복지달성도 마찬가지다. 영적능력의 핵심은 관계에 있다. 타인과 자연, 사회에 대한 관계, 이러한 연계의 중요성을 자각할 수 있는 능력이 영적 능력이다. 타인과 자연과 우주와의 교감처럼 영적 지능에 가장 중요한 개념이 관계이다. 관계에서 의미가 존재한다. 나와 자신, 나와 타자, 나와 친구, 나와 국가, 나와 세계, 나와 자연, 이런 나와 우주, 이처럼 확장과 팽창의 관계에서 보다 커다란 의미와 가치가 생성된다.

이런 이유 때문에 최근에는 총체적 교육(holistic education)의 중요성이 강조되고 있다. 총체적 교육 즉 전인적 교육은 오로지 지식 습득만 강조하는 전통 교육과는 대척점에 있다. 기능 습득 교육은 이기적 자아만 생성하기 때문에 정의적, 감성적 능력 개발과 자아실현 변신과 변화하는 능력을 고려한 통합모델 교육의 도입이 시급해졌다. 이런 교육은 집중력 향상, 스트레스 감소, 외부적 관계의 확장, 연민과 감정이입, 타자와 똑같이 행복해지려는 욕구의 이해를 수반한다. 타자와의 관계로 평화와 즐거움을 생성하는 것이 가장 중요한 의미와 목적이 된다. 결국 인간관계에서 가장 중요한 것은 나 지신을 억압하는 블랙홀을 탈출하는 일, 나에 대한 불신과 억압에서 벗어나서 나 자신을 사랑하고 이해하고 존중하는 자기존중감의 개발이다. 이러한 자아존중감 개발이 독립적인 성인 남녀의 인간관계는 물론 모든 인간관계에 초석이 되는 것이다.

7

직업과 돈:

돈의 노예인가
주인인가?

인생이란 정신적이며 물질적 부를 축적하는 과정이다.

정신적 부란 자아를 찾아가는 여정이며 정신적 자유를 의미한다. 물질적 부란 경제적 자유를 의미하며 정신적 자유와 밀접한 상호관계가 있다. 경제적 자유가 보장되어야 정신적 자유가 증가하며 자신의 정신적 생활이 풍요로워진다. 물질적 부란 자본의 증식을 지속하는 과정이다. 물질적 부와 정신적 부는 마치 육체와 정신이 상호작용하듯이 서로 상호작용한다.

앞에서 살펴보았듯이 인생에 대한 다양한 정의가 가능하다. 우리는 다양한 시각에서 인생이란 무엇인가를 조명할 수 있다. 인생을 보는 또 하나의 관점은 인생을 정신적 부와 물질적 부를 동시에 추구하는 과정으로 보는 것이다. 우리가 사는 시대는 과학기술 시대이며 돈이 신인 시대라 할 만큼 물질적 부를 강조한다. 그러나 물질적 부의 추구, 오로지 돈 버는 일이 인생의 목적이며 얼마나 돈을 많이 벌었는가로 능력을 평가한다면 참으로 어리석은 일이 될 것이다. 평범한 생활을 할 수 있는 능력, 기본적 의식주가 해결될 정도의 물질적 부가 있다면, 그 이상은 행복과 전혀 무관하다. 돈으로 모든 것을 살 수 있다는 생각은 인간에 대한 몰이해에서 비롯된다.

인간의 부는 영적이며 정신적인 부와 물질적인 부로 나눠 생각해 볼 수 있다. 우리가 사람을 평가할 때 그 사람이 가진 유형의 재산을 기준으로 할 것인가 아니면 그 사람이 어떤 사람인가 하는 무형의 재산을 근거로 할 것인가 하는 문제가 생긴다. 다시 말해서 품격이 있는 사람, 인품이 고매한 사람, 아름답고 경이로우며 개성적인 인간을 택할 것인가 엄청난 부와 편리성, 유용성을 지닌 인간을 선택기준으로 할 것인가 하는 문제이다. 물질적 부는 원시적 욕망을 충족시켜 줄지 모르지만, 마침내 돈의 노예로 전락시킬 수 있다. 정신적 부는 우리에게 여유로움과 평화를 주며 진선미를 음미할 줄 알게 한다. 거대한 정원과 저택 그리고 수영장을 지니는 것도 좋지만 그 안에 사는 사람의 정신적 부가 더 중요하다. 참된 즐거움은 불필요한 것을 모두 버리는 데서 나온다. 바로 이런 이유 때문에 소박하고 검소한 삶이 더 좋을 수 있다.

지나치게 한쪽만 강조하다 보면 다른 한쪽이 결핍되어 불구적이며 병적인 인간이 된다. 정신적 부와 물질적 부는 서로 상호 보완적 관계로서 마치 육체와 정신이 상호보완적이듯이 하나로 뭉쳐 있는 것이다. 많은 독서와 깊은 사색을 통해 풍요로운 정신세계를 지니고 있더라도 칼 맑스(Karl Marx)의 지적처럼 현실에 직면했을 때 물질적 부나 돈의 축적을 무시할 수 없다. 그러나 우리가 남에게 베푼다는 것은 물질만을 베푸는 일로 국한할 수도 없다. 정신적인 베품, 즉 좋은 말이나 좋은 생각으로 유쾌하고 신나는 에너지를 전달한다면 비록 수입이 현금으로 들어오지 않는다고 해도 정신적 풍요의 수입이 창출될 수 있는 것이다.

재산을 형성하는 습관이나 물질적인 부의 축적을 도모하려면 현실인식이 있어야 한다. 친한 친구가 부동산을 4억에 사서 2~3년만에 계속 집값이 올랐다고 한다. 그 이후로 매일 인터넷 네이버 부동산에서 가격이 오르는 기분으로 집을 산다고 한다. 이처럼 돈이 우리의 기분과 자신감을 증폭시키는 것은 사실이다.

우리나라에는 여전히 유교사상과 선비사상이 남아 있어서 교육자나 공무원이 주식이나 부동산 투자해서 물질적 재산을 증식하는 것을 금지하거나 꺼린다. 그래서 교육자나 공무원들은 대개 금융문맹인이기도 하다. 그러면서도 경제적 자유나 경제적으로 풍요로운 사람을 부러워한다. 교육자의 아이러니이다. 돈은 인간의 피와 같다. 현금의 흐름은 우리 생활에 필수적이다. 그러나 돈의 노예가 되어 오로지 돈 벌기에 혈안이 되어서 자신의 정신적 행복을 희생하는 것은 비참하다. 시간이 돈이라는 생각으로 잠시도 쉬지 않고 돈벌이에 몰두해서 재산증식에 기쁨을 느끼며 사는 사람은 결코 행복하지 않다.

우리가 사는 시대는 돈 중심 사회이며 물질중심 사회이다. 돈이 신인 시대이며 지독한 개인주의에서 한 걸음 더 나아가 이기적인 사회이다. 사실 지나치게 정신세계의 풍요로움만 추구하는 것도 비현실적이다. 그리스 철학자 디오게네스처럼 통나무 속에서 행복을 찾을 수도 있다. 그러나 우리처럼 평범한 일반대중들은 전철역 앞 거지로 살면서 동전을 구걸해서 진정한 행복을 얻을 수 없다. 필자도 교수시절 연구와 강의에 전념하고 학교행정이나 사회생활에 전념하다 보니 자본 증식에는 전혀 무관심했다.

교수생활을 경험해 본 사람은 아시겠지만 등재지에 좋은 논문을 내는 것과 우수한 강의를 하기가 결코 쉬운 일이 아니다. 잔머리 굴리면 교수생활도 쉽게 할 수는 있다. 좋은 강의를 한다고 돈을 더 주는 것도 아니고 우수 논문 쓴다 해도 큰돈 버는 일이 아니다. 오로지 지적 만족감과 성취감 그리고 학생들을 사랑하고 잠재의식을 키워줄 수 있는 사람이 되고자, 다시 말하면 천직의식에서 비롯되어 우수강의를 하고자 한다. 어떤 직업이든지 가치와 의미를 부여해서 소명의식을 지니고 일을 해야 한다. 교수로서 연구에 충실하고 좋은 강의를 한다는 것은 매우 신나는 일이다. 또한 사회봉사의 일환으로 사회의 다양한 집단과 소통을 통해서 지적 재산을 베풀고 사회발전에 이바지할 수도 있다. 참으로 행복한 생활이다.

모든 교수들이 이런 생활을 하는 것은 아니다. 어떤 교수는 법적 최소 의무시간인 9시간만 강의하고 연구도 소홀히 하며 심지어는 남의 연구를 도적질하는 표절행위도 죄의식 없이 하기도 한다. 이런 이들은 무조건 발견되면 교수직에서 퇴출시켜야 한다는 것이 필자의 지론이다. 또한 교수는 출퇴근이 비교적 자유롭기 때문에 부동산이나 주식에 관심을 갖고 본업에는 등한시하는 주객이 전도된 가짜 교수들도 생긴다. 그러나 교수 본업에 성실한 사람들은 대개가 자본증식에 소홀하다.

그렇다면 돈 버는 일 즉 자본 증식은 무조건 비난받아야 하는가? 많은 사람들이 교육자는 돈에 관심을 두어서는 결코 안 된다고 말하기도 한다. 그러나 이것은 잘못된 믿음이다. 경제의 흐름은 신체혈액의 순환만큼 중요하다. 교수나 선생도 경제활동을 해야 움직이며 사회활동을 할 수가 있다. 기본적 경제적 수입이 있어야 한다는 말이다. 돈이 나를 위해 일하도록 해야 한다. 이것이 투자이다. 교수도 자본주의 사회에서 투자를 해야 하며 주식거래도 필요하면 당연히 해야 한다고 본다.

'돈을 뜨겁게 사랑하고 동시에 냉정하고 차갑게 대하라'는 말이 회자한다. 즉 돈을 버는 일에 관심을 많이 갖고 합리적으로 쓰라는 말이다. 금융 문맹에서 탈출해야 경제적 자유를 누릴 수 있다. 돈의 노예가 아니라 돈의 주인이 될 수 있다는 말이다. 돈 벌기 위해서 공부하고 열심히 일하라는 말은 이제 허구적인 이념이 되었다. 이런 방식만을 고집하면 돈의 노예가 될 수 있다. 누구나 금융 문맹이 되지 않도록 경제공부를 반드시 해야 할 것이다. 공부나 일은 자기가 하고 싶어서 해야 한다. 돈 벌기 위해서 일하는 것이 아니라 즐기기 위해서 돈을 벌어야 한다. 주식 투자의 즐거움을 느끼며 돈이 날 위해 일해서 잠자는 동안에도 자산이 증식되도록 해야 한다.

문제는 오늘날 우리가 물질적 부를 광적으로 추구하며 정신적 부를 지나치게 소홀히 하는 시대에 살고 있다는 것이다. 돈이면 모든 것이 해결된다는 식이다. 돈을 벌기 위해 범죄가 아니라면 무슨 짓이든지 한다. 유튜버 종사자들도 너도 나도 돈을 버는 법을 전수하고자 하며 돈을 버는 데 혈안이 되어 있다. 사회의식이 전혀 없이 사람들의 말초신경을 자극하는 거짓정보로 유튜브 조회 수만을 신경 쓰는 이도 있다. 사실 법에 걸려들지 않아서 그렇지 교묘히 법망을 피해서 빠져나가며 악한 짓과 비열한 짓으로 돈을 버는 이들도 상당수 있다.

얼마 전 미국의 저명한 의사가 미스 USA 출신의 미모의 아내와 이혼 소식을 알리면서 여자의 신분이 드러났다. 이 여자는 모든 것을 속이고 돈을 벌기 위해서 고급매춘도 하고 결혼도 사랑이 아니라 돈을 보고 했다. 너무나 딱한 상황이다.

부자가 되는 일을 비난할 필요는 없다. 의식주의 해결도 못 해서 늘 궁핍하고 어두운 지하방에서 지낸다면 아무리 고상한 정신을 지닌 사람이라도 어둡고 불안한 반자아가 스며들어 불행해진다. 흔들리며 불안한 값싼 소형차를 타고 다니기보다는 벤츠나 제너시스를 타고 다니는 것이 더 바람직한 것은 사실이다. 애써 정신적 풍요를 주장하면서 티코를 타고 다닐 필요는 없다. 가난하기 때문에 지하방에서 살면 인간관계에서도 소심해진다.

경제적 자유는 나를 더욱 자유롭게 한다. 그래서 돈 버는 일을 소홀히 하면 어리석은 것이다. '나물만 먹고 물 마시며 떠다니는 구름처럼 살자'를 읊조리며 정신적 평화만 강조해서는 안 된다. 칼 맑스가 경제결정론(economic determinism)을 주장할 때 물질이 인간의 정신영역을 완전히 지배한다고 주장한 말을 무시해서는 안 된다. 필자가 영문과 학생들과 〈영어능력과 리더십〉 수업에서 토론을 진행했는데, 많은 학생들이 칼 맑스의 경제결정론을 100% 수용한다고 했지만(작금의 현실을 반영함), 그대로 수용해서는 결코 안 되고 반드시 정신적 부와 균형을 잡아야 한다.

직업은 무엇인가? 천직과 직업을 구분해서 설명해 보자. 천직이 자기 적성에 맞고 정말 좋아서 하는 일이라면 직업은 가족부양을 위한 경제수입을 목적으로 한다. 우리는 한평생 일을 해서 수입을 얻고 가족과 사회생활을 하면서 살아간다. 어떤 직업, 어떤 분야에서 일해야 하는가? 원칙적으로 자기 적성과 재능에 맞는 분야에서 하고 싶은 일을 하면서 살아야 행복하다. 필자는 천직으로서 교육자생활에 대단히 만족하면서 살았다. 내가 돈 버는 일에만 전념했다면 삶의 의미와 가치를 느끼지 못했을 것이다. 아무리 돈을 잘 벌어도, 가치나 의미 있는 일을 하지 못하면 정신적 황폐로 망가지기 마련이다. 그러므로 우리는 늘 돈을 많이 버는 물질적 부자가 되는 것 이외에 정신적 부자가 되도록 풍요로운 정신세계를 만들어야 한다. 어떤 직업에 종사하든지 그 직업의 가치와 의미를 부여할 때 천직이 되고 심리적 안정감을 얻는다. 단지 수입만 바라보고 일하는 재미를 전혀 느끼지 못하면 수입이 아무리 많아도 불행할 것이다.

물론 신나게 일하고 번 돈은 개인의 독립성에 초석이 되기 때문에 물질적 부의 축적을 소홀히 하라는 뜻은 아니다. 그러나 엄청난 부로 벤츠와 호화저택은 물론 미모의 여자와 함께 사는 남자를 부러워하는 것, 이렇게 표면적, 경제적인 부분만 가치 있다고 보는 것은 기껏 인생에 있어 미인의 형태로 태어났는데 추악해지는 것과 마찬가지다. 외형적인 것의 노예가 되면 결코 행복할 수 없다. 돈과 외모가, 외형과 물질이 결코 전부가 아님을 '리처드 코리(Richard Cory)'라는 시를 통해서 배울 수 있다. 물질적 부나 사회적 지위가 높아서 교양인인 체하는 위선자가 많은 사람들의 선망의 대상이 될 수 있을지도 모르나 이러한 외부적인 것들이 얼마나 허약하고 진정한 가치가 될 수 없음을 명쾌하게 보여주는 로빈슨(E. A. Robinson, 1869-1935) 시인의 시를 읽어보자.

리처드 코리

리처드 코리가 시내로 갈 때마다
도보 위에서 우리는 그를 바라보았다.
그는 발끝에서 머리끝까지 철저한 신사였다.
깔끔하고 위풍 있으며 날씬했다.

그는 항상 단정하게 입었고
말을 할 때는 인간미가 있었다.
그가 안녕하세요라고 인사하면
사람들을 설레게 하고 걸어갈 때는 빛났다.

그는 부자였다. 왕보다 더 부자였다.
모든 우아함을 배워서
우리가 그 사람이 되었으면 하고 바랄 정도로
그는 신과 같았다.

우리는 계속 일했고 빛을 기다리며

고기를 먹지 못하고 빵을 저주했다.

리처드 코리는 어느 조용한 여름날 밤,

집으로 돌아와서 자신의 머리에 총을 쏘았다.

Richard Cory

Whenever Richard Cory went down town,

We people on the pavement looked at him.

He was a gentleman from sole to crown,

Clean favored, and imperially slim.

And he was always quietly arrayed.

And he was always human when he talked.

But still he fluttered pulses when he said,

Good morning and he glittered when he walked.

And he was rich. -yes, richer than a king-

And admirably schooled in every grace:

In fine, we thought that he was everything

To make us wish that we were in his place.

So on we worked, and waited for the light

and went without the meat, and cursed the bread.

And Richard Cory, one calm summer night,

Went home and put a bullit through his head.

누가 보아도 코리는 잘생기고 멋있으며 훌륭한 매너와 엄청
난 부의 소유자이다. 만인이 그를 부러워한다. 그러나 우리가 알
수 없는 정신적 고통이 그를 자살로 이끌었다. 아마도 인생이 무
의미하다고 생각했는지도 모를 일이다. 이처럼 인생이란 살 가
치가 없는 것일까? 이 지점에서 정신적 풍요가 얼마나 소중한지
우리는 배운다. 언제나 중요한 것은 대부분이 눈에 보이지 않는
다(What is essential is mostly invisible). 그래서 우리는 그 소중한 것들, 정
신적 가치나 시간과 같은 것들을 소홀히 한다. 중요한 것은 눈에
보이지 않지만, 내면적 아름다움, 정신적인 풍요로움은 물질적
인 부보다 훨씬 더 강하고 높은 정신적 가치를 지닌다. 그러나 가
시적이지 않기 때문에 고속의 스피드로 발전하는 과학기술시대
에 등한시되는 것은 당연하다. 그러나 물질적 부에만 시간과 에
너지를 쓰고 정신적 빈곤에 무감각하다면 실패한 인생을 살게 될
것이다. 그래서 우리는 반드시 물질적이며 정신적인 부를 동시
에 추구하는 존재가 되어야 한다. 필자가 보기에는 정신적 부가
60%, 물질적 부가 40%의 비율로 인생을 구성한다면 바람직스러

울 것 같다.

미국 소설가 셔우드 앤더슨은 그의 소설 『와인즈버그, 오하이오』에서 다양한 인물들의 비정상적인 행동이나 불행한 삶을 묘사했다. 이 단편소설 모음집은 인간이 잘못된 이념이나 믿음, 맹신에 의해서 얼마나 불행할 수 있는가를 비극적으로 보여준다. 모든 인간들은 저마다 독특한 정신세계에서 이념과 편견을 가지고 자신만이 옳다는 믿음으로 행동하기 때문에 객관적 시각에서 보면 비정상적이고 엽기적인 사람이 되는 것이다. 우리가 인문학을 연구하는 것은 세상을 종합적으로 보고 인간을 다각적 측면에서 검토하고 고찰해서 완벽하지 않더라도 객관적으로 합리적인 인생을 살아가기 위함이다. 우리는 수많은 마스크(mask)를 쓰고 다양한 상황에서 다양한 연기를 한다. 인생이란 연극과 같다. 대통령은 대통령답게 교수는 교수답게 연기를 한다. 하지만 잘못된 이념이나 믿음에 사로잡혀 경직된 사고 때문에 불행한 삶을 사는 것을 경계하고 늘 편견이나 오해, 주관적 시각에서 벗어나 자신조차도 객관적으로 볼 수 있도록 노력해야 한다.

일반적으로 우리가 빠지기 쉬운 편견을 영국의 수필가 베이컨의 4가지 우상에서 찾아볼 수 있다. 베이컨이 말하는 우상에서 벗어나야 한다. 먼저 인간이라는 〈종족의 우상〉은 '유태인이 흑인보다 우월하다'와 같이 집단 단체의 권위에서 생긴 편견이다. 마치 서울대생이 내가 속한 충북대의 학생보다 우월하다는 식이다. 또한 나의 주관적 취미나 선입견에서 생기는 〈동굴의 우상〉도 있다. 〈동굴의 우상〉은 나의 주관적 편견으로, 자기중심적 사고가 강한 사람들이 특히 심하다. 법관이 교육자보다 윤리적이라는 선입관 같은 것이다. 다음으로 사회의 언어적 편견에서 생기는 〈시장의 우상〉이 있다. 그 시대나 특정한 지역의 보편적 문화가 갖는 언어적 편견이다. 마지막으로 역사와 전통 그리고 종교적 권위의 맹신에서 생기는 〈극장의 우상〉을 경계해야 한다. 이처럼 베이컨은 4가지 우상을 지적했지만, 인간 삶에는 이보다 많은 우상들이 존재하고 있다. 무엇보다도 이러한 편견에서 벗어나 사물이나 사건을 객관적으로 보려면 비판적 사고, 창의적 사고, 유연한 사고, 생각하는 힘, 논리력을 키워야 한다. 이제 누가 많은 지식을 머릿속에 저장했느냐가 아니라 그 사람이 어떤 가치관과 사고로 행동하느냐가 중요한 시대에 살고 있다.

돈이면 무슨 일이든 해결할 수 있다고 믿는 사람들도 있다. 그렇다면 인간은 물질이 정신을 지배하는가? 정신이 물질을 지배하는가? 상충되는 문제에 직면한다. 헤겔은 정신이 물질을 지배한다고 보지만 칼 맑스는 물질이 정신을 지배한다고 보았다. 늘 인간 삶의 현상에는 양면성이 있다. 전공이 '이과냐 문과냐'에서부터 '개인이냐 사회냐', '고전주의냐 낭만주의냐', '물질이냐 정신이냐', '진보냐 보수냐' 등등 이분법적 대립구도는 늘 존재해 왔다. 칼 맑스의 경제결정론은 인간의 정신문화도 돈에 의해 결정된다는 믿음이다. 물질이 정신을 지배한다는 믿음이다. 반대로 정신이 물질을 지배한다고 보는 사람들도 있다. '물질보다 정신이 중요하다',

'돈은 악의 뿌리다'와 같은 잘못된 관념에 사로잡혀 평생을 거지로 살 수도 있다. 그러나 혈액순환이 잘되어야 건강하듯이 경제흐름이 잘되어야 건강하게 산다. 경제적 자유의 보장은 정신적 자유와 상호작용을 한다.

중산층으로 기본적 생활 유지만 된다면 정신적 삶이 물질을 지배한다. 우리의 행동이 의미 있는 일, 가치 있는 일에 집중해야 한다는 의미이다. 교육자는 인간의 의식변화를 추구하며 잠재력 개발에 행복을 느끼고 의사는 인간의 생명을 살리는 일에 가치를 두며 정치가는 모두가 행복한 사회를 만들려는 높은 이상과 꿈에 가치를 둔다. 농부나 경비원이나 모두가 사회 구성원으로서 소중한 존재들이다. 우리는 경제적 생활을 하기 위해 직업을 가져야 한다. 아니 무슨 일이든지 비윤리적이고 사회에 피해를 주지 않는 일이라면 일을 해서 수입을 창출해야 한다. 하지만 법을 어기고 양심을 저버리면서 배신을 때리는 일로 사기를 치며 돈을 벌면 되겠는가? 이 점에서 직업윤리가 필요하고 법으로 엄격히 제한하고 있다.

직업과 돈은 어떤 의미인가? 돈과 행복, 물질과 행복은 비례하는가? 아니다. 물질은 어느 정도 일정 수준에 도달하면 이후에는 전혀 정신적 행복과 무관하다. 처음엔 생존을 위해 물질이 앞서지만, 어느 정도 기본 생활이 충족되면 정신이 물질에 앞서기 때문이다. 일정 수준의 물질적 수준이 충족되면 마음과 정신이 부유해야 행복하다. 행복은 스스로 행복하다는 감각, 느낌에서 온다. 무감각하고 어떤 상황에서도 행복감을 느끼지 못하고 동물적 욕구 충족에만 빠져 자신이 타자보다 우월한 것처럼 산다면 행복에 대한 커다란 착각을 하고 있는 것이다. 행복은 극히 주관적이지만 보편적 기준이 있다. 기쁨과 의미 있는 삶. 자신이 사랑하는 사람과 자신이 좋아하는 일을 하면서 살면 행복하다. 지나친 집착이나 일 중독증에 빠지면 불행하다.

세상에는 무수히 많은 직업이 있다. 나는 정치가나 의사나 법관이 아니라 교육자임을 자랑스럽게 생각한다. 하고 싶은 일을 즐기면서 살고 수입도 생겨서 먹고살 수 있는 상태, 가족부양을 할 수 있는 삶이기 때문이다. 돈을 버는 데 목적을 두기보다 돈이 저절로 들어올 수 있도록 나의 그릇을 키우자. 즐겁게 하고 싶은 일을 하면서 수익도 창출하자. 주식도 게임처럼 즐겨라. 교수나 학자는 근엄하고 선비정신을 지녀야 하니까 돈에 초연해야 한다는 허위의식에 지배당하면 불행하다. 가장 비참한 삶이란 허위의식과 타인의 이론에 묻혀 자아를 상실하고 꼭두각시로 사는 인생이다. 휘트먼이 말한 내 자신의 노래를 불러야 한다. 돈의 노예가 되어 돈 버는 데 모든 시간을 허비하는 것은 인생의 낭비이고 불행을 초래한다. 돈의 노예가 아니라 내가 돈을 통제하는 돈의 주인이 되어라.

정신적 풍요로움은 독립적이고 주체적인 삶을 사는 데서 비롯된다. 좋은 표정, 좋은 말투는 행운을 부르고 그래서 우리는 흔히 '소문만복래(笑門萬福來)'라고 말한다.

인생은 물질적, 정신적 부를 쌓아가는 과정이지만 언제나 정신이 물질을 앞에서 인도해야 한다. 사람에 따라 다르겠지만 양보다 질적인 삶이 행복을 주는 것은 사실이다. 이런 시각에서 볼 때 우리의 상상력이 얼마나 중요한가를 다시금 곱씹게 된다. 우리의 삶이란 우리가 만들어가는 서사이다. 어떤 그림을 그릴 것인가는 전적으로 당신의 상상력의 영역이다. 당신의 상상력이 넓고 풍요로울수록 삶은 아름답다. 이것이 '틀 짜기'이다. 자기 삶을, 오늘 하루의 삶을 구성하는 이야기를 만들자. 그렇게 산다면 정말 멋지게 하루를 창조할 수가 있다. 물론 변수가 많다. 수많은 예기치 않은 일이 수시로 생긴다. 우리는 이런 예기치 않는 사건들을 슬기롭게 해결해야 한다. 역경과 힘든 과제를 언어라는 마술지팡이를 무기로 해결하는 과정은 우리에게 즐거움과 기쁨을 준다. 문제가 발생하면 어떻게 해야 하나? 언어로, 이야기로 해결한다. 우리는 머릿속으로 오늘 하루를 어떻게 보낼 것인가 상상을 한다. 그리고 아름다운 그림을 그리면 하루가 그대로 이루어진다.

반대로 상상력이 빈곤하여 경직되고 부정적이며 암울한 상태로 자신과 대화하면 포크너의 소설 『팔월의 빛』에 나오는 하이타워처럼 과거의 영광에 갇혀 살 수가 있다. 인간의 상상력이란 이처럼 한 인간의 삶을 조정하는 엄청난 힘을 지닌다. 상상력이 반드시 인문학에 국한될 필요는 없다. 모든 과학적 발견도 상상력을 토대로 이루어진다. 문과와 이과, 선과 악은 삶을 설명하기 위한 하나의 도구이지 삶을 이분법적으로 재단할 수는 없다. 그러므로 우리는 아름답고 성공적 인생을 누리기 위해서 물질적인 부와 정신적인 부의 동시적 추구를 모색해야 한다.

8

영적생활:

신앙생활과
행복한 삶

인생이란 언제나 하나님과 함께하고 하나님의 말씀에 순종하며 기쁨으로 충만한 생활을 하는 여정이다. 인간은 매우 불완전하여 동물적 충동이나 악의적인 어둠의 세력에 지배받을 수 있기 때문에 보다 깨끗하고 아름다운 삶을 위해서 늘 하나님과 함께하는 영적생활이 필요하다. 악마와도 같은 어둠의 세력은 지속적으로 나를 사로잡아 망가트리려 한다. 늘 하나님과 함께 살며 악마에게 마음을 열어주지 말고 성령의 말씀대로 살면 악마는 물러갈 것이다. 행함이 없는 믿음은 그 자체가 악이며 죽음이다.

우리는 혼자지만 다른 사람과의 관계를 통해서 의미를 생성한다. 나와 애인, 나와 가족, 나와 친구, 나와 직장동료, 나와 다른 동식물, 나와 자연, 나와 우주 그리고 마침내 나와 하나님과의 관계가 있다. 나와 신성하고 위대한 정신적 가치에 대한 관계, 즉 하나님과의 관계는 황홀감, 경이감, 언어로 표현할 수 없는 영적 경험을 불러일으킨다. 필자는 세례를 받고 기독교인으로서 삶을 어느 정도 경험했지만, 아직도 그 세계를 간접적으로만 이해하고 있다. 학자생활을 하다 보니까 늘 비판적이어서 반기독교적 삶에 대한 시각도 숙고해 본다. 기독교인에 대한 배척으로 유명한 도킨스처럼 신은 인간이 만든 허구라는 생각을 하면 기독교인이 아니라 무신론자가 된다. 참된 기독교인은 무엇보다도 하나님 말씀 성경에 순종해야 한다.

어리석은 자의 퇴보는 자기를 죽이며 미련한 자의 안일은 자기를 멸망시키느니라. 오직 하나님 말씀에 순종하는 자는 재앙의 두려움 없이 안전하리라. (잠언 1장 33)

지혜가 너를 선한 자의 길로 행하게 하며 의인의 길을 지키게

하리니. 스스로 지혜롭다 하지 말지어다. 주를 경외하며 악을 떠날지어다. *(잠언 3장 7절)*

지혜는 얻은 자에게 생명나무라 지혜를 가진 자는 복되도다. (잠언 3장 18절)

인생은 흔히 항해에 비유된다. 살다 보면 충동에 의해 본능적으로 내 이익만을 위해서 살 수는 없다. 늘 다른 인간의 이익과 관심에 충돌한다. 여러 사람들, 혹은 다른 동물들과 생존경쟁의 투쟁을 해야 한다. 기친 파도와 풍랑이 일어 배가 파산할 수도 있다. 때론 잔잔하고 평화로운 바다에서 여유롭게 항해할 수 있고 때론 아름다운 항구에서 쉴 수도 있다. 그러다 예기치 않은 질병이나 사고, 또는 실패나 실수로 마음의 고통을 이기지 못하고 사망할 수도 있다. 또한 인간의 무의식적이며 이기적 오만함으로 인해 자기합리화를 하면서 비도덕적이나 비윤리적 행동을 하고 양심의 마비나 도덕적 불감증으로 어둡고 잔혹한 삶을 살 수도 있다.

그러나 늘 하나님과 함께하는 삶이라면, 매 순간마다 좌절과 고통에서 벗어나 하나님에 의존할 수 있고 희망과 강력한 추진력을 얻을 수도 있다. 성경과 하나님을 믿지 않을 때는 이성과 논리로 재단을 가할 때이다. 그러나 인간은 이성과 논리 이외의 가치를 추구하고 그에 따라 행동하는 존재다. 과학적 사고는 중요하지만 가치문제와는 전혀 관계가 없다. 그래서 이성과 논리로만 산다면 괴물이 될 수도 있다. 성경이나 하나님 말씀을 따르는 것은 인간이 행복하게 살기를 원하고 높은 가치에 의미를 두기 때문이다. 영적인 추구 없이 자신의 능력과 오만함으로만 산다면 능력이 출중해도 늘 실패하고 타인들에게 인정을 받지 못하며 외롭고 고독하다.

미국인의 95%가 믿음을 지닌다고 한다. '믿음'은 영적인 정서, 성스럽거나 종교적인 의미와 구별되나 일반적으로 혼용해서 쓰인다. 심리학자들의 연구 결과 믿음 생활을 하는 사람들, 하나님의 존재를 믿는 사람들이 일반적으로 더 행복감을 느낀다고 한다. 이것은 자기중심적 이기주의나 개인인주의 영역을 벗어나 초월적인 존재인 하나님과의 관계 속에서 타인과의 연결성을 중시하기 때문이다.

이처럼 신앙생활은 행복한 인생에 큰 역할을 한다. 실제로 교회에서 가족과 인간관계를 중심으로 하는 사회생활은 개인의 행복에 상당히 기여한다고 볼 수 있다. 필자도 미국 노스캐롤라이나 장로교회에서 세례를 받았고 아내도 철저한 기독교 신자이기 때문에 신앙생활이 어떻게 우리의 행복에 기여하는가를 분명히 체험했다. 철저한 이성과 논리로 종교인들의 삶을 부정적 시선으로 보는 무신론자들은 인간에 초점을 두고 인간을 중심으로 사고한다. 그래서 그들은 신앙생활을 하는 사람들을 나약하며 허구에 사로잡혀 산다고 폄하하기도 한다.

그러나 참된 신앙생활은 동물적이며 인간중심적 사고에서 벗어나 신성이라는 보다 높은 의식의 지혜로움과 연결되는 것이다. 종교는 영적 영역으로, 인간과 자연 그리고 신성과의 연결고리를 통해 하나가 됨을 추구한다. 필자는 아내에 비해 독실한 신자는 못되지만 영문학을 한평생 전공해서 신앙인들의 생활방식을 이해하게 되었다. 참 기독교인들의 정신세계는 무신론자가 절대 이해할 수 없는 초월적 영역이며 그들은 불행한 일에 닥쳐도 늘 하나님과 함께한다는 믿음으로 쾌유가 빠르다. 삶을 긍정하고 성장과 변화에 대한 강한 믿음으로 절망을 극복하기도 한다.

　신앙생활을 한다는 것은 마음속에 하나님을 모시고 산다는 것이다. 언제나 양심에 따라, 하나님의 목소리에 따라 살기 때문에 경건하고 아름다우며 품위 있는 삶을 살 수가 있다. 하나님을 믿고 성경의 말씀을 실천하면 늘 겸손하고 세상을 아름답게 보고 타인을 소중하게 여기며 배우는 자세로 살 수 있다. 45세의 젊은 나이에 열병으로 사망한 19세기 말 영국 종교시인 홉킨즈도 하늘을 나는 매 한 마리에게서 하나님의 모습을 보았다. 창공을 나는 황조롱이 새의 위용과 기상에 감동받아 그리스도에 대한 이미지와 연관시켜 시를 전개한다. 모든 대상물에서 하나님의 독특한 이미지를 발견한 그의 시를 보자.

황조롱이
우리의 주 그리스도에게

나는 오늘 아침 보았다. 아침의 총아 햇빛 왕국의 황태자

얼룩무늬 새벽에 의해 이끌려 나온 매가

그의 아래, 안정된 대기의

굽이치는 수평을 달리고 저기 높이 활보하며

잔물결 이는 날개 고비삼아

얼마나 황홀히 돌고 있는지! 그리고 돌며 획획 나아갔다.

스케이트의 뒤축이 활처럼 굽은 빙판 위를 부드럽게 획 자나가듯이

돌진하고 미끄러지면서 큰 바람을 저지했다. 숨어 있는 내 마음은

한 마리의 새로 흥분되고, 그것의 성취와 숙달로 인해

야성적 미, 용기, 그리고 행동 오! 태도, 자부심, 명예가

여기 모아진다. 그대에게서 터져 나오는 불이 억만 배나 아름답고

더 위험하다. 오 나의 기사여!

당연히 그러하다. 한결같은 노고로 이랑을 간 쟁기는

빛이 나고 푸르스름하게 타버린 장작불도. 아 님이여

떨어져서 스스로 스쳐 벗겨져 황금 주홍빛 상처를 드러낸다.

The Windhover

-To Christ our Lord!-

I caught this morning morning's minion, kingdom

of daylight's dauphin, dapple-dawn-drawn Falcon, in

his riding

Of the rolling level underneath him steady air and striding

High there, how he rung upon the rein of a wimpling wing

In his ecstasy! then off, off forth on swing

As a skate's heel sweeps smooth on a bow-bend, the hurl and

gliding

Rebuffed the big wind. My heart in hiding

Stirred for a bird-the achieve of, the mastery of the thing!

Brute beauty and valour and act, oh, air, pride, plume, here

Buckle! And the fire that breaks from thee then, a billion

Times told lovelier, more dangerous, O my chevalier!

No wonder of it: sheer plod makes plough down sillion

Shine, and blue-bleak embers, ah my dear,

Fall, gall themselves, and gash gold-vermillion.

황조롱이(매의 일종)가 새벽에 비상하는 모습이 그리스도의 이미
지와 중첩되어 나타난다. 신성은 전통적으로 빛으로 은유된다. 빛

의 왕국의 황태자는 그리스도의 이미지와 닮았다. 온갖 미덕이 통합된 새의 모습이다. 그리스도는 이런 새보다 억만 배 아름답고 위엄 있는 존재이다.

이 시는 그리스도의 희생의 아름다움을 강조하고 있다. 신의 의지에 복종해서 꾸준한 노력으로 밭을 열심히 갈면 쟁기 날이 빛날 것이며, 다 타버린 장작에도 불씨는 살아있다고 한다. 이 비유는 자신을 다 태워 희생시켰을 때 내면에서 발하는 불빛, 특히 예수의 희생과 십자가에서 흘린 피를 연상시킨다.

지팡이를 두려워하지 않는 인간들은 신의 권위와 체벌을 두려워하지 않는다. 신을 망각하고 세상을 시들게 하거나 더럽힌다. 자신들을 문명으로 감싸서 자연의 신성을 느끼지 못한다. 그러나 인간이 아무리 자연을 짓밟아도 성령이 비둘기처럼 내려온다. 아무리 세상이 잘못되어가도 신은 따뜻한 사랑과 큰 날개로 우리를 감싸는 것이다. 우리의 눈에 가시적으로 나타나지 않기 때문에 신의 장엄함을 지각하지 못하고 각종 어둠과 부정이 깃든 세상을, 성령은 무조건적인 사랑으로 포근히 감싼다.

또 다른 시인 '신의 장엄함(god's Grandeur)'을 통해서도 시인은 세속적 인간이 아름다운 자연을 오염시키지만, 여전히 아침이면 동녘에 해가 뜨고 성령이 세상을 품어준다고 말한다. 동녘에 갈색 태양이 솟아오르니 성령이 굽은 세계를 훈훈한 가슴과 빛나는 날개로 품어주는 것이다.

신의 장엄함

제럴드 맨리 홉킨스

세상은 신의 장엄으로 가득 차 있다.
그것이 흔들리는 금속 조각의 광채처럼 불꽃이 되어
터져 나오리라. 그리곤 진하게 뭉치리라, 압착되어 새어 나오는
기름 줄기처럼. 그런데 사람들은 어째서 신의 권위에 무관심한가?

대대로 그것은 짓밟히고 또 짓밟혀 왔다.
그리고 모두 생업으로 마비되고, 고역으로 흐려지고 더럽혀져
사람의 때와 냄새만 풍길 뿐, 땅은
이제 헐벗기고 발은 신발로 인해 느낄 수 없게 되었다.
그렇다 해도 자연은 결코 탕진되지 않으리라.
만물의 속 깊이 고귀한 신성함이 맥맥히 흐르나니
그리고 어두운 서쪽에서 마지막 광선이 사라진다 해도
아, 아침은 갈색 빛 동녘에서 솟아오르리라.
성령이 굽은 세계를 그 포근한 품과
찬란한 날개로 안으시니.

God's Grandeur

by Gerald Manley Hopkins

The World is charged with the grandeur of God.

It will flame out, like shining from shook foil;

It gathers to a greatness, like the ooze of oil

Crushed. Why do men then now not reck his rod?

Generations have trod, have trod, have trod;

And all is seared with trade; bleared, smeared with toil;

And wears man's smudge and shares man's smell: the soul

Is bare now, nor can foot feel, being shod.

And for all this, nature is never spent;

There lives the dearest freshness deep down things;

And though the last lights off the black West went

Oh, morning, at the brown brink eastward, springs--

Because the Holy Ghost over the bent

World broods with warm breast and with ah! bright wings.

우리는 그리스도를 닮도록 창조되었다. 사실 강하면서도 부드
러운 예수의 이미지는 우리가 추구해야 할 이상적 모델이기도 하
다. 자기중심적이며 이기적 삶에서 벗어나 이웃을 네 몸과 같이

사랑하라는 말, 하나님께서 주신 사명을 완수하는 그리스도의 모습처럼 우리의 미션은 하나님의 왕국을 섬기는 일이며 목적을 가지고 사는 것이다. 그냥 삶이 아니라 참된 삶, 하나님의 목적에 맞게 살아가는 삶을 이루는 것이다.

성경은 허구인가? 불경은 과학기술시대에 무익한가? 영적생활이란 21세기 인공지능시대에 불필요한가? 『이기적 유전자』의 저자 도킨스는 철저한 무신론자이다. 인간은 컴퓨터와 같이 코드를 빼면, 즉 뇌의 활동이 멈추면 작동불능이고 죽음이라고 본다. 인간의 이타주의도 결국 자기보존을 위한 이기심에서 나온다고 보고 최근의 저서에서 "신은 인간이 만든 허구"라고 단호하게 주장하고 있다. 그의 저서 『만들어진 신』(God Delusion)에서 잘못된 종교적 신념은 인간을 구속하고 자아를 상실하게 해 무비판적 로봇이 되게 만든다며 종교의 폭력성을 경계해야 한다고 주장한다. 물론 도킨스의 주장이 상당히 논리적이고 설득력이 있다.

그러나 영적 생활이 주는 행복감을 결코 간과해서는 안 된다.

요즘 현대사회는 치열한 경쟁과 이기적인 삶을 추구하는 시대적 조류 때문에 인간관계에서 오는 스트레스가 엄청나다. 암 발생확률도 높아졌다. 자기를 학대하고 자기를 미워하며 타인을 원수로 보지만 결국 자기 스스로 암에 걸려 죽는다. 인간은 생기가 막히면 죽는다. 우리말에도 "기가 막힌다"라는 표현이 있다. 그래서 즐겁게 살아야 한다.

『긍정의 삶』의 저자 로버트 슐러 목사는 이 책에서 기독교적 믿음과 성경의 가르침을 중심으로, 긍정적 삶을 정신과 영혼의 성취로 보는 이유와, 부정적 생각을 몰아내고 미소와 더불어 강한 신앙심을 갖고 살아가는 삶이 얼마나 성공적이며 행복한지를 설득력 있게 제시한다. 인간의 꿈과 희망, 그리고 하나님에 대한 믿음으로 높은 성취를 이룰 수 있음을 보여주고 있다.

세계적인 미국의 뇌과학자 이븐 알렉산더는 7일간의 임사 체험을 바탕으로 『천국의 증명』*(Heaven is real)*이란 책을 썼다. 그는 이 체험을 통해 실제로 천국이 있고 하나님은 실재하신다는 믿음을 갖게 되었다. 당신은 하나님의 사랑을 받고 있는 소중한 사람이며 소중한 사람이기에 '괜찮아! 모든 것이 잘될 거야'라는 믿음을 갖고 살아간다고 한다. 필자는 현직교수 시절 '하나님은 사랑이시다(God is Love: GIL)'라는 동아리의 지도교수를 지낸 적이 있다. 학생들과 성경을 읽고 토론하며 경건한 분위기 속에서 서로 사랑하고 봉사하는 행복감을 경험했다. 우리의 삶은 나를 찾아가는 여행이 되어야 한다. 그러나 무비판적이며 독립적이고 자율적 사고 없이 종교적 사상의 노예가 된다면 살아있으되 죽은 삶(生中死)을 영위하게 된다. 광신자가 되거나 잘못된 교리에 빠져 소중한 인생을 상실할 수도 있다.

그런 위험에도 불구하고 하나님과 함께하는 인생을 보내면 행복의 절반을 보너스로 얻는다. 고통스럽고 힘든 세상, 만사가 내 뜻대로 이루어지지 않는 세상에서 하나님을 가슴에 두고 같이 살면서 하나님께 늘 도움을 얻을 수 있다면, 마음에 평화를 얻을 수 있다면 이보다 더 큰 기쁨이 있겠는가? 성경의 하나님 말씀에 순종하며 윤리적, 도덕적 삶에 충실하면 잔인하고 소름끼치는 괴물이 될 리가 없다. 세상의 모든 종교가 존재하는 이유는 인간에게 고통과 번뇌에서 벗어나 구원을 주는 지혜를 제공하고 영적 행복감을 주기 때문이다. 참다운 신앙생활은 현재 나의 삶을 긍정적이고 바람직한 방향으로 나가게 하는 데 이바지해야 한다.

절의 스님을 따르든 교회의 목사를 따르든 우리에게 도움이 되는 종교를 선택하면 된다. 부처님과 함께하는 생활도 자기수행의 길이다. 신앙생활은 인간사의 모든 것이 인과응보이기 때문에 우리에게 닥치는 일에는 원인과 결과가 있음을 알고 지속적으로 자신을 성찰하고 반성해서 인간답게 사는 일로 인도한다. 또한 교만을 버리고 겸손한 삶을 유지하게 하며 인간다운 삶 그리고 품격 있는 삶을 지향한다. 기독교인들은 믿음, 사랑, 소망을 신뢰하며 영적 생활을 하면서 기도가 이루어진다고 믿는다. 마음이 깨끗한 자는 복이 있나니. 신앙생활을 하는 사람들은 자기치유력의 신비를 알기 때문에 스스로 치유의 기적을 이룩하며 진선미를 추구하고 비굴하지 않으며 용기 있게 소신을 갖고 행동한다. 모든 순간에 신이 함께 존재한다는 생각으로 나의 모든 행동을 주님께서 보고 계신다고 믿기에 신성한 삶을 살 수 있다. 있는 그대로 하나님의 사랑을 받고 있는 매우 소중한 사람이라는 인식과 믿음 때문에 늘 마음의 평화를 유지할 수 있다.

인생을 사는 방식, 행복한 삶을 추구하는 방식 중 가장 대표적인 것이 종교생활이다. 동료 교수 중 한 사람은 교회에 십일조와 헌금을 규칙적으로 내며 봉사활동을 하고 자기 모교에 기부금도 낼 줄 아는 성스러운 삶을 추구하는 사람이다. 나 자신을 버리고 하나님에게 나를 내맡기고 오로지 주님의 뜻에 따라 사는 사람이다. 신성의 빛, 성스러운 빛이 늘 자기와 함께 거주하며 일거수일투족을 하나님이 보고 계시다고 생각하기 때문에 무슨 일을 하든지 내적 기쁨과 환희로 가득 찬 삶을 살아간다. 바르게 살겠다는 믿음, 하나님의 힘, 무한한 후원자가 있다는 믿음은 나의 인생에 든든한 기둥이 된다.

필자는 목사가 주례사를 하는 결혼에 참석한 경험이 있다. 최고의 결혼 선물은 하나님 앞에서의 혼인서약이다. 남편은 아내를 위해 희생하며 내 생명 다 바쳐 아내를 사랑하고, 아내는 존경심으로 남편을 내조할 것을 하나님이라는 신성한 절대자를 증인으로 해서 성스럽게 약속하기에 함부로 깰 수가 없다. 주님의 은총 아래 만난 사람들이기 때문에 한층 단단하게 결속된 부부가 될 수 있다.

모든 행동과 생각조차 신이 함께한다고 보고 나는 신이 주신 선물이며 신이 주신 잠재력을 최대한 활용해서 하나님께 보답해야 한다는 생각을 한다. 따라서 늘 성스런 명상이 동반되어야 한다. 신앙인들은 실패나 불운에 결코 좌절하거나 망가지지 않고 강인한 힘과 삶의 의지로 오뚝이처럼 일어나 행복한 삶, 환희와 기쁨에 충만한 삶을 살고자 한다. 그들은 자아를 버리고 일체의 세속적 욕망에 눈길을 돌리지 않은 채 예수 그리스도 뜻대로 사는 것에서 행복을 추구한다. 이러한 사람들은 상력한 믿음으로 담대하게 늘 주님의 뜻대로 산다. 그래서 '나를 버리면 나를 얻을 것이요'라는 역설이 생긴다. 임종을 앞두고도 하나님 앞으로 간다는 생각에 평온하고 행복한 죽음을 맛볼 수 있는 것이다.

『목적이 이끄는 삶』에서 릭 위렌은 "자신에 대한 집착은 막다른 골목에 이르게 하고 하나님께 집중함은 광대하고 탁 트인 자유로운 삶으로 이끈다"라고 주장하면서 삶의 목적을 자기중심적 자아를 넘어서서 하나님 중심의 삶을 사는 데 둘 것을 권장한다. 하나님이 독생자를 사랑하사, 무조건적인 사랑이 하나님의 사랑이다. 이것은 이성과 논리에 따른 과학적 사고방식을 넘어서는 믿음생활, 영적생활을 의미한다. 하나님이 우리를 만드신 목적에 맞게 사는 삶, 삶의 의미와 목적은 예수 그리스도와의 관계에서 생긴다고 보는 것이다.

인간은 누구나 목적이 있는 삶을 누려야 하며 삶의 의미가 있어야 한다. 가장 큰 비극은 죽음이 아니라 목적이 없는 삶이다. 저마다 노력과 에너지를 중요하다고 생각하는 것에 집중하면서 살아간다. 이러한 목적은 열정을 낳고 강한 삶의 추진력이 된다. 기독교인의 경우 지금의 삶은 다른 삶을 위한 준비과정이다. 이 세상은 우리의 궁극적인 집이 아니다. 우리는 하늘에 있는 우리의 영원한 집을 기대하고 있다.(히 13:14) 그렇기에 이기심 없이 사랑하는 법을 배운다. 설령 이러한 기독교적 신앙이 숭고한 허구라 해도 인생을 아름답고 멋지게 사는 데 도움을 준다는 점은 변함이 없다. 죽음도 두려움 없이 영혼의 이동으로 보고 평온하게 갈 수 있다. 내면의 갈증을 해결하고 보다 높은 세계에서 행복할 수 있다. 아무리 힘들고 어려운 일이 닥쳐도 간절한 기도와 응답으로 꿈과 소망이 이루어질 수 있다. 믿음, 사랑, 소망이 영적세계에서 탄생한다.

하나님과 소통한다는 것은 인간과 신을 연결시키는 경건한 과정이다. 이미 이루어진 것처럼 온전한 감탄과 감사의 마음으로 풍요로운 축복을 받았다고 믿고 기도한다면 내면의 힘을 받아 꿈이 현실화된다. 아름다운 야성의 힘, 불가사의한 영혼의 신비, 이미 일어난 것을 경험하는 것, 당신의 느낌이 기도이다. 하나님에 대한 강한 믿음과 기도로 자연치유가 이루어진다. "하나님은 빛이요 진리며 나의 목자시니." 성경의 말씀대로 하나님께 순종하고 무한한 기쁨을 느끼며 늘 기도하고 환난과 고통에도 굴하지 않고 한 알의 밀알만큼이라도 믿음을 갖고 실천한다면 반드시 하나님께서 주시리라. 따라서 기독교인들은 범사에 감사하며 고난과 환란이 거침돌이 아니라 디딤돌이라고 생각하며 늘 사랑하는 마음으로 봉사하고 주는 기쁨을 누리는 경험을 할 수가 있는 것이다.

가난한 자, 고통을 받는 자를 위해 하나님의 독생자가 십자가에 못 박히신 수난은 인간 삶의 고통을 극복하게 해주는 힘이 될 수가 있다. 동물적 욕망을 넘어서 초월적인 도덕성을 유지하게 해주는 고결함을 부여할 수 있다. 그러나 잘못된 믿음이나 신앙생활은 고통과 좌절 속에서 신앙인을 병들게 하고 나약한 선인(착한 사람)으로 남게 할 수도 있다. 따라서 종교의 이념성을 경계해야 한다. 종교적 믿음은 나약하며 무기력한 선인이 되는 것에 있는 것이 아니라 우리의 삶을 더 강하고 적극적으로, 초월적 도덕성을 기초로 하는 데 있어야 한다. 19세기 미국 여류시인 에밀리 디킨슨은 어려서부터 개신교의 영향을 많이 받고 자라서 인간의 실존적 고통과 죽음에 관한 시를 많이 썼다. 그녀는 초월적 도덕성을 다음과 같이 노래한다.

내가 한 사람의 고통을 막을 수 있다면

에밀리 디킨슨

내가 한 사람의 고통을 막을 수 있다면
나는 헛되이 산 것이 아니리
내가 한 생명의 고통을 덜어주거나
한 생명의 아픔을 줄일 수 있다면
또는 죽어가는 방울새를 도와
다시 둥지에 돌아갈 수 있게 한다면
나는 결코 헛되이 산 것이 아니리

If I can stop one heart from breaking

I shall not live in vain

If I can ease one life the aching,

Or cool one pain,

Or help one fainting robin

Into his nest again,

I shall not live in vain.

다음 글은 동료교수로서 한국교통대에서 교수생활을 함께 했으며 정년을 마치고 충주에서 목회활동을 하고 계시는 황유섭 목사님의 행복한 삶에 대한 이야기이다. 하나님과 함께하는 삶이 우리의 인생을 건강하고 행복한 삶으로 인도하고 변화시킬 수 있음을 간결하면서 명료하게 보여준다.

그는 반복해서 우리가 역경에 직면할 때마다 하나님은 늘 나와 함께 계시니 "하나님이시라면 이 문제를 어떻게 해결하실 것인가?"라고 스스로 자문해 보라고 권고하신다. 황 목사님은 '행함이 없는 믿음은 그 자체가 죽은 것'이라는 하나님 말씀을 상기시키면서 교회는 열심히 다녀 생각과 마음은 하나님 곁에 있으나 행동하지 않는 기독교인들을 강하게 질타하신다.

아래 원고를 흔쾌히 보내주신 충북 충주시 천성교회 황유섭 목사님께 감사드리며 하나님께서도 기뻐하실 것이라고 확신한다.

<우리는 왜 하나님과 함께하는 삶을 살아야 하는가?>

천성교회 황유섭 목사

주어진 제목은 하나님께서 우리 인간을 창조하신 목적입니다. 에스겔서 34장 31절의 반드시 의존적인 삶을 살아감을 양에 비유하신 하나님의 말씀을 생각하지 않을 수 없습니다.

하나님과 함께하면 우리의 삶의 모든 일이 건강한 삶으로 바꾸어집니다.

이는 우리의 삶에서 매번 일어나는 삶의 문제에서 그때마다 "하나님이시면 어떻게 하실 것인가?"를 생각하고 하나님의 도(道)인 정직과 하나님의 속성이신 사랑과 공의를 적용해보면 바로 알 수 있습니다.

한 달만 "하나님이시면 어떻게 하실 것인가?"를 적용해 보십시오.

여러분들의 삶이 놀랍게도 세상으로부터 자유함을 얻고 이것이 이 세상 어느 곳 누구도 줄 수 없는 오직 하나님의 능력이시로구나 하는 놀라움을 맛볼 것입니다.

70이 넘은 목사로서 부탁드리는 것은 **"하나님이시면 어떻게 하실 것인가?"**를 적용하셔서 하나님을 시험해 보시기를 그리고 하나님의 놀라운 능력과 사랑을 경험하시기를 간절히 소원합니다.

이제 하나님 말씀을 따라가 보겠습니다.

우리들은 하나님께서 만들어 주셨고, 우리 인간이 하나님과 함께하는 삶은 그것이 하나님의 인간을 창조하신 목적이기 때문에 하나님과 함께 살아야 합니다. 하나님이 우리 인간의 눈높이에 맞추어서 오늘 제목의 이유를 성경에서 말씀하셨는데 이는

"내 양 곧 내 초장의 양 너희는 사람이요 나는 너희의 하나님이라 주 여호와의 말씀이니라"(에스겔 34장 31절)

하나님과 인간의 관계를 가장 잘 비유한 표현이라 생각되어집니다.

저는 하나님의 말씀을 통해서 하나님과 함께 하는 삶이 어떠한 삶인지 생각해 보기 위해 하나님의 생각하심을 말씀으로 주신 성경에서 보려고 합니다.

먼저 **마태복음 1장 23절**을 보면

보라 처녀가 잉태하여 아들을 낳을 것이요 그의 이름은 **임마누엘**이라 하리라 하셨으니 이를 번역한즉 **하나님이 우리와 함께 계시다** 함이라.

또 **이사야 43장 21절**은

이 백성은 내가 **나를 위하여 지었나니** 나를 찬송하게 하려 함이니라

그리고 **미가서 6장 8절**은

사람아 주께서 선한 것이 무엇임을 네게 보이셨나니 여호와께서 네게 구하시는 것은 오직 정의를 행하며 인자를 사랑하며 겸손하게 네 **하나님과 함께** 행하는 것이 아니냐.

위의 신구약의 말씀은 모두 하나님이 우리와 함께 계심을 볼 수가 있습니다. 하나님께서 사람을 하나님의 형상대로 창조하시고, 또 죄로 인해 타락했던 사람을 다시 십자가의 피를 통해 용서하시고 구원하셨을 때, 하나님께서 원하신 것은 무엇이었을까요?

바로 하나님께서 사람과 함께하시는 것입니다.

하나님께서 이스라엘 백성을 이집트에서 데리고 나와 광야로 이끄신 목적은 무엇이었을까요?

출애굽기 29장 46절을 보면

내가 **그들 가운데 거하려고** 그들을 이집트 땅에서 데리고 나온 주 그들의 하나님인 줄을 그들이 알리라. 나는 주 그들의 하나님이니라. 하나님께서는 "내가 그들 가운데 거하려고 그들을 이집트 땅에서 데리고" 나왔다고 말씀하고 계십니다.

최종적으로 하나님께서 원하시는 것이 무엇인지 보시겠습니다.

요한계시록 21장 3절입니다.

내가 하늘에서 나는 큰 음성을 들으니 이르되, 보라, 하나님의 **성막이 사람들과 함께 있고** 그분께서 그들과 함께 거하시리라. 그들은 그분의 백성이 되고 하나님께서는 친히 **그들과 함께 계셔서** 그들의 하나님이 되시리라.

하나님께서 자신의 형상대로 사람을 창조하신 목적은 사람과 함께하는 것이었습니다.

또 하나님께서 예수님의 십자가와 보혈을 통해 우리를 구원하신 목적도 바로 우리와 함께하시는 것이었습니다.

하나님께서 이스라엘 백성을 이집트에서 데리고 나오신 이유도 그들 가운데 함께 거하시는 것이었습니다. 예수님께서 이 땅에 사람이 되어 오신 이유도 우리와 함께 계시는 하나님이 되시기 위함이었습니다.

영원한 세상에서 하나님께서 원하시는 것 역시 우리와 함께 계시는 것입니다.

우리가 이 땅에서 살아계신 하나님과 함께할 수 있다면, 그것은 가장 행복하고 값진 인생이라 할 수 있습니다.

요셉은 하나님과 함께함을 통해 원수 같았던 형제들을 사랑하고 또 수많은 생명을 기근으로부터 건져낼 수 있었습니다.

모세도 하나님과 함께함을 통해 하나님의 권능과 살아계심을 온 세상에 보일 수 있었습니다.

여호수아도 하나님과 함께함을 통해 거대한 여리고 성을 무너뜨린 사실 등을 볼 때 우리가 오늘 하나님과 함께하는 삶을 산다면 그러한 인생이야말로 하나님께서 우리를 창조하시고, 구원하신 목적에 가장 잘 맞는 행복한 인생이라 할 수 있을 것입니다.

우리가 왜 하나님과 함께하는 삶을 살아야 하는지 그것은 하나님께서 우리를 창조하시고, 구원하신 목적이기 때문입니다. 하나님과 함께하는 삶은 우리의 삶의 모든 영역에서 이루어집니다.

여러분, 여태까지 우리의 삶이 어떠했다 할지라도 지금 이 순간 우리가 다시 하나님께 나아가시길 원합니다.

이제부터 우리의 삶이 하나님과 함께하는 삶이 되기를 간절히 소원합니다.

실천적 무신론자라는 말이 있습니다.

하나님을 알고는 있고 지식으로는 하나님을 믿는 데 실천이 없는 사람을 말합니다.

야고보서 2장 17절은 다음과 같이 말합니다

17 이와 같이 **행함이 없는 믿음은 그 자체가 죽은 것이라**

오늘 우리들이 바로 그와 같은 모습이 아닌가를 심각하게 돌아봐야 합니다.

9

죽음의 긍정성:

현재에 최선을
다하는 삶

사람은 누구나 자신이 반드시 죽는다는 사실을 알고 있다.

특히 나이가 들수록 살날이 길지 않기 때문에 시간의 소중함이 절실하다.

이처럼 인생이란 유한하기 때문에 지혜로운 시간관리가 필요하다. 시간의 노예가 아니라 시간의 주인으로 살아가야 하는 이유이다.

죽음은 우리에게 유한한 인생과 시간의 소중함을 알려준다. 많은 사람들이 '누구나 죽게 마련이다'라는 평범한 사실을 알고 있음에도 불구하고 마치 영원히 살아갈 듯이 죽음을 전혀 의식하지 않는다. 우리는 누구나 반드시 죽는다는 사실을 깊이 인식한다면 현재를 충실하고 알차게 보낼 수 있다. 죽음에 대해서 인간은 크게 두 가지 상반된 시각을 지닌다. 죽은 후에 부활과 영생을 믿는 기독교적 관점과, 죽음은 내 생명의 종언이며 내 인격적 존재의 사망으로 보는 세속적 관점이 있다. 이러한 두 가지 상반된 시각에 대한 논의는 이 장에서 제외하고 죽음이 생명체의 상실이라는 사실을 누구나 인정한다는 사실에 기반해서 생명의 유한성을 토대로 이 글을 전개하고자 한다.

사람들은 흔히 "인생은 초로와 같다" 또는 "일장춘몽"이라고 말한다. "잠시 세상에 소풍을 나왔다 빈손으로 와서 빈손으로 가는 것이 인생이다."라고 말하기도 한다. 그럼에도 불구하고 20~30대에는 죽음이 실감나지 않는다. 그러나 60이 되면 누구나 퇴직이나 죽음에 대한 그림자를 느낀다. 나는 살아있는 동안 무엇을 했는가? 얼마나 가치 있게 살았는가? 얼마나 오래 사느냐보다 살아있는 동안 무엇을 했느냐가 중요하다. 그리고 사는 동안 어떤 경험을 했는가가 중요하다. 그래서 우리는 매일매일 소중한 시간을 가장 의미 있고 가치 있게 보내기 위해 의식적이든 무의식적이든 최선을 다한다. 아무런 목적이 없이 시간을 허송세월하면 최악이다. 누구에게나 무료인 유튜브를 시청하더라도 유익하고 발전적인 프로그램 시청을 해 보자. 인간의 본능을 자각하고 순간적 쾌락에 빠지도록 하는 무익한 방송은 소중한 시간을 낭비하여 자아를 파멸로 몰고 갈 수도 있다.

이러한 습관은 지속적으로 악순환을 불러일으켜 사람을 블랙홀에 밀어 넣고 결국 망가트린다. 우리는 강한 의지와 지혜로 소중한 시간을 가치 있게 채우는 선순환을 불러와야 한다. 늘 운이 좋아서 잘되는 사람은 겉으로 보기에 쉽고 편안해 보이지만, 사실 내면으로 치열한 의지와 지혜로운 삶을 실천하는 강한 정신이 있다. 반면에 되는 일이 없고 늘 빈곤의 악순환에 시달리는 사람들은 나는 착하다는 합리화로 나약하고 무기력한 삶을 살며 운이 없다고 한탄하며 소중한 시간을 허송세월하는 악순환을 되풀이한다.

그러므로 주어진 시간, 소중한 시간 안에 나의 정신적, 물질적 부를 얻도록 노력해야 한다. 정신 똑바로 차리고 유한한 인생을 값지게 살아야 한다. 요즘 과학 기술의 발달로 100세 시대라는 표현이 대중화되고 실제로 과거와는 달리 60세에 환갑잔치를 하지 않고 간단히 가족 친지들과 생일파티만 하고 부부가 함께 여행을 가는 경우가 많다. 인생은 60부터이고 노년기가 진정한 후반전이라고 말하면서 60에서 80까지가 인생의 최고 황금기라고 말하는 사람도 있다. 노년이 제2의 인생이며 새로운 출발이라는 관점이다.

21세기 최대 화두는 인간의 수명을 몇 세까지 연장할 수 있느냐 하는 문제이다. 과학기술시대에 인공지능과 유전공학, 생명공학의 발전으로 죽음에 대한 도전이 가속화되고 있다. 노화예방 백신이 나오며 최근에는 "노화는 질병"이라고 주장한다. 질병치료제나 노화억제로 우리의 수명이 200년이 되는 것을 넘보는 시대이다. 노쇠와 죽음에 대한 방지와 해결책이 마련됨에 따라 유전공학은 생명연장에 획기적 역할을 수행하고 있다. 이처럼 죽음에 대한 혁신적인 인식은 우리가 어떻게 살아야 하는가 하는 자각을 일깨워준다.

인간은 어쨌든 반드시 죽음을 경험해야 하니까 삶이 소중한 것이다. 만일 인간이 무한한 시간을 산다면 온갖 세상 경험을 다해보고 주구장창 한가롭게 보낼 수도 있다. 그러나 아무리 젊은 시절 화려한 삶을 살았더라도, 나이가 80~90에 이르면 얼굴에 숱한 주름이 생기고 신체적으로 쇠약해지기 마련이다.

늙음과 노인을 경멸하고 젊음의 관능적 쾌락만을 추구하는 현실세계를 두고 20세기 영국의 시인 예이츠는 그의 유명한 시 '비잔티움으로의 항해'에서 노인은 누더기처럼 단지 보잘것없는 존재라고 말한다. 그러면서 영원한 예술의 세계로 향하고자 하는 욕망을 보여준다. 예이츠는 시간의 유한성과 영원한 정신적 삶의 추구를 노래했다. 그는 이 시에서 영원하고 변하지 않는 지성과 예술의 세계를 창조하고자 하는 의지를 육체적이고 물질적이며 현상적인 삶과 대조시킨다. 순간적 쾌락과 영원한 삶에 대한 동경을 보여주는 것이다. 청춘을 찬양하고 젊음을 즐기며 쾌락에 탐닉하는 젊은 생명들 속에서, 육체적인 것만 찬미하는 곳에서 노인들은 누더기를 걸친 허수아비처럼 초라하다. 시인은 노년기에 이 시를 썼다. 노인이 되어 남에게 경시되는 것은 견딜 수 없는 고통이다. 그러나 여기서 노인은 쇠락함에 좌절하여 망가지지 않고 고뇌와 슬픔을 극복하는 방법을 제시한다. 우리에겐 건강한 육체와 젊은 청춘뿐만 아니라 영혼이 있고, 이 영혼이 기뻐하며 장엄함을 노래하는 세계, 영혼 불멸의 세계와 예술의 세계가 있다. 따라서 시인은 젊음과 쾌락의 세계를 버리고 영혼의 장엄함을 찬미하는 예술의 세계인 비잔티움으로 항해한다고 말한다. 시인 자신도 세속적 욕망과 육체적 관능을 떠나서 영원불멸의 세계가 있다고 본다. 예술작품도 예술가가 만든 영원한 생명인 셈이다. 영국의 위대한 현대시인 예이츠의 시를 살펴보자.

비잔티움으로의 항해

저곳은 늙은이들을 위한 나라가 아니다.
서로 부둥켜안고 있는 젊은이들
새들은 나무에서 노래하고
이들은 죽어가는 세대들

연어 폭포, 고등어 우글대는 바다,

물고기, 짐승 혹은 가금은 여름 내내 찬미한다.

잉태되고, 태어나고, 죽는 것은 무엇이든

저 관능적 음악에 사로잡혀

모두는 늙지 않는 지성의 기념비를 소홀히 한다.

노인은 무가치한 것

막대 위에 입혀진 누더기 걸친 허수아비

영혼이 손뼉을 치며 노래 부르지 않는다면

사라질 옷의 누더기 조각들을 위해서

더 크게 노래하지 않는다면

또한 모든 노래하는 학교는

그 장엄한 기념비를 공부한다.

그러므로 장엄한 기념비를 찾아서

나는 바다를 건너 성스런 도시 비잔티움으로 왔다.

Sailing to Byzantium

That is no country for old man. The young

in one another's arms, birds in the trees

-those dying generations-at their son,

The salmon-fall, the mackerel-crowded seas,

Fish, flesh, or fowl, commend all sumer long
Whatever is begotten, born, and dies,
Caught in that sensual music all neglect
Monuments of unaging intellect.

An aged man is but a paltry thing,
A tattered coat upon a stick, unless
Soul clap its hands and thing , and louder sing
For every tatter in its mortal dress,
Nor is there singing school but studying
Monuments of its own magnificence;
And therefore I have sailed the seas and come
To the holy city of Byzantium.

시인은 현실세계가 늙음을 경시하고 젊음을 찬양하고 만끽하
는 곳임을 지적한다. 연어 떼로 폭포수를 이루는 강, 고등어가 우
글대는 바다, 온갖 가축, 날짐승을 열거하고, 생명들이 여름만 찬
양한다고 말한다. 청춘, 생명, 육체적인 쾌락만을 찬미하는 현실
에 늙은이는 단지 막대에 누더기를 걸친 허수아비처럼 하찮은 존

재다. 그러나 시인 자신이 노년기에 쓴 이 시는 노인을 허수아비가 아닌 정신적 영혼의 세계를 탐색하는 존재로 보고 정신적 영역을 강조한다. 시인은 영혼 불멸의 세계를 갈구하고 있다. 예이츠 자신이 노년이 되어 젊음의 광기와 혼란을 버리고 정신적 세계에 가치를 두게 되었음을 표현한다. 청년은 욕망에 병들고 죽어가는 육신에 사로잡혀 정서를 고갈시킨다. 노인은 정신적 자유를 추구하면서 영원한 예술의 세계로 상징되는 비잔티움으로 항해를 떠난다. 이곳은 영원불멸의 지성과 예술세계가 있는 곳, 여기서 우리는 지적 활동의 기쁨과 그 위대성을 발견한다. 이처럼 노인이 되어서도 자유의 추구를 통해 정신적 성장과 변화가 지속되어야 한다.

우리는 젊은 시절 지적인 능력, 학교성적을 최고로 여기고 소중히 생각했다. 그러나 일단 학력이나 실력을 근거로 취직을 해서 30대가 되면 감성이 소중해진다. 소통과 공감 그리고 더불어 사는 능력의 소유자, 즉 정서지능이 높은 사람이 사회에서 성공할 확률이 높다. 결혼도 남녀 간의 소통을 전제로 하기 때문에 감성이 없이 이성만으로는 성공하기 어렵다. 또한 나이가 들수록, 특히 60이 되면 영성(SQ: 영적지능)이 다른 지능보다도 훨씬 더 중요한 삶의 추진력이 된다. 예이츠처럼 정신세계의 중요성을 인식하고 높은 가치를 향한 목적의식과 가치의식이 분명할 때 우리는 풍요롭고 건강하고 행복한 인생을 보낼 수 있는 것이다.

미국 시인 로버트 프로스트(Robert Frost)는 '눈 내리는 저녁 숲가에서서'라는 시에서 우리가 죽기 전에 가치 있고 소중한 일들을 해야 한다는 지혜를 독자에게 전달한다. "잠들기 전에 가야 할 길이 있네. 잠들기 전 가야 할 길이 있어(miles to go before I sleep, and miles to go before I sleep)." 인생은 유한하고 우리는 무엇인가 가치 있고 의미 있는 일을 해야 하기에 부단히 땀을 흘리고 손에 흙을 묻혀야 한다.

우리는 자칫 교육과 문화라는 이름으로 거짓된 이념이나 가치관에 매몰되어 자아를 상실하고 기계적 삶을 살 수도 있다. 많은 학문적 지식과 기술이 우리를 자신의 주인이 아니라 노예로 전락하게 할 수 있는 것이다. 물고기가 물에서 살 수밖에 없듯이, 인간은 이념 속에서 허우적거릴 수밖에 없다. 이념이란 진실과는 거리가 있는 허위의식이 되어 자아를 찾아가는 여행에 걸림돌이 될 수도 있는 것이다. 객관성이나 보편성이라는 이름으로 대통령, 장관, 의사, 변호사라는 삶이 훌륭한 삶이라 생각하고 스스로의 자유를 구속하여 자아를 상실할 수 있다. 지식과 경험이 우리의 자아를 구속하는 족쇄가 되어서는 안 된다. 이성과 논리만을 추구하는 삶은 자칫 우리를 괴물로 전락하게 할 수 있다. 인간은 선한 의지와 오감을 느끼며 삶의 아름다움을 느낄 수 있는 감성을 길러야 한다. '진'과 함께 '선'과 '미'가 중요시되는 통합적 재능 영성이 존재해야 한다. 그래서 키츠는 "미는 진리요, 진리는 미이니. 그것이 우리가 알고 있는 전부요, 알 필요가 있는 모든 것(Beauty is truth, Truth is beauty. That is all you know on earth, all you need to know)"이라고 갈파했는지도 모른다.

우리는 누구나 죽는다. 죽음을 향해서 한 발자국씩 걸어간다. 17세기 형이상학파 시인 앤드루 마블의 표현처럼 "나는 늘 등 뒤에서 빠르게 달려오는 날개 달린 전차소리를 듣는다(At my back I always hear Time's winged chariot hurrying near)." 시간이라는 날개 달린 전차가 뒤에서 빠르게 달려오고 무덤은 휴식처이지만 아무도 거기서 포옹을 하진 않는다. 그래서 현재, 지금을 충분히 즐기자는 주장이다. 한편 죽음이란 우리의 죽은 육체에서 영혼이 분리되어 다른 세계로 이동이라고 보는 사람들도 있다. 그러나 대체적으로 인간 삶의 유한성을 보편적으로 인식하며 '지금의 나'로 대변되는 영혼과 육체가 지속되지 않고 소멸함을 인정한다. 인간의 삶이 유한하다면 오늘이 마지막 날인 것처럼 살아야 한다. 시간의 소중함이 절실히 느껴지는 순간이다.

'소확행'이라는 포장으로 무사안일에 젖어서 시간을 허송세월하고 있지는 않은가? 술과 음식에 절어 살며 섹스에 탐닉하고 도박에 탐닉하며 달콤한 사탕이 이를 썩게 하는 이치를 모르고 깡패가 되어가지는 않는가? 타인을 괴롭히는 것에서 심리적 만족을 느끼며 살 수도 있다. 분명한 것은 가난하게 태어남은 부모책임일 수 있으나 정신적, 물질적으로 가난하게 죽는 것은 오로지 내 탓이라는 것이다. 운명은 내 스스로가 만드는 것이니까. 벼락부자가 되려는 로또심리는 버려라. 독서 대신에 TV에 탐닉하는 것을 행복으로 착각해서 인생을 낭비하지는 말라. 달콤한 정크푸드(Junk Food)가 건강을 해치는 것을 무시하고 탐닉하거나 곶감이 달다고 독이 있는 줄 모르고 주워 삼키는 사람들이 있다. 이렇게 오랜 세월을 허송세월하는 것도 오로지 당신의 선택이다. 혹시 당신은 허송세월하면서 자유를 즐기고 있다고 착각하지 않는가? 지금의 결과는 결국 당신이 살면서 내린 선택의 결과이다. 쾌락을 추구할 것인가 물질을 추구할 것인가, 정신세계의 탐구나 과학의 탐구 혹은 수학의 탐구에 몰입할 것인가? 완전한 행복에 이르는 인생을 살기 위해 몰입과 성실, 노력이 생기려면, 목적이 있는 삶, 균형이 잡힌 삶의 자세가 필요하다.

내일 죽는다면 우리는 오늘을 치열하게 살아야 한다. 현 시대는 시나치게 외형의 회려함을 조장하는 상업주의, 물질주의에 사로잡혀 있다. 누구나 돈을 벌고 쓰느라고 너무 바쁘다. 실존적 존재의 기쁨을 누리며 주변의 사소한 것에 감사하고 여유로운 가치를 느끼며 살지를 못한다. 그러나 우리에겐 정신적으로나 육체적으로나 풍요로운 삶을 누릴 특권이 있다. 죽을 때 "아! 이만하면 만족한 인생을 보내서 죽어도 좋아"라고 말할 수 있어야 한다. 자신을 쓰레기로 만들고 학대하는 삶을 살 것인가, 자신을 최고의 멋진 사람으로 만들고 흐뭇하게 만족한 삶을 살 것인가? 오로지 당신의 선택에 달려 있다. 후회하지 않도록 소중한 시간을 낭비하지 말고 언제나 오늘이 마지막 날인 것처럼 최선을 다해야 된다. 실패와 실수로 좌절하기보다는 그것을 타산지석이나 반면교사로 삼아서 다음번 실수를 최소화해야 한다. 인생은 연습이 없다. 우리는 매일 죽고 매일 다시 태어난다. 매일매일이 새로운 날이다. 오늘도 성장과 변화를 위해서 리스크(risk)에 도전하고 고통을 극복하는 일에서 기쁨을 맛보아야 한다. 진정한 자유는 안락지대에 머무는 것이 아니라 오로지 도전과 고통 그리고 고난의 극복에 있다. 안락지대에 머무는 것은 생중사(生中死)이며 무의미한 삶이라는 것을 명심하라.

꿈과 희망을 버리는 것은 죄악이다. 시간낭비는 더 큰 죄악이다. 오늘 이 시간이 얼마나 소중한지 알아야 한다. 우리는 누구나 죽는다. 생명은 유한하다. 그래서 우리는 시간을 지혜롭게 쓰는 방법을 생각해야 한다. 시간의 노예가 아니라 시간의 주인으로 살아가야 한다. 명확한 목표와 시간관리가 중요한 이유이다. 인간관계에 많은 시간을 투자하라. 최고의 가치 중 하나가 인간관계이다. 왜냐하면 우리가 존재하는 의미는 오로지 관계에서 생겨나기 때문이다.

스스로 오늘 할 일에 대한 버킷 리스트(Bucket List)를 만들자. 오늘 하고 싶은 것이 무엇인가? 요리, 여행, 운동, 산책, 책 쓰기, 친구와 수다 떨기, 다양한 경험에서 생기는 설렘과 두근거림은 삶의 즐거움을 배가시키고 재미있게 산다는 느낌을 준다. 죽음을 목전에 둔 환자는 살아있다는 것이, 하고 싶은 일을 한다는 것이 얼마나 대단한 기쁨인지를 안다. 15년 이상 파킨슨병에 걸렸어도 즐겁게 사는 어떤 여의사 이야기는 잔잔한 감동을 준다. 그녀는 "내가 선하게 진선미를 추구하면서 열심히 살았는데 왜 하나님께서는 이런 병을 주셨나요?" 하고 원망과 좌절을 하기도 했다. 의사로서 성공했음에도 불구하고 분노와 고통의 순간을 맛보았다. 그러나 생로병사를 의연히 받아들이고 현재의 삶에 충실하며 풍요롭고 여유로운 삶을 살고 있다. 비록 파킨슨병으로 몸을 제대로 움직이지 못하고 정상인처럼 자유롭지 못하더라도, 현재의 주어진 환경에서 최선의 의미와 가치를 창조할 수 있다. 그녀는 매일의 삶을 즐길 줄 아는 지혜로운 여성이다. 아름다운 인생이다.

인생은 고난과 역경, 고통과 슬픔의 연속이다. 그래서 백팔번뇌라는 말이 존재한다. 그러나 고난과 역경은 우리가 언어로 어떤 서사를 쓰느냐에 따라 기쁨의 연속이 될 수도 있다. 내가 가는 길에 놓인 커다란 바윗돌은 사람에 따라 장애물이 될 수도 있고, 디딤돌이 될 수도 있으며 도약대가 될 수도 있는 것이다. 이러한 장애물이나 파도에 휩쓸려서 쉽게 좌절하고 포기한다면 우리는 망가지고 비참해진다. 언제나 반자아는 자아에 앞서 무의식적으로 우리를 무기력하게 만듦을 기억하라. 당장 현실의 파도에 겁먹고 질려버려 부정적 사고가 우리를 삼키도록 놔두지 마라. 그럼에도 불구하고 우리는 지혜롭게 희망과 비전을 꿈꾸며 고통과 시련을 극복하고 도전해야 한다. 고통 속에서 기쁨을, 리스크 속에서 성공의 쾌감을 경험하면서 변화와 성장을 지속해야 한다.

10

자아발견의 여정:

잃어버린
나를 찾아서

유년기와 청소년기가 사회에 길들여지기 위한 삶이라면 30대 이후의 삶은 잃어버린 자아를 찾아서 고유한 나 자신을 찾아가는 여정이다. 이러한 여정을 위한 준비도구로 자아존중감과 언어로 이야기를 만들어내는 마법의 지팡이가 필요하다. 수많은 다양한 경험을 통해서 변화와 성장을 해 나아가는 과정이 우리의 삶이며 이러한 미션을 수행할 때는 고통과 위험을 감수하는 용기와 도전정신이 필요하다. 따라서 우리의 삶은 모두 영웅의 여정이 된다.

우리가 사는 시대는 초스피드 과학기술사회다. 급변하는 과학기술에 보조를 맞추기 위해 시간과 에너지를 오직 기술에만 전력투구하다 보니 과학이 중시되고 인간이 경시되는 부작용이 생겼다. 인간의 정서와 개성이 사라지고 획일적으로 상품화되었다. 첨단과학기술시대와 피로사회(burn-out society)가 맞물려 과학과 기술의 가치는 상승하고 인문학과 예술의 가치는 하락하였다. 물질적 가치의 팽배와 정신적 가치 상실로 방황하는 시대에 많은 사람들이 동물적 욕망과 쾌락에 탐닉해서 정신적으로 병들게 되었다. 물질적 풍요 속에 정신적 빈곤이 양극화되었다. 이제 우리는 다시 한번 "왜 사는가?"라는 물음에 답해야 한다. 여러 가지 답이 있지만 가장 보편적 답변은 "행복하기 위해서"라고 할 수 있다. 이런 시대적 상황에서 행운과 행복의 시작은 자신의 내면세계에서 출발한다는 믿음을 가지고 행복한 인생, 멋진 인생을 살아가는 데 실질적 도움이 되었으면 하는 바람으로 이 책을 집필했다. 한마디로 이 책은 과학기술시대에 정신적 질병의 치유를 위한 도구이며 정신적 부자가 되도록 돕기 위한 자기계발 서적이다.

　오랫동안 인생의 중요한 시기를 지방 국립대학에서 영문학을 강의하고 수많은 글을 쓰며 생활한 경험을 바탕으로 이 글을 쓴다. 흔히 인간이 생각과 의식을 바꾸면 행동이 달라지고, 행동이 달라지면 습관이 달라지고, 성격이 변하며 운명이 바뀐다고 말한다. 물질은 풍요로워도 정신적으로 고독하고 황폐한 인생이라면 명료하게 실패작이다. 현대인들은 나 자신을 돌보는 일에 무관심하며 자신에게 수없이 고통과 독침을 쏜다. 이런 삶이라면 아무리 외면이 풍요롭더라도 실패한 인생이다. 오늘날 대부분의 사람들이 고단한 삶을 산다. 그래서 우리가 사는 사회는 피로사회가 된다. 그러나 삶은 기쁨이며 유쾌함이 되어야 한다. 편안함과 여유 그리고 부드러움, 잔잔한 평화로움이자 너그럽지만 강력한 힘으로 가득 차야 한다. 이런 아우라가 서려있는 사람은 아름다움이 넘쳐흐르며 매력을 발산한다. 흔히 말하는 우아하고 품위 있는 모습이다. 바로 이런 사람이 성공적 인생의 표본이기도 하다.

결국 우리나라의 행복지수가 바닥인 것은 개개인이 자아를 상실했기 때문이다. 독립된 목소리를 내며 자기의 감정에 충실하고 자기가 하고 싶은 일을 해야 한다. 미국 시인 휘트먼이 말하는 '내 자신의 노래(song of myself)'를 불러야 한다. 인생에서 최악의 경우는 생존경쟁의 치열함 속에서 성취욕은 달성했지만 타인의 소중함을 모르고 오로지 수직적 사고에 갇혀서 제 잘난 맛에 사는 사람이 되는 것이다. 이런 사람들은 과도한 긴장과 스트레스로 고혈압이나 당뇨병, 각종 신체적 질병에 시달리며 불평과 불만 속에 살아간다. 내면의 풍경이 이런 모습이라면 아무리 고관대작을 지냈어도, 제아무리 탁월한 학문적 업적을 냈어도 진정한 성공을 했다고 할 수 있을까? 간판이 장관이고 총장이고 대장이라고 타인이 뼛속까지 자신을 우러러 보고 존경하는 줄로 착각하는 사람은 불행한 사람이다. 이런 사람은 자기중심적이며 메타인지능력이 제로인 나르시시스트이자 자아도취에 함몰된 사람이다. 성실하고 순박한 시골 농부처럼 평범하지만 유머가 있고 자상하고 따뜻한 사람, 타인의 입장이 어리석더라도 존중하고 반론하지 말며 판단을 보류하고 수용하는 인내심이 있는 사람, 그러나 내 의견과 주장은 분명히 하는 용기를 지니고 어리석은 생각을 추종하거나 비위를 맞추는 비굴함을 지독히 싫어하는 양심과 정직한 윤리의식을 지닌 사람이 되어야 한다. 그래서 우리는 주체적이며 독립적 사고로, 자신의 판단으로 살아가야 하며, 잘못된 신화나 거짓 신화에 사로잡혀 살아서는 안 되는 것이다.

영국의 시인 토마스 그레이(Thomas Gray)는 시 '시골 묘지에서 쓴 비가(Elegy Written in a Country Churchyard, 1750)'에서 권력과 돈벌이, 이기심과 탐욕으로 무한경쟁의 소용돌이 속에 있는 도시에서 벗어나 시골에서 묵묵히 자기의 주어진 길을 가는 이름 없는 사람들의 삶의 평화를 노래한다.

미친 무리들의 천박한 싸움을 벗어나서
그들의 건강한 소망은 결코 방황하지 않았다.
삶의 보호된 골짜기를 따라서

조용히 그들의 길을 가고 있었다.

Far from the madding crowd's ignoble strife
Their sober wishes never learned to stray
Along the cool sheltered vale of life
They kept the noiseless tenor of their way.

인생이란 순간의 선택과 경험이다. 따라서 부는 소유하는 것이 아니라 즐기는 것이다. 수많은 재산을 지녔음에도 불구하고 정신은 메마르고 건조하다면, 그래서 활력과 생동감이 없다면 그 인생이 성공적이라고 말할 수 있겠는가. 당신을 지배하거나 간섭하는 사람들에게 당당히 "나는 당신의 로봇이 아니다"라고 말할 수 있어야 한다. 사회적 직책(벼슬)이나 나이에 의거(연장자)해 남을 지배하고 가르치려는 꼰대가 아니라 멘토(mento)이면서 멘티(mentee)인 사람이 되어야 한다. 인생은 나 자신의 노래를 부르며 내 자신의 이야기를 만들어 가는 과정이어야 한다. 그런 사명감이 없다면 두려움이 가득 차고 두려움에 사로잡히면 강박, 적개심, 공격성을 지니거나 반대로 지나친 겁쟁이가 되어 버린다. 만일 한 개인이 프레임 즉, 일정한 틀에 갇혀서 변화 없이 살아간다면 백년을 살아도 고집불통이며 좁은 세계에서 살다가 생을 마감할 것이다. 그의 인생은 닫혀있어서 틀을 깨고 나가지 못하기 때문에 보다 높은 세계, 더 넓은 세계를 보거나 알지도 못할 것이다.

그러므로 성공적이며 바람직한 인생을 살려면 누구나 지속적으로 프레임을 만들고 깨고 다시 세우고 깨며 변화와 성장을 모색해야 한다. 20~30대의 프레임에 갇혀서 한평생 산다면 정지된 인생이다. 우리는 사람의 성격은 쉽게 변하지 않는다는 사실을 안다. 특히 코로나19 시대에 사는 현대인들은 인터넷에 난무하는 거짓정보와 잔인성에 중독되어 순수한 정서적 교류를 하지 못하고 마스크를 쓴 채 거짓정보로 불안장애를 겪고 있다. 그런 시류 때문인지 정신건강에 대한 서적들이 많이 출판되고 있다. 그러나 대부분의 서적들이 천편일률적으로 이론적이며 도식화되어 있다. 정신건강과 성공에 관한 서적들이 자동차 운전 교습서처럼 여겨진다. 알다시피 모든 인간을 하나의 잣대로 행복하게 만들 수는 없다.

당신은 세속적인 성공을 꿈꾸는가? 왜? 의사나 판검사, 교수 아니면 저명한 정치가 또는 억만장자 기업가가 되길 원하는가? 왜 당신은 그런 직업을 갖기 원하는가? 혹시 시골 농부의 성실한 삶보다 자신이 더 우월해야겠다는 우월감 때문은 아닌가? 사회가 부여하는 세속적 평판과 부귀영화를 꿈꾸는 이유가 사랑에 굶주리고 타인의 인정을 받기를 원해서는 아닌가? 니체는 인간의 삶을 3가지 부류로 분류해서 고찰했다. 그는 낙타와 사자와 어린아이의 비유로 삶을 이야기했다. 낙타의 삶이란 사회적 규칙이나 짐을 짊어지고, 나를 상실한 채 사회에 적응하며 살아가는 순응주의자의 삶이다. 사자의 삶이란 사회가 나에게 가하는 부당한 구속과 억압에 항거하며 자아를 찾아서 행동하는 자이다. 어린아이의 삶이란 순수하고 독립적이며 자기가 하고 싶은 유희에 충실한 자이다. 우리는 순진무구하고 무한한 기쁨과 행복이 넘쳤던 어린 시절에서 벗어나 제도화된 사회교육과 경쟁의 소용돌이에서 자신을 상실하고 사회적 잣대나 이념에 맞는 로봇이 되어간다. 이래서는 절대로 행복할 수 없다.

당신이 사회적으로 실패하였고 아무리 가난해도 결코 주눅 들거나 자신의 삶을 비관할 필요가 없다. 마치 그리스 철학자 디오게네스가 통나무로 된 하찮은 거주지에서 살면서 높은 벼슬을 거절한 것처럼, 이 세상에서 가장 멋지고 아름다우며 훌륭하게 인생을 만들어 갈 수도 있다. 나라는 존재는 결코 너보다 우월하지도 부족하지도 않다. 나는 이 세상 유일무이한 개성체이기 때문이다. 그런데도 우리는 따뜻한 마음을 버리고 이성과 논리로 사람을 평가해서 다른 사람들을 구속하고 지배한다. 얼마나 부정적인가?

교육은 사랑을 기초로 나를 나 자신이 되도록 돕는 과정이 되어야 한다. 새는 새가 되도록 해야 하며 다람쥐는 다람쥐가 되도록 해야 한다. 내가 원하는 너가 아니라, 네가 하고 싶은 너를 만드는 과정이다. 나는 "아들아! 딸아! 이렇게 살아라"라는 표현을 매우 싫어한다. 마치 자신의 삶이 타자의 모범답안이 되는 것처럼 타자를 구속하기 때문이다. 우리의 살아가는 방식에 정답은 없다. 어떻게 다른 사람들에게 이렇게 살라고 강요할 수 있단 말인가? 마치 인생에 모범답안이 있는 것처럼 말이다. 시중에 넘쳐나는 자기개발서적들이 한결같이 우리의 삶을 도식화하고 우리를 구속한다.

인생을 공식대로 산다면 우리는 로봇이나 인공지능과 같다. 매일같이 새로운 너를 만들어 가는 과정이 인생이다. 이 세상에서 가장 행복한 사람, 이 세상에서 가장 행복한 이는 돈이나 사회적 성공과 같은 외부적 요인보다는 자신의 내면의 정신적 풍요로움을 중시한다. 그러니 매 순간 살아있는 기쁨, 현재의 즐거움에 흠뻑 젖어 살아라. 현재의 힘은 어마어마하게 크다.

우리가 사는 첨단 과학기술시대, 정보시대에는 수많은 가짜뉴스, 헛소리가 난무한다. 표피적, 외면적, 가시적 삶, 물질적 비교, 사회계급의 상승. 이런 것이 개인의 자율성을 치명적으로 망가트린다. 눈에 보이는 모습이 진실이고 사실처럼 보이나 그 이면에 훨씬 많은 진실이 숨어 있다. 흔히 포스트모던 사회는 표피적이며 찰나적이라 깊이가 없다고 한다. 하지만 포스트모던 문학은 깊은 통찰과 혜안으로 이런 사회의 숨은 진실을 날카롭게 비판한다. 패러디(parody: 풍자적이며 비판적 모방)는 이러한 표피문화를 비판하는 대표적 표현 장치이다. 수많은 헛소리가 우리의 시간을 훔쳐가며 우리를 불행하게 한다. 대학을 안 가도 사회의 거친 바람을 이기고 주체적이고 독립된 삶을 살면 아무런 문제가 되지 않는다.

그러나 대학 4년은 자아와 사회 그리고 인간 삶을 성찰할 수 있는 좋은 기회이다. 꼭 취업이 목적이 아니더라도 동아리 활동이나 교우관계로 다양한 색깔의 개성을 지닌 사람들과 교류하며 소통과 팀워크를 통해서 비판력이나 창의력 그리고 문제해결 능력을 기르며 보낼 수 있다. 그렇게 보낸 4년은 결코 허송세월이 아니다. 물론 대학 교육이 취업과 연결될 뿐만 아니라 전인교육에 연결된다면 더없이 좋으련만, 지금 현실의 한국의 대학은 그렇지 못하다. 대학교육이 여전히 수십 년 전 교과과정을 그대로 답습하며 수업방식이나 시험문제도 크게 변화하지 않았다면 무슨 의미가 있겠는가? 대학시절은 교양교육이 매우 중요하다. 한 분야의 전문지식이나 이론은 대학원에서 배우고, 대학시절에는 수많은 분야를 종합적으로 볼 수 있는 안목을 키워야 한다.

나는 누구인가? 우리는 왜 사는가? 행복한 삶이란 무엇인가? 하는 물음은 인류가 태어난 이래 수많은 현인들과 성자들이 지속적으로 탐색한 주제이다. 21세기 소위 인공지능을 중심으로 하는 4차 산업혁명-첨단과학기술시대에 여전히 인문학적 주제들은 그 가치를 지닌다. 우리는 이성과 더불어 감성의 중요성이 더욱 부각되는 시대에 산다. 우리는 고도의 이성과 논리를 지닌 슈퍼인공지능이 아니다. 여전히 낭만적 사랑과 정의, 그리고 윤리를 높이 사고 이성만 발달해서 거대한 괴물이 되어버린 잔인한 독재자를 싫어한다. 4차산업혁명으로 포스트휴먼시대에 초인간적 능력을 지니며, 생명공학의 발달로 수명을 200년까지 연장하더라도 기계의 부속품으로, 돈의 노예로 전락한 현대인의 슬픈 자화상에 대한 성찰과 사색이 절실히 요구되는 시대이다. 이러한 물질만능사회, 정신적 가치 상실과 방황의 시대에 살면서 이 소용돌이에 휘둘리지 않고 자신의 노래를 부르며 스스로 선택과 행복에 이르려 노력함은 '나를 찾아가는 여행'임에 분명하다.

인생은 선택이다. 수많은 선택지 앞에서 정답은 없지만 보다 현명한 선택지는 분명히 존재한다. 영문학자로 한평생을 보낸 경험을 토대로 한국의 수많은 젊은이들이 그들의 인생에서 보다 지혜로운 선택을 해 행복하고 만족스런 인생을 살 수 있도록 한 알의 밀알이 되길 바라면서 이 책을 쓴다. 인생은 연습이 없기 때문에 잘못된 선택을 하면 영영 돌아올 수 없는 강을 건너기도 한다. 길을 잘못 들어서면 죽음에 이르는 고통을 당할 수 있다. 반대로 시대의 변화와 환경을 고려하고 자신의 적성과 흥미 취향에 맞는 길을 선택하면 행복하고 만족스런 길을 걸을 수도 있다. 정치가 금태섭은 시간이 날 때면 소설을 읽고 삶의 통찰을 얻는다고 했다. 철학이 추상적이고 관념적이라면 문학은, 특히 소설은 생생한 삶의 모습을 제시해서 지혜와 통찰을 준다.

로버트 프로스트가 "시란 즐거움과 지혜를 준다"고 했듯이 문학이란 즐거움과 깨달음, 통찰력을 동시에 제시한다. 평생 영문학자로 미국소설을 연구하고 한국연구재단 등재지에 수많은 논문을 발표해서 창의력과 비판력 그리고 사고력을 단단하게 키워온 점은 돈 주고 살 수 없는 내 인생의 최대 수확이다. 좋은 논문을 쓴다는 것은 생각하는 힘을 기르고 비판적인 사고를 바탕으로 글을 논리적으로 일관성 있게 전개시키는 것이다. 인생을 성공적으로 살아가는 데 가장 중요한 초석이 사고력, 비판력, 창의력을 길러 자율적이고 독립적 인간이 되는 데 있다. 휘트먼의 표현대로 '내 자신의 노래'를 불러야 한다. 이러한 일련의 과정은 결국 나를 찾아가는 여행이다.

요즘 서점가에 주식투자나 부동산 투자 전략에 관한 책 그리고 창업관련 서적이 봇물처럼 쏟아진다. 물론 대조적으로 정신적 부를 개발하고 증식할 수 있는 행복론과 자기계발서적들도 넘쳐난다. 그러나 이러한 서적은 대부분이 이론적이기만 하다. 이 책은 이러한 이론적 학술서가 아니며 평범한 독자가 누구나 쉽게 읽고 공감할 수 있도록 삶에 대한 통찰과 정신적 풍요의 배양, 자신의 목소리로 자립할 수 있도록 해주는 산문집이다. 우리는 누구나 물고기처럼 이념의 바다에서 이념을 먹고 산다. 그러나 이념이란 허위의식이며 일종의 정신적 프레임이다. 그래서 우리는 늘 프레임을 깨고 또 구축하며 보다 객관적이며 합리적인 길을 지향한다.

언어는 양날의 검이다. 언어는 의사소통과 인류 문화 형성의 도구인 동시에 우리의 자아를 억압하고 모범생(?)이 되도록 길들이는 폭력성이 내재되어 있다. 잘못된 교육은 자아를 발견하게 하지 못하고 자아상실을 초래할 수 있다. 헛똑똑이가 그것이다. 평생 동안 물질적 부와 권력 그리고 명예 추구에 몰입해서 자신의 영혼을 완전히 팔아버린 파우스트처럼 살 것인가, 아니면 디오게네스처럼 태연자약하며 자신의 노래를 부르며 자유를 만끽할 것인가 하는 문제에 우리는 늘 혼란스럽다. 언어는 이럴 때 우리에게 나의 존재에 대한 소중함과 자아발견을 토대로 강력한 자기존중감을 만들어주는 도구가 된다.

누에고치처럼 캡슐 속에 갇혀 사는 행복한 이기주의자들이 넘쳐나는 시대이다. 그러나 인간은 고립된 섬이 아니다. 누구나 각자의 고유성과 독특한 목소리를 지니기 때문에 다양성을 인정하고 서로 존중하며 동시에 소통과 공감 협력을 해야 유쾌하고 행복한 삶을 살 수 있다. 인간애는 보편적 가치이다. 개인과 사회, 개인과 자연환경은 늘 행복에 영향을 주는 큰 변수들이다. 인공지능 시대에 행복의 열쇠는 어디에 있나? 성취와 행복의 비밀은 무엇인가? 결국 나를 찾아가는 여정에서 그 해답을 찾을 수 있을 것이다.

우리는 누구나 행복을 추구한다. "왜 사느냐?"는 물음에 다양한 답이 있을 수 있지만 행복하기 위해서 산다고 하는 답이 가장 보편적이다. 그러나 행복이란 내가 생각하는 것처럼 쉽게 찾아오지 않는다. 왜냐하면 행복이란 안락한 고급주택이나 물질적 풍요로움에 머문다고 생기는 것이 아니기 때문이다. 행복은 오로지 진정한 자유를 즐기는 자에게 찾아오며, 진정한 자유란 도전과 모험 속에 실패와 좌절 고통을 겪으면서 인내하고 극복하는 과정에서 생겨난다. '온실 속의 화초'가 아닌 '진흙 속에서 핀 연꽃'이란 표현이 이러한 삶을 압축해서 보여준다.

어리석은 자는 행복이 무풍지대, 안락한 환경에 머물면서 아무 일도 하지 않고 무위도식하는 상태에 있다고 착각할 수가 있다. 우리는 누구나 자기 나름의 허상을 추구한다. 행복하기 위해서 사랑을 추구하고 돈을 추구하기도 하고 명예를 추구하기도 하고 권력을 추구하기도 한다. 또는 동물처럼 본능에 사로잡혀 향락과 성적 쾌락에 탐닉하고 악마와 같은 범죄자가 되기도 한다. 행복인 줄 알고 열심히 쫓아갔지만 행복은 어디에도 없고 불행과 고통만 남아 있을 수도 있다. 그래서 우리는 늘 지속적인 사고와 스스로 생각하는 능력을 키우는 현명함을 가져야 한다. 현명한 선택과 행동으로 실천하는 추진력은 분명히 여러분을 행복으로 안내할 것이다.

인생은 선택의 연속이다. 어떤 삶을 살 것인가는 결국 당신의 몫이고 그것이 당신의 인생사이다. 인간은 이성과 논리에 따라 합리적으로 살기보다는 무의식적 충동에 더 의존한다. 그래서 입으로는 온갖 좋은 말과 합리적인 말을 하더라도 실제로는 어리석고 바보와 같은 행동을 하기도 한다. 지신의 무의식적 충동 때문에 이성과 감성이 절제되지 않고 어리석은 파멸의 길로 빠질 수도 있다. 그래서 우리는 누구나 자신을 소중히 여겨야 한다. 잘못된 이념이나 인간의 이기적 욕심, 동물적 욕망 때문에 지혜를 상실하고 자기 파괴적 행동을 하는 것을 피해야 한다. 정서적, 정신적, 육체적, 영적이며 사회적 관계를 풍성하게 하는 종합적이며 조화로운 부의 창출이 필요하다.

인간 삶에서 가장 중요한 요소가 언어의 사용이다. 어떤 언어를 사용하는가에 따라 생사를 달리할 수도 있다. 말은 곧 품격이며 한 인간을 비춰 주는 거울이다. 그래서 우리는 언어의 속성에 대해서 이해해야 한다. 언어에 너무 집착하기보다는 거리두기를 해서 언어의 노예가 되지 말고 언어를 조정하는 언어의 마술사가 되어야한다. 언어의 노예인가 주인인가? 우리가 사용하는 언어는 나 자신이다. 그래서 모든 일이 생각한 대로 된다. 언어로 생각한 것은 결국 행동으로 바뀌며, 인생이 변한다. 품위 있는 언어, 상대방이 들어서 기분 좋은 언어를 사용하되 비위를 맞추거나 위선적인 아부하는 말이 아니라 상대의 장점을 늘 부각시키고 단점은 에둘러 이야기하는, 사람은 비난하지 말고 행위자체에 대해서 비판하는 말을 사용하고 독립적 존재로서 자기만의 목소리를 내어야 한다. 또 기발한 아이디어, 창의성과 유머감각은 심각하고 진지하기보다는 유희성이 있는 거리두기에서 나온다는 사실을 알아두면 좋다.

유머는 그 바탕을 휴머니즘에 두고 있기 때문에 남을 아프게 찌르는 위트와는 구별된다. 그래서 자신을 두고 희화화하는 것이 좋다. 공격적이거나 도전적인 사람을 상대할 때는 위트로 상대를 웃음거리로 만들 수 있다. 가령 외모로 잘난 체하는 친구에게 "돼지가 사자보고 못생겼다고 하네."라고 응수하고, "읽지도 않는 논문 뭣하러 쓰냐?"라고 힐난하는 친구에게는 "학자가 논문을 안 쓰면 가짜지. 학자는 논문으로 승부하지 재산으로 승부하는가?"라는 유머스러운 태도를 보일 수 있다.

우리는 유례없이 바쁘고 물질적인 삶이 중시되는 사회에 산다. 그래서 음악이나 예술과 같은 정서적 풍요함을 주는 활동이 더욱 필요하다. 세상이 좀 더 따뜻하다면 이런 음악, 미술, 예술에 관심을 가질 필요가 없을지도 모른다. 우리는 다수의 자아로 이루어져 있다. 따라서 하나의 잣대로 판단하는 것은 매우 위험하다. 카멜레온처럼 한 인간의 모습은 다양하게 변할 수 있다. 우리 주변에 늘 있는 것의 소중함을 음미하면서 살자. 우리가 현재의 나 자신보다 보다 나은 자아로 거듭나는 길을 상실한 사람들은 늘 무미건조하고 경직된 삶 속에서 변화되지 않고 살아간다. 우리의 행동을 변화시키는 힘은 스스로의 자아성찰과 정신적 자각에서 나온다. 우리는 타인의 간섭을 매우 싫어하기 때문에 불필요한 간섭은 인간관계에서 금물이다. 모두가 자신이 선택한 대로 살아가기 때문에 도움을 요청한다면 몰라도 간섭할 필요가 없다.

우리는 인생을 살아가면서 내가 하고 싶은 일, 내가 희망하는 일과는 전혀 다른 무의식적인 행동을 한다. 나는 거절하고 싶은데 나도 모르게 승인을 한다든지, 나는 나쁜 생각을 하고 싶지 않은데 나도 모르게 그런 생각이 들어 내 행동을 방해한다. 나는 편의상 내가 바라는 모습, 내가 진정으로 원하는 모습을 자아라고 명하고 이와 반대로 내가 원치 않는 모습을 반자아로 표현했다. 자아는 생명력을 바탕으로 하는 나에 대한 강한 긍정적 사고이다. 가령 나는 신체적으로 최고 미남은 아니지만 내 신체조건에 대해 만족하며 정신적 사고, 조건에 대해서도 무한하게 신뢰한다. 이러한 생각은 긍정적이고 발전적이며 밝고 희망찬 생각이다. 이런 생각으로 매사에 임한다면 반드시 성공하고 행운을 가져올 것이다. 나는 참 운 좋은 사람, 되는 일마다 잘되는 사람이라고 내면과 대화하는 습관을 지니자.

반면에 반자아란 어두운 생각, 부정적 생각, 자기혐오, 자기불신, 맹목적 착각이나 중독, 환상, 파멸, 실패와 같은 부정적 사고이다. 부정적 사고는 슬며시 찾아들어 긍정적 사고를 순식간에 몰아낼 수가 있다. 이런 부정적 생각, 반자아를 물리치고 밝고 희망적인 생각을 하라. 모든 게 잘될 거다, 나는 운이 좋아, 늘 일이 잘되지, 내가 가장 멋있고 잘생겼지, 그리고 매우 똑똑해, 잠재력이 무궁무진하거든, 오늘도 만사가 형통하고 모든 게 즐겁고 신나는 하루가 될 거야. 지속적으로 반자아가 스며드는 것을 무시하고 진정한 자아를 찾아서 내가 진정으로 원하고 바라는 일을 생각하고 행동하라.

모든 것이 생각하고 마음먹기 나름이다. 모든 것이 내 안에 있다. 나는 반드시 성공할 거야, 운명적으로 잘되도록 태어났거든. 이런 사람은 겉모습도 생동력이 있고 얼굴표정도 밝다. 자신감 있는 아우라가 발산하여 타인이 함부로 대하지 못하며 존경과 경외심을 지니게 한다. 사실 언제나 긍정적이며 밝고 아름다운 생각에만 머물기는 어렵다. 그럼에도 불구하고 우리는 지속적으로 반자아를 버리고 자아를 찾아가는 여행을 한다. 이것이 인생이다. 주체적이며 능동적 자아가 없으면 남에게 조정당하고 이용당한다. 착하다는 이념성에 의해 호구나 호갱이 될 필요는 없다.

어두운 자아의 대표적 특성은 지기부정과 자기혐오이다. 이것들은 주변 사람들이 만든 허상이다. 사회가 만들어낸 획일적 이미지와 비교를 하다 보니 생기는 것이다. 반자아를 버리고 자기존중감, 자기긍정에 의해서 부단히 자신의 잠재력을 키워야 한다. 자유는 사연스럽게 찾아오는 것이 아니다. 가치 있는 여행은 많은 역경과 고난을 품고 있다. 자유와 희망을 지닌다는 것은 고통이라는 위험성을 감수하는 것이다. 고통과 슬픔, 역경을 피하고 안전지대에 머문다면 결코 성장이나 변화를 할 수 없으며 자유를 얻을 수 없다. 위험에 도전하는 자만이 자유로울 수 있는 것이다. 우리는 누구나 자유롭게 세상에 태어나 자유를 즐기는 듯하지만 사회에 내던져진 순간, 가족이나 사회의 규칙과 보이지 않는 틀에 가두어지며 결국 자아를 상실할 수도 있다. 이러한 자기억압은 사회의 틀 안에서, 언어 또는 물리적 폭력에 의해서 이루어진다. 허위의식 즉 사회의 이념성에 의해서 자신이 구속된다면 인간은 결국 사회의 틀에 맞게 제조된 붕어빵과도 같은 꼭두각시의 인생을 살게 된다. 만일 사회의 틀에 갇혀 범생이처럼 사회 규칙과 제도의 틀 속에서 다람쥐 쳇바퀴 돌듯이 살아간다면 우리는 돈 버는 기계에 불과하다.

인간은 자유로운 정신 속에서 자신의 독립된 생각과 판단으로 지속적 발전과 성장을 도모해야 한다. 이것이 행복에 이르는 지름길이다. 늘 새롭게 태어나는 기쁨 속에서 산다는 것은 얼마나 멋진 일인가? 사회가 요구하는 완벽한 인간에 맞추어 살려고 하기보다는 실수와 실패를 하더라도 스스로 깨닫고 내 자신의 사고와 판단으로 살아가야 성장하고 행복해질 가능성이 높다. 강인한 도전의식, 자신감, 무풍지대에서 벗어나 율리시즈처럼 죽는 날까지 지속적인 도전과 변화, 성장을 하는 삶이 가치 있는 인생이다.

몸과 마음은 하나이다. 건강한 신체에 건전한 정신이 깃든다는 말은 진리이다. 정신이 병들면 육체도 필연적으로 병들며, 육체가 병들면 정신도 약해지고 환영을 보게 된다. 정신은 육체를 통제하고 육체는 정신을 통제한다. 따라서 우리는 몸이 느끼는 정서를 그대로 표현하고 정신적으로 늘 유쾌하고 즐거운 생각을 해야만 한다. 한번 고장 난 정신과 육체는 고쳐 쓰기가 매우 어려우며 완전히 회복하는 데 오랜 시간이 필요하다. 그래서 무엇보다 사전예방이 중요하며 평상시 몸과 마음의 관리에 세심한 주의와 관심을 지녀야 한다.

행복하고 아름다운 가정의 탄생은 낭만적 사랑을 토대로 생겨난다. 두 청춘 남녀의 사랑은 아름답고 감미로우며 사랑에 빠진 두 남녀는 나이를 불문하고 아름답게 채색된 세상을 본다. 순수하고 낭만적 사랑에 빠진 사람은 연인을 위해 목숨을 던질 정도로 강렬한 희생과 헌신을 한다. 이러한 낭만적 사랑의 과정을 거쳐서 결혼을 하면 자녀의 탄생과 가족부양, 자녀양육과 같은 현실에 직면한다. 이러한 일련의 중요한 과정에서 고통과 역경이 발생하며 이를 극복하는 강인한 정신은 순수한 사랑에서 나온다. 요즘 젊은 이들이 지나치게 이기적이며 개인적이어서 낭만적 사랑의 쾌감과 행복감은 즐기되 자녀의 양육은 부모나 다른 사람들에게 위탁하고 심지어는 쉽게 이혼해서 자녀 양육을 포기하기도 한다. 의무와 책임이 두려워 아이를 갖는 것을 거부하고 딩크족처럼 지낸다면 결코 행복한 가정의 기쁨을 경험할 수 없다. 결혼은 연인이나 자녀들에 대한 헌신과 봉사를 하겠다는 자발적인 노예화로 보기도 한다. 그래서 하나님과 수많은 사람들 앞에서 어떠한 역경과 어려움도 극복하고 행복한 가정을 이루겠다고 다짐하는 것이다. 아기의 출생과 더불어 어린이로, 소년으로 성장해서 청년에 이르기까지 부모는 얼마나 많은 희생과 봉사를 극복해야 하는가?

오로지 조건 없는 사랑으로, 고난과 역경을 즐거운 마음으로 극복할 때 자녀들이 주는 행복이 꿀처럼 달콤하다. 사랑의 본질이 자연발생적인가 하는 물음에 논쟁도 있지만, 사랑은 인생의 큰 즐거움이다. 그러나 연인들 사이에도 잔인함, 성가신 잔소리가 존재한다. 화를 내고 왜 그런지 이해조차 못하고 상대편의 삶을 망가트리기도 한다. 나와 가장 쉽게 상처를 주고받는 사람은 나와 가장 가까운 사람이다. 연인은 자아수용과 공감능력이 있어야 한다. 연인 사이에는 용서, 인내, 희생, 섹스와 지성, 존엄과 배려(상호존중)와 같은 통합적 관계가 필요하다. 사랑의 유지를 위해 다툼도 필요하다. 두 사람의 영적 결합으로 삶을 공유할 때 인내심, 호기심, 회복력, 관능, 이성, 깊은 감사의 마음이 생겨난다.

인간은 고독한 섬이 아니다. 혼자서 결코 살아갈 수 없으며 험난한 인생의 가시밭길을 같이 걸을 친구나 동료가 필요하다. 인간은 사회적 동물이라는 말처럼 개인과 타자, 개인과 사회, 개인과 자연 간의 관계는 중요하다. 모든 관계는 주체적으로 맺어야 한다. 공감과 경청도 중요하지만 타자에 의해 조정당하지 말고 자신을 지켜야 한다. 독이 가득한 개인이나 독이 가득한 사회는 필멸한다. 남을 무조건 부정하고 자신을 정당화하는 독선주의를 경계하고 자신을 사랑하는 능력, 남을 칭찬하는 능력을 키우자. 인간관계는 편안하고 즐겁게, 사랑도 마찬가지로 해야 한다.

많은 사람들이 직장을 잡고 결혼해서 가족을 부양하기 위해 힘든 일을 하고 고통을 극복하며 돈을 번다. 그러나 돈을 버는 목적이 내 삶의 행복을 위해서인데 돈의 노예가 되어 돈 버는 일에 모든 열정과 에너지와 시간을 소비하는 것은 바람직하지 않다. 돈을 벌고 물질을 중시하되 나와 가족 그리고 사회의 행복을 위해서 돈을 현명하게 사용할 줄 알아야 한다. 우리가 돈의 노예가 아니라 돈의 주인이 되어야 하는 이유이다.

종교의 기본은 사랑이다. 만일 종교적 신념이나 영성이 없고 본능에 따라서만 산다면 추악한 괴물이 될 수도 있다. 이기적인 삶에서 벗어나 믿음으로 영성을 키우면 다른 사람과의 관계에서 인간다워지고 더 나아가 자연과 우주와의 관계에서 경이감과 아름다움 그리고 신비감을 체험할 수 있다. 신앙생활을 한다는 것은 마음속에 하나님을 모시고 산다는 것이다. 언제나 양심에 따라, 하나님의 목소리에 따라 살기 때문에 경건하고 아름다운 삶, 품위 있는 삶을 살 수가 있다.

인간의 지능이 학습지능 하나로 이루어진 것이 아님은 이미 오래전에 밝혀졌다. 다중지능이 정설로 받아들여지고 있는 현재 인지(학습)지능(IQ)과 정서적 지능(EQ) 그리고 영적 지능(SQ)의 종합적 개발이 중요하다. 특히 영적 지능의 개발은 가장 높은 단계로, 인간의 가치문제, 존재문제와 관련되어 행복에 지대한 영향을 준다. 하나님의 존재에 대한 확고한 믿음, 하나님의 말씀에 순종하겠다는 의지, 하나님에 대한 초월적 가치를 믿는다면 오만하고 이기적인 자아를 벗어나 행복한 삶을 유지할 수 있다.

성경을 기초로 한 하나님 말씀을 근거로 확고한 신념을 지녀서 나를 버리면 주님과 함께하는 생활을 할 수 있다. 언제나 내 안에 주님이 계시니 늘 기쁨으로 충만할 수 있다. 하나님의 존재에 대한 강력한 믿음으로 현실적 어려움을 극복하고, 매사에 자신감과 성공적인 긍정마인드를 형성하는 데 도움이 된다. 그러나 잘못된 믿음이나 맹목적 신앙은 비합리적이고 나아가 망상에 사로잡혀 인생을 망친다.

자아를 상실하고 반자아에 사로잡히면 스스로를 올가미에 가두어 정신과 육체를 모두 망가트린다. 자신도 모르게 스며든 어두운 악마의 유혹은 인간의 욕심과 결탁해서 결국 자신을 파멸시키는 것이다. 자신을 있는 그대로 가장 사랑하는 사람이 되지 않는다면 결코 인생에서 행복과 만족을 얻을 수 없다. 얼굴을 이리저리 자르고 신체에 칼을 대지 말라. 정신도 이리저리 상처내서 도박이나 마약을 복용하지 말라. 육체와 정신은 하나이며 세상에서 가장 소중한 당신 자신이다.

우리가 나이를 먹고 건강을 상실하고 쇠약해진다는 사실은 분명하다. 죽음이 찾아오는 시기는 먼 훗날이 아닌 내일일 수도 있다. 우리도 언젠가는 죽는다는 사실을 자각한다면 지금 여기 현재가 최고의 삶이 되도록 해야 한다. 어영부영 현재를 흘려버리면 이 소중한 시간은 영영 다시 돌아오지 않고 이 순간은 사라지기 때문이다. 최선을 다해서 현재를 즐겨라. 현재를 즐긴다는 것은 무풍지대에서 안락하고 편안한 상태에 머무는 것이 아니다. 최근의 선풍적인 트렌드 워라밸의 추구는 표면적으로 좋아보이지만 성공에는 방해가 된다. 일과 삶의 균형 잡힌 행동이 유행하지만 잘못하면 어영부영 이도 저도 아닌 삶을 살 수도 있다. 언제나 편안한 것은 달콤하다. 많은 자유, 지나친 자유는 방종과 시간낭비를 초래한다. 자신이 잘살고 있다고 착각하기 때문이다. 워라밸도 좋지만, 도전과 역경의 극복을 즐기는 삶이 되어야 한다.

이러한 성장과 발전에 초점을 두는 성장마인드는 세상을 보는 관점, 다시 말해서 당신의 마음의 태도에 달려있다. 이러한 마음의 태도는 자기신뢰, 비판적 능력, 창의성, 논리성 그리고 독립된 자아에서 나온다. 스스로 생각하고 스스로 거짓과 폭력에 대항하는 용기를 지닌 힘이 나오는 것이다. 가장 무서운 것은 무비판적으로 집단 이념과 사고에 휩쓸려 자신을 상실하는 일이다. 아이러니컬하게도, 무풍지대(comfort zone)에 있으면 우리의 삶은 시들고 불행하게 된다. 많은 이들이 편안과 쾌락을 추구하며 역경과 고통을 피해서 소심하고 순응적 삶을 살아간다. 이러한 삶은 자신을 완전히 상실하고 수동적이며 사회의 시선에 맞추어 살아가는 삶인 것이다.

인생이란 무엇인가? 우리는 어떻게 살아야 후회가 없는 값진 인생을 보낼 수 있을까? 임종을 맞아서 편안한 마음으로 지나간 세월을 흐뭇하게 바라보면서 평화롭게 죽을 수 있는가? 진정한 자유인은 그리스인 조르바처럼 원시적 충동과 동물적 야수성에 의해서 하고 싶은 대로 사는 것일까?

물론 우리는 욕망을 억압하고 자아를 포기해서는 결코 안 된다. 인간은 욕망하는 존재이고 욕망이 없다면 죽음이기 때문이다. 욕망은 늘 채워지지 않고 지속적으로 새로운 욕망을 생성한다. 그러나 욕망은 타자의식과 사회의식을 동반한다. 그래서 나의 욕망은 타자의 욕망이기도 하다. 따라서 우리는 전혀 교육을 받지 않고 내 욕망과 본능에 따라서 살 수가 없다. 인간은 사회적 동물이기 때문에 이성적이고 논리적이며 합리적인 아폴론적 사유도 필요하다. 인간의 이성은 오로지 표상이고 가면이며 거짓인가 하는 문제를 떠나서 사회의 구성원으로서 제도에 맞게 살아가야 한다. 우리는 이성과 논리로 규칙을 만들어 결국 나의 이익을 챙기는 것은 아닌가? 어떻게 살아야 유한하고 소중한 시간을 의미 있고 가치 있게 사는 것일까?

이성적이며 합리성을 추구하는 개인의 삶은 무의미한가? 원시적이며 자연스런 생명력을 중시하는 야성을 지닌 조르바가 과연 진정한 자유인인가? 우리의 바람직한 인생은 아폴론적인가? 디오니소스적인가? 지속적으로 선택을 강요받지만 이분법적 선택은 언제나 위험하다. 우리가 생각하는 능력을 기른다는 것은 합리적이고 객관적 사고능력을 배양하는 일이다. 그리스인 조르바처럼 본능과 직관에 의해서 충동적으로 살아가는 것이 아니다. 하고 싶은 말을 다하며 아무 말이나 지껄이는 것이 아니다. 우리는 인간이며 인간은 이성과 감성의 양면성을 지닌 야누스적 존재이다. 언제나 이성과 감정의 조화가 필요하다.

우리는 왜 사는가? 무목적적으로 내던져진 존재인 우리는 주변 환경에 적응하면서 살아가는 법을 배운다. 부모님의 보호 아래 성장하면서 다른 사람들과 더불어 사는 법을 배우고, 동시에 각종 사회적 이념들은 서서히 나도 모르게 내면세계에 침투해서 나를 구속하고 억압한다. 그래서 점차 성장하면서 잠재력이나 가능성을 확장하기보다는, 억압과 한계에 의해 나를 완전히 상실하게 된다. 누구나 내 뜻대로 사는 것 같지만 사회의 틀에서 움직이는 꼭두각시는 아닌가? 심지어 인생은 고통이다. 이 고통과 아픔을 피할 수 없다. 아니 피하기 위해 마약과 도박과 성적 탐닉을 하면 할수록 수렁에 빠져서 허우적거린다.

그렇다면 삶의 의미는 무엇인가? 삶의 가치는 무엇인가? 우리는 젊은 시절 왜 공부를 열심히 해야 하는가? 그 좋은 시절 신나게 놀고 하고 싶은 일 마음껏 하면 더 좋지 않은가? 출세하고 물질적 부를 소유하고 남을 지배하고 그래서 식욕과 성욕과 지배욕을 마음껏 충족시키려는 이기적 목적 때문인가? 왜 의사와 변호사, 국회의원, 장관을 하려고 하는가? 개인의 탐욕과 이기적 욕망과 같은 악마적 속성에서 벗어나 진정 나 자신을 희생해서 환자와 억울한 사람, 무지한 사람을 돕기 위해서 공부하는 것인가? 표면상으로 조국과 민족을 위해서 널리 다른 사람을 위해 베풀고 더불어 잘사는 사회를 주장하지만 결국 내 자신의 개인적 욕망충족을 우선시하지 않는가?

우리기 사는 시대는 사회의 구조 자체가 전문가를 원한다. 한 사람이 모든 것을 다 잘할 수 없다는 이야기이다. 그래서 네가 하고 싶은 일, 그 분야에서 최고가 되라고 교육시킨다. 수학과 과학 그리고 논리적 사고, 분석적 사고와 종합적 사고도 중요하다. 그러나 더불어 인간에 대한 이해와 존엄성과 자존심을 이해해야 한다. 그렇지 않고 무한경쟁에서 한 줄 서기와 서열을 조장해서 우수한 자와 열등한 자로 나눈다면 이는 개인의 잠재력을 말살하고 개인의 억압을 조장하는 일이다. 일찍이 니체가 말했듯이 차이에 대한 폭력적 동일화인 것이다. 점수 몇 점으로 한 인간을 평가할 수 없지 않은가?

우리는 누구나 자신이 인생이라는 이름의 모험을 떠나는 영웅이라는 사실을 자각해야 한다. 이는 주체적이고 능동적이어야 가능하다. 우리는 사회에 내던져지면서 교육이라는 이름으로 억압과 길들이기에 순응해서 자신을 상실하고 조직에 맞추어 살기도 한다. 진정으로 행복하고 성공적인 인생을 살려면 '나를 찾아가는 여행'을 결코 소홀히 해서는 안 된다. 이성과 논리로 교활하게 괴물처럼 당신을 괴롭히고 착취하는 사람들에게 당연하다는 듯 순응해서는 결코 안 된다. 우리는 능력주의라는 이름하에 서열과 순위를 당연시하고, 스스로 알아서 노예가 된다. 스스로 당당하게 나를 주장할 수 있고 아무리 상사라도 잘못된 것은 잘못되었다고 지적할 수 있는 용기가 있어야 한다. 우리는 어려서부터 부모님이나 상사에게는 반박이나 다른 의견을 내는 일 감히 말대꾸를 해서는 안 된다고 배운다. 말대꾸라는 표현이 잘못된 것이지 자기의견을 정당하게 표현하는 것은 지극히 당연한 것이고 권장해야 하는 일이다. 여러분들이 자신의 주인으로 살 것인가 노예로 살 것인가 하는 문제는 한 번뿐인 인생에서 매우 소중한 결정이기 때문이다.

의사는 환자를 내 가족처럼 돌보고 변호사도 고객을 공정하고 정의롭게 보호한다. 교수도 강의를 잘하고 논문을 정직하게 써야 하듯이, 각자 주어진 곳에서 목적과 책임의식을 갖고 최선을 다해야 한다. 자신이 좋아하는 일 또는 사명감이나 목적의식에 충실할 때 우리는 신나고 재미있게 역경과 고통을 극복할 수가 있다. 이러한 일들이 비록 힘들더라도 천직으로 성공한 사람들은 대부분이 즐거워 보이고 실제로 행복하다. 우리는 인생의 여정에서 수많은 선택의 길에 시시각각 부딪혀서 현명한 선택을 해야 한다. 어떤 길을 가야하는가 하는 결정은 오로지 당신의 몫이고 선택이다.

우리의 불행은 시기와 욕심, 탐욕, 이기적 욕망으로 잘못된 집착에 시간과 에너지를 쏟는 데 있다. 우리는 복권에 당첨되어 수십억이 생긴다면 자유롭고 행복할 것이라고 착각한다. 이것은 인간에게 천성적 게으름과 나태, 안락하고 편안한 무풍지대를 좋아하는 본성이 있기 때문이다. 그런데 이러한 본성에 충실해진다면 자기파멸과 불행에 빠질 것은 명약관화한 일이다. 자아를 상실했기 때문이다.

나를 찾아가는 여행은 진정한 자유인이 되는 일이며 진정한 자유인은 영웅이 되어 그의 위험과 모험, 고통을 감수하는 여정을 헤쳐 나간다. 조르바처럼 야성에 충실해서 본능과 감성에 지배되어 사는 것이 진정한 자유인은 아니다. 어디까지나 이성적이고 합리적인 로고스적 사유(아폴론적 사유)와 광기와 야성을 바탕으로 하는 디오니소스적 사유가 조화를 이루어야 한다. 양극단은 언제나 위험하기에 '중용지도(中庸之道)'가 강조되어 온 것이다. 인간의 삶이 이성과 이론적 사유를 토대로 질서와 규칙에 매여 산다면 무미건조하다. 때로는 광기와 비이성, 일탈적 충동이 춤과 노래를 즐기는 디오니소스적 삶이 필요하다.

실패하면 더욱 단단해지고 성공하면 성취감을 느낄 수가 있어 좋다. 모든 직업은 신성하다. 급여는 노동의 대가이다. 직업에 귀천은 없다. 그러나 자기가 하고 싶은 일, 적성에 맞는 일을 하면 그 일은 단순한 생계 수단이 아니라 천직이 된다. 책임의식과 목적의식을 지니며 하루를 기획하고 그 책임을 다하는 자세로 오늘도 충실히 보내자. 나는 쓸모 있는 존재라는 의식으로 늘 나의 이웃에게 도움이 되는 삶을 살자. 이런 삶을 산다면 지위나 보수에 관계없이 누구나 성공적인 인생을 산 것이다. 아무런 리스크(risk)나 도전정신이 없고 무풍지대 안락한 안전지대에 머물러 있다면 자유도, 삶의 의미도 없고 심지어 고통도 모르는 진정한 죽음이 방문한다.

우리는 현재 즐겁고 행복하게 일과 놀이를 같이 해야 한다. 일인가 놀이인가 모를 정도로 즐겁게 해야 한다. 부정적이고 자기비판적 자기혐오나 학대에서 벗어나 오로지 현재 지금 순간에 집중할 수 있는 능력. 이 말이 쉬운 것 같지만 인간은 과거의 트라우마나 부정적 사고에 무의식적으로 지배되어 현재를 망치곤 한다. 무의식적 자기비판이 사라질 때 좀 더 자신감을 갖고 성공적 인생을 살 것이다. 현재의 힘(Power of Now)은 어마어마하다. 현재의 힘이란 지금하고 있는 일에 몰입되어 집중을 통해 성취와 기쁨을 느끼는 것이다.

교육이란 단순히 객관적 정보전달이 아니고 총체적 교육이 되어야 한다. 유연적인 사고와 다양한 시각에서 사건을 조망하고 비판력, 창의력, 논리력, 정의적 요소, 공감능력을 개발하는 교육이 되어야 한다. 사회적 목표로서 자신감과 자기존중감 개발을 위한 학습의 총체적 과정이 즐거워야 한다. 인간의 두뇌는 컴퓨터와 유사한 점이 있지만 컴퓨터와 달리 자율적으로 사고하고 이질적 요소를 관련시키고 정의적(affective) 요소와 반어적 요소를 사용할 줄 안다. 인공지능은 이런 것들을 판단하고 조정하는 능력이 결여되어 있다. 이성과 논리의 지적인 면 이외에 정서적인 면, 이것을 넘어서 영적인 면까지 커버를 하지 못한다.

자기가 좋아하는 일을 즐겁게 하자. 진정한 자유인은 아폴론적 사유를 토대로 디오니소스적 삶을 살아가는 사람이다. 주체적이고 능동적인 삶, 욕망과 야성을 억압하지 않고 합리적으로 달성하는 삶을 산다. 내가 하고 싶은 일을 내가 기획하면서 사는 것이다. 삶의 의미와 목적이 풍요로울 때 인생이 아름답다.

21세기 돈이 신인 시대에 교육은 최신 정보와 기술을 주입해서 돈 많이 주는 직장을 잡고 돈을 많이 버는 데 가치를 둔다. 도덕적 해이는 물론 성의 상품화, 기계화가 낭만적 사랑의 가치를 무감각하게 만든다. 인간은 돈을 버는 거대한 경제구조의 하나의 부품으로 전락하고 있다. 물질추구와 인간의 기계화가 가속화함에 따라서 인간의 품격은 사라지고 개인주의와 이기주의가 만연하게 되었다. 교육자체도 취업을 위한 기술 배우기나 유용한 지식주입식으로 흐른다.

그러나 단순히 객관적 지식을 주입시키거나 전달하는 것이 교육의 전부가 아니다. 일반적으로 교육이란 학생들에게 지식과 기술을 전달해서 사회에 나가 직업을 잡고 유용한 기술을 사용할 수 있도록 가르치는 데 목적이 있다. 그러나 한 걸음 더 나아가 전인적 교육, 총체적 교육이 되어야 한다. 바람직한 교사, 훌륭한 교사는 단순히 지식전달이 아니라 동기를 불러일으켜 주고 학생들이 정서적으로 안정되어서 즐겁고 신나는 학습을 할 수 있도록 한다. 교육은 학생들에게 변화와 성장을 돕는 총체적 교육이 되어야 한다. 지속적 마음챙김을 통해서 자기 변형을 할 수 있는 능력을 개발하는 것이다. 신체와 정신 그리고 영혼의 3박자가 조화를 이루어 건강한 학습의 원동력이 되도록 해야 한다. 의식의 각성과 변화, 통찰력을 제공하는 교육이 뿌리가 되어 타인과 자연, 우주와 생명과의 관계성, 살아가는 의미와 가치의식에 대한 통찰을 할 수 있도록 도와주는 교육이 되어야 한다.

교육이란 기계처럼 지루하게 지식만 전달해서 자신이 똑똑하다는 것을 과시하는 독백이나 모놀로그가 아니다. 어디까지나 교육은 상호작용이며 관계에서 출발한다. 좋은 선생은 스스로 교육을 하면서 재미있고 신명나야 한다. 그래서 학생들도 덩달아 재미있고 신나며 변화를 감지한다. 교육의 목적은 변화와 성장이다. 단순히 지식을 외워서 머리에 집어넣는 것이 아니다. 미래학자 앨빈 토플러는 "한국의 교육이 전혀 불필요한 지식 주입을 위해 소중한 시간 대부분을 허비하고 낭비한다"고 말한 바 있다. 앞으로 기능적인 일, 단순한 숙련공은 인공지능이 대체할 수가 있다. 교육에 대한 총체적 접근은 신체, 정신, 영혼개발이라는 통합적 접근이며, 지식축적뿐만 아니라 이해력의 개발을 위한 접근이다. 따라서 자신에게 내재한 무한한 잠재력을 보고 개발하려고 노력하는 능력개발에 초점을 두어야 한다.

두뇌는 하늘보다 넓고 바다보다 깊다. 두뇌는 인간에게 부여한

하나님의 최고의 선물이다. 우리는 우리 자신의 두뇌개발에 최선을 다해야 할 것이다. 교육은 실체나 진실을 분리해서 가르칠 수 없다. 지식은 정서적 직관력과 상호작용하여 가꿔나갈 수 있다. 개인의 총체적 성장, 다시 말해서 신체적, 지적, 정서적, 영적인 통합적 발달이 매우 중요하다. 기본 지식과 기술의 습득이 전부가 아니다. 지식은 네이버 지식검색이나 컴퓨터에서, 기술은 인공지능 로봇이 해결할 수도 있다. 개인의 잠재력 개발과 사회적 성장이 교육목표가 되어야 한다.

총체적 교육의 일차적 목표는 자기변화, 즉 스스로 변화될 수 있는 능력의 개발이다. 사람은 지속적으로 변화 성장할 수 있다는 가설은 이제 실제로 입증되었다. 지속적으로 두뇌가 변화하고 생성과 소멸을 반복할 수 있다는 이야기이다.

그리고 우리는 다차원적 지능 즉 복합지능에 주목해야 한다. 흔히 말하는 지적 지능은 이성과 논리로 학습하는 능력이다. 국어, 수학과 영어 등 이론 교과목 학습에 뛰어난 능력이다. 흔히 이러한 지적 지능에 따른 학문분야의 수월성만 강조하는 교육보다는 복합지능 개발에 초점을 두어야 한다. 기계적 학습에만 익숙해서 계량화된 교육은 우수한 자에게도 이기적인 사고를 만들고 강한 철문에 자아를 가두어 놓아 죄수가 되게끔 한다. 정서적 지능은 타자와의 관계성에 큰 영향을 주어 사회적 성공과 깊은 관계가 있다. 정서적 지능은 서로 공감하고 이해하며 소통하는 능력이다. 정서적으로 편안함을 주는 능력이다. 이러한 지능이 개발되어야 완전한 행복에 이르는 길에 들어설 수가 있다.

보다 높은 가치추구와 관련된 삶은 영적 지능 개발을 통해 이루어진다. 이는 총체적 지능이고 관계에 대한 자기인식에서 생겨난다. 영적 지수의 핵심어가 바로 관계성이다. 인생의 핵심은 관계에서 의미가 생성되고 이루어진다는 사실이다. 인간관계, 자녀와의 관계, 초월적인 신과의 관계, 타자나 우주의 신성함과의 관계성에 대한 자각을 통해, 자아와의 관계로부터 타자 그리고 주변 환경과의 관계성에서 긍정적 의미와 가치를 찾을 수 있다. 인생에 의미를 제공하는 이런 것들은 인생의 참된 성공과 관련되는 매우 중요한 재능이다. 관계성에 대한 인식과 자각을 통해서 황홀함, 우아함, 경이감, 말로 표현할 수 없는 희열을 느끼며 살아간다. 우수함과 열등함으로 낙인을 찍는 개념에서 해방되어 사람이 평가 대상인 객체가 아니라 늘 변화하는 주체적 존재라는 사실을 명심해야 한다.

명상은 집중력 기르기에 큰 도움이 된다. 주어진 일을 성공적으로 달성하기 위해 집중력은 매우 중요한 요소이다. 마음 챙김을 통해 자기 성찰적 인식으로 한계를 초월하는 능력개발을 시도해야 한다. 이런 목적을 위해서 내면의 선생을 발견해서 스스로 배워가고 스스로 독립된 목소리를 낼 수 있는 능력개발이 필요하다. 사람은 누구나 사물을 있는 그대로 보지 못하고 자기 시각으로 채색해서 주관적으로 인식하기 마련이다. 따라서 지속적으로 자기 성찰을 통해 심사숙고하며 생각하는 메타인지능력 개발이 매우 중요하다. 부정적 사고인 반자아가 자아를 잠식해서 무의식적이고 습관적인 생각으로 성장을 방해할 것이다. 송충이는 솔잎을 먹고. 뱁새가 황새 쫓아가려는 것은 어리석다는 생각은 반자아의 목소리이며, 개인은 잠재력을 가진 존재라는 사실을 지워버린다. 그래서 여러분은 잠재력 발현을 방해하는 반자아의 목소리를 늘 몰아내야 한다.

결국 지금 현재에 여기서 최선을 다해야 한다. 우리는 지속적인 자신과의 내적 대화를 통해서 긍정모드와 성장모드로 살아가야 한다. 여러분 자신이 스스로 뇌를 어떻게 학습시키느냐에 따라서 인생은 달라지며 능력은 타고난 고정된 것이 아니라 자신과의 관계에서 변화시킬 수 있음을 알아야 한다. 내적 환경에 의해서 언어치료가 가능하며 언어가 병을 고친다고 할 수도 있다. 생각한 대로 인생이 이루어진다는 말은 여전히 보편적 진리이다. 칼 맑스는 우리의 모든 정신작용도 물질이 지배한다고 보았다. 그의 주장에 전적으로 동의하지는 않지만 분명한 사실은 우리 인생에서 경제를 무시하면 결코 행복할 수 없다는 점이다. 우리는 언제나 연금소득, 금융소득, 근로소득의 3가지 관점에서 재정적 기반을 확보해야 할 것이다.

부정적인 스트레스가 건강을 악화시키고 암을 유발한다. 객관적이고 과학적인 의료서비스만으로 건강치료는 불가능하다. 따라서 긍정적인 마음의 자세, 정서적 평화와 다른 사람과의 관계의 중요성을 명심해야 한다. 인문학 특히 문학을 관념적으로 잘못 공부해서 무조건 착하게 사는 것이 좋다고 생각하게 된다면 이용당하고 바보가 된다. 자아를 완전히 상실하게 되니까. 무조건 사회의 목소리나 규범에 따르면 바보가 된다. 자아를 완전히 상실하니까. 자신의 생각과 판단력으로 자기목소리를 내는 주체적이고 능동적인 사람이 되는 것이 교육의 최종목표가 되어야 한다. 만일 여러분이 사고력, 비판력, 판단력, 창의력을 개발하지 않는다면 타인에 의해 조정당하고 꼭두각시 인생을 살 것이다. 신체적, 정신적, 영적으로 완벽하고 멋진 자아상을 실현시키기 위해 최고의 목표와 사명을 구현시키기 위해 도전하고 경험하고 행동해라. 빛나는 인생, 아름다운 풍경이 되도록 열정과 도전을 통해서 성취하라. 자신을 소중하게 대할 때 자신감과 확신 그리고 자기신뢰가 생긴다.

"남을 배려하고 늘 남을 위해 살아라"는 말은 듣기 좋은 진리 같지만 이러한 생각에 사로잡혀 헛된 망상으로 자신의 소중한 시간을 허비할 수도 있다. 우리는 늘 인생을 살아가면서 '허구의 틀'을 짜고 깨는 일을 되풀이하면서 조금씩 앞으로 나아가야 한다. 우리는 신이 아니기에 늘 부족하며 미완성의 존재이다. 그러나 좀 더 하나님의 형상에 가깝게 조금씩 다가가는 것이 삶의 목표가 된다면 기쁨과 행복도 배가 될 것이다. 허위의식의 해체를 가장 잘 보여주는 소설은 일본계 영국 소설가 이시구로의 소설 『남아있는 날들』이다. 이 소설의 주인공 스티븐스(Stevens)처럼 최고의 집사로서의 품격에 사로잡혀 낭만적 사랑을 할 기회도 버리고 부정직하고 못된 주인을 섬기느라고 오랜 세월을 헌신한다. 그의 삶은 무미건조하고 노예와 같다.

그러나 소설은 스티븐스의 정신적 자각과 자기인식을 통해서 남아있는 나날의 희망을 암시한다. 이처럼 인생이란 이념적 허위로 자신의 잘못된 선택을 미화시켜서 종속적으로 사는 것이 아니다. 자신의 잠재력을 충분히 꽃피우지도 못하고 이념의 노예가 되는 것이 옳겠는가. 인간은 죽는 날까지 지속적인 변화와 성장을 추구해야 한다. 독서와 사색 그리고 만남을 통해서 서로 소통하고 발전하며 앞으로 나아가야 한다. 우리의 인생은 절망과 죽음이 아니라 희망과 사랑이다. 사랑과 믿음과 소망 중에서 사랑이 제일이라. 사랑이란 타자와의 관계에서 생기며 자발적인 헌신과 배려를 바탕으로 어떤 역경과 고난도 극복할 수 있는 힘이다.

19세기 미국 초절주의자(미국적 낭만주의) 에머슨은 '자기신뢰(Self-Reliance)'라는 시로 유명하며 자연을 사랑한 시인이다. 그는 "나는 세상의 유일 무일한 개성체이니까 사회가 시키는 대로 살지 말고 내 목소리 내 주장을 하면서 살라"고 말한다. 인간은 누구나 자신의 별이다. 신 그리고 우주의 대영(over-soul: 대영의 개념은 자연에 신이 내재해 있다고 보는 범신론이다), 자연에 내재하는 도덕적 가치나 의미를 너의 외부에서 구하지 말라. 내부에서 찾아라. 사람들이 나에 대해서 어떻게 생각하느냐가 아니라 내가 나에 관련된 것, 나 자신을 찾는 일이 소중하다. 내 자신이 어떤 사람인가를 찾는 일은 주체적이고 독립적이며 자율적 인간이 되는 일이다. 인간은 대부분 소심하고 변명을 잘 한다. 집단과 다르게 감히 "나는 이런 사람이다"라고 주장하지 못한다. 그러나 우리는 "나는 이런 사람이다"라고 주장하면서 혼자서 가야만 한다(We must go alone). 너 자신 이외에 너에게 평화를 줄 수 있는 것은 세상에 아무것도 없다. 너 자신을 주장해라. 너의 독특한 색깔을 주장하고 보여줘라. 남을 모방하지 말고.

우리는 흔히 인생에서 성공한 사람을 꼽을 때 세계적인 피아니스트, 화가, 노벨상 수상자 아니면 의사나 변호사, 억만장자인 사업가를 연상한다. 벤츠와 수천억 저택과 어마어마한 부를 성취한 사람을 진정한 성공자로 생각한다. 그러나 에머슨의 '성공'이라는 시는 우리 독자들에게 진정한 성공이 무엇인가를 성찰하게 해준다. 에머슨의 다음 시를 읽으면서 이 책을 마무리하고자 한다.

성공

랠프 월도 에머슨

자주 그리고 많이 웃는 것.
현명한 사람들의 존경과 아이들의 사랑을 받는 것.
정직한 비평가의 찬사를 듣고
가짜 친구의 배반을 참아내는 것.
아름다움을 즐길 줄 알며

남의 좋은 점을 발견하는 것.

건강한 아기를 낳거나

아주 작은 정원을 가꾸든

사회 환경을 개선하든

자기가 태어나기 전보다

세상을 조금 더 살기 좋게 만드는 것,

자신이 한때 이곳에 살았음으로 해서

한 사람이라도 살기가 좀 더 편했다는 것을 아는 것,

이것이 성공이다.

Success

By Ralph Waldo Emerson

To laugh often and much;

To win the respect of intelligent people

and the affection of children;

To earn the appreciation of honest critics

and endure the betrayal of false friends;

To appreciate beauty;

To find the best in others;

To leave the world a bit better,

whether by a healthy child,

a garden patch or a redeemed social condition;

To know even one life has breathed easier

because you have lived;

This is to have succeeded.

감사의 글

필자는 30년 이상 가르치며 배우는 일을 업으로 삼는 교직에 몸 담고 있으면서도 책을 쓴다는 일이 늘 부담이 되곤 했다. 한 권의 저서는 그 사람을 평가하는 가장 중요한 잣대가 되기 때문이다. 훌륭한 예술품의 생명이 영원하듯이 좋은 저서는 격세유전할 수 있다. 책을 쓰는 것이 이렇게 중요한 것임을 알면서도 늘 자신의 글이 서투르고 흠이 많다는 생각에 책 쓰기가 어렵게만 느껴졌다.

교수로서 정년을 무사히 마치고 교수시절 배우고 익힌 것을 사 회에 환원하고 싶은 욕망이 있었기에 이 책이 나오는 결실을 보게 되었다. 이 책은 치열한 생존경쟁이 존재하고 돈이 신인 물질만능 시대에 자기존중감의 개발과 튼튼한 정신력을 기르고 정신적 풍 요로움을 배양해서 모두가 행복한 사회를 만드는 데 일조하고자 쓰인 자기계발서적(Self-help Book)이다.

필자기 이 책을 쓸 수 있었던 데에는 오랜 세월을 한국교통대 영 문과에서 함께 일한 우수한 동료교수들의 영향이 크다. 또한 8장 신앙생활부분 집필을 위해 흔쾌히 원고를 보내주신 황유섭 목사

님, 그리고 원고 집필에 지속적 격려를 보여준 벗 이승룡 교수^{(경희}
^{대)}와 교양학부 김소희 교수^(교통대)께도 감사의 말씀을 전한다.

무엇보다도 이 책이 나오기까지 물심양면으로 도와주신 도서
출판 행복에너지 권선복 사장님을 비롯한 관계자 분들의 노고에
도 깊은 감사의 마음을 전한다. 특히 편집과 교정에 많은 도움을
주신 오동희, 권보송 선생님의 프로정신과 책의 표지 및 내지를
멋지게 꾸며준 디자이너 최새롬 선생님께 진심으로 감사하다. 아
울러 혹시라도 이 책의 내용에 오류가 있다면 모든 것이 필자의
책임이다.

마지막으로 나의 가족들에게 감사드린다. 사랑하는 아내, 경진,
수진, 그리고 진규. 그들이 보여준 지속적인 관심과 격려가 없었
다면 끝까지 이 책을 완성하지 못했을 것이다. 아울러 오늘이 있
기까지 힘이 되어주신 아버님, 어머님께도 깊은 감사를 드린다.

완전한 행복을 위한 나의 십계명

1.

육체적으로나 정신적으로 나를 가장 사랑한다.

자기존중감: 가치결정의 최고의 존재는 언제나 나다.

타인의 견해를 참고하되 그에 의존하지 않는다.

2.

주체적이고 독립된 존재로서 자기만의 노래를 부르자.

늘 미소 짓는 모습을 보이며 다른 사람의 삶을 부러워하거나 간섭하지 말자.

3.

한 순간도 어둠의 속성인 반자아에 구속되지 말라.

반자아는 악마처럼 무의식적으로 스며들어 암처럼 당신의 정신세계를 지배한다.

반자아에 사로잡혀 악마의 노예가 되는 일은 자아의 상실과 죽음에 이르는 길이다.

과거는 생각도 말고 자책이나 걱정도 없다.

4.

늘 새로운 현재의 경험을 즐긴다.

역경과 난관을 짜증이나 화를 내며 고통이라고 생각하지 말고 즐거운 기분으로 해결

해 인생이 유쾌한 모험이 되도록 해야 한다.

전자가 시지프스의 삶처럼 심각하고 어둡고 무거운 비극적 행군이라면, 후자는 율리

시즈의 모험처럼 가볍고 즐거운 유희이며 희극적 모험이다.

현재 지금에 충실할 것. 현재의 엄청난 힘을 믿어라. 현재 지금 순간을 즐기자.

5.

겸손과 공감능력을 키운다. 타인의 행복을 기뻐해주자. 같이 행복하자.

모든 인간은 각자 소중한 존재이다.

아무리 초라해도 타인은 내 자신만큼이나 소중한 존재임을 알자.

6.

가장 멋진 자아(BEST SELF)의 구현이 내 인생의 목표이다.

인생은 최고의 자아를 만들어 가는 여정이다.

최고의 나를 찾아가는 여정이 내 인생 목표이며,

죽어가는 순간까지 변화와 성장을 추구한다.

7.

생각에 오래 머물지 말고 즉시 행동한다.

아무리 좋은 생각과 통찰이라도 머릿속에 있는 한 무용지물이 된다.

하나님도 성경에서 행동과 실천의 중요성을 매우 강조하셨으며

좋은 생각과 이의 실천이 행복의 뿌리이다.

8.

언어의 유희성을 알고 집착하지 말라. 언어의 노예가 되지 말자.

언어로 당신을 구속하는 거짓된 프레임을 비판하고

메타인식을 통해서 적극적으로 대응하라.

타자의 저속한 언어에 화를 내기보다는 유쾌한 대응을 하자.

화를 낸다는 것은 타인에 의해 내 삶이 조정을 당한다는 의미이며

언어의 유희성을 알지 못하고 심각하게 인식한다는 의미이다.

9.

언어의 주인이 되자.

나의 언어가 나의 생각이며 나의 정체성을 이룬다.

언어의 마술지팡이를 자유롭게 사용해서 늘 좋은 생각, 좋은 말, 좋은 행동을 하자.

언제나 기분이 좋고 즐겁게 산다.

이러한 태도는 수동적이 아니라 적극적이고 능동적이며 강인한 태도이다.

10.

영적능력(SQ) 개발에 충실하자.

인생의 의미와 목적 그리고 가치의식을 지니며 긍정모드와 성장모드로

지속적인 변화와 성장을 도모하는 능력 개발을 하자.

결국 〈나를 찾아가는 여행〉을 평생 지속하는 일이다.

이 여행은 지루하고 따분한 것이 아니라 목적과 방향이 있기 때문에

강한 열정이 동반되는 즐겁고 신나며 역동적인 모험이다.

그래서 완전한 행복에 이른다.